國史新論

出版說明

錢穆賓四先生，生前爲促進今日國人對我中華傳統文化之認識，曾計劃將其著作分類編爲「小論叢」，以便利青年學子之閱讀。今素書樓文教基金會乃遵先生遺意，以聯經公司民國八十六（一九九七）年之全集版爲底本，將先生著作分類重排，出版選輯：中國史學小論叢一套，包括中國文化史導論、中國歷史精神、國史新論、中國歷代政治得失、中國歷史研究法、中國史學發微、中國史學名著、政學私言八書。

中國文化史導論一書，爲先生繼國史大綱之後，專就通史中有關文化史一項所作之導論。嘗謂讀者當就兩書合讀，庶可對我國歷史之整全體有較深一層之認識。本書係先生第一部討論中國文化史而同時兼論中西文化異同問題有系統之著作。原著於民國三十二、三（一九四三、四）年對日戰爭期間，迄三十七（一九四八）年夏，交上海正中書局出版。其時大局動盪，未能流傳。四十（一九五一）年台北正中再版印行，流傳依然未廣。先生晚歲，每以此爲憾。七十六（一九八七）年，以九十三高齡，再重讀全書，稍加修潤，擬重版發行。書未梓行，七十九（一九九〇）年夏，先生已溘然謝世。八十三（一九九四）年，其夫人將本書與新修訂之國史大綱兩書，交台北與北平商務印書館，兩地同時重印新版，以為先生百年誕辰紀念。五十年來先生之心願，終獲達成。

中國歷史精神一書，乃民國四十（一九五一）年春，先生在台北應國防部高級軍官組特約講演七次，分別講述史學精神與方法、中國歷史上的政治、經濟、國防、教育、地理與人物、道德精神七題，講辭由先生修潤成書。本書深入淺出，有助讀者在短期內對我國五千年歷史精神之瞭解。本書於民國四十一（一九五二）年由印尼耶加達天聲日報印行，四十三（一九五四）年台北國民出版社出版。民國五十三（一九六四）年，增入先生在台北國防研究院講中國文化與中國人、從中西歷史看盛衰興亡兩講辭，在香港、台北兩地再版，六十五（一九七六）年改由台北東大圖書公司在台出版。八十六（一九九七）年編全集，又增入先生早年舊稿中華民族歷史精神及晚明諸儒之學術及其精神兩文。

國史新論一書，初編於民國四十（一九五一）年，所收論文中國社會演變、中國傳統政治、中國智識分子，中國歷史上之考試制度、中國文化傳統之演進五篇，先後於港、台兩地自印出版。先生生前深以近百年來，我國面臨前古未有之變局，不幸國人對已往歷史認識特為貧乏模糊為憂。常望能就新時代之需要，探討舊歷史之真相，以期對當前一切問題，有一本源之追溯與較切情實之考查。本書係以分別、專門、變化三種眼光治史之所得，以資有志者之參考。民國七十（一九八一）年，本書改交台北東大圖書公司出版。七十七（一九八八）年，先生重編本書，增入再論中國社會演變、略論中國社會主義、中國歷史上的傳統政治、中國文化傳統中之士、再論中國文化傳統中之士、中國歷史上的傳統教育、中國教育制度與教育思想、中國歷史人物、中國歷史上之名將九篇，合爲十四篇。八十六（一九九七）年整編全集，又增入中國歷史上社會的時代劃分一篇；初編所收中國文化傳統之演進一文，先生曾謂該文本爲其中國文化史導論一書之總提綱，今遵先生遺意移附該書之末。

中國歷代政治得失一書，乃民國四十一（一九五二）年春，先生在台北應總統府戰略顧問委員會主委何應欽先生之邀，演講「中國歷代政治得失」一題。講期五次，每次限兩小時，故僅拈漢、唐、宋、明、清五代之政治制度，略舉大綱。本擬就講稿事後再作增補，不幸先生即因意外腦部受傷，養病期間，僅能就記錄稿稍加校正，是年冬在香港初版。嗣後先生就前稿略加修改，如唐代兩稅制、明代賦稅制度等，均有新資料補充；四十四（一九五五）年在港出版修訂本，六十六（一九七七）年以港版交東大圖書公司在台發行。

中國歷史研究法一書，乃民國五十（一九六一）年，先生在港應孟氏基金會邀請，作一系列講演，該會定總題爲「歷史研究法」，先生就其總題分通史、政治史、社會史、經濟史、學術史、歷史人物、歷史地理、文化史八部分，作八次講演。講辭由學生葉君記錄，先生再加整理潤飾成書。先生以爲研究歷史，尤應注意歷史背後所蘊藏而完成之文化，曾謂此書亦可另賦一名爲「中國歷史文化大義」。是書於五十（一九六一）年由孟氏教育基金會在香港初版後未再重刊，五十八（一九六九）年在台初版，其後絕版多年。七十六（一九八七）年先生對原書內文略有增潤，並附入早年所作略論治史方法、歷史教育幾點流行的誤解兩文，七十七（一九八八）年由台北東大圖書公司出版。八十六（一九九七）年編全集版，又增入先生早年論文如何研究中國史、歷史與教育、中國今日所需的新史學與新史學家、中國歷史教學、歷史教學與心智修養、中國史學之特點等六篇。

中國史學發微一書，大部分爲先生晚年所發表有關史學之綱領，少部分爲先生較早之著作。是書初編於民國七十六（一九八七）年，共收文十四篇，交台北東大圖書公司出版。其中莊子薪盡火傳釋義一文，先生生前已移入舊著莊老通辨一書中，八十六（一九九七）年編全集版，本書改爲十三篇。

中國史學名著一書，乃先生於民國五十九（一九七〇）年爲台北中國文化學院歷史研究所博碩士班學生所開「中國史學名著」課程之全年講堂實錄，旨在指引學生研究史學之門徑。全書由學生戴景賢君隨堂錄音寫出，再由先生刪潤而成。民國六十二（一九七三）年交台北三民書局出版。六十九（一九八〇）年先生又作通體之增刪修潤，八十六（一九九七）年編全集本，即以增修遺稿爲底本出版。

政學私言一書，所收十五文皆爲抗日戰爭時期所作。其時日寇囂張，時局阢隉，後方人心惶惶不安。本書主旨在從中國固有歷史文化傳統立場，爲建立未來新中國之理想作設計藍圖，其範圍包括政治、社會、經濟、法律、教育等各方面。惟先生自以時政爲生平所疏，而所言又有違崇重西化之時尚，故特將本書定名爲「政學私言」。本書於民國三十四（一九四五）年抗戰勝利初期，出版於重慶。五十六（一九六七）年台北商務印書館再版。其後先生曾重讀此書，就原書有所增修改訂。八十六（一九九七）年整編全集，即以經先生修訂者爲底本，又增入先生同時期所寫變更省區制度私議、中國之前途、建國信望三文。

上列八書，台北聯經出版公司於民國八十六（一九九七）年出版全集本時，已校正若干誤植錯字，並增入私名號、書名號、以及酌加引號，以利閱讀；又凡新增各篇，目次中悉標注〔＊〕號。此次重排，除改正若干誤植之錯字外，並將各書中若干篇論文，再與舊版重校對。排編之工作，雖力求慎重，然錯誤疏漏之處，在所難免，敬希讀者不吝指正。

中華民國九十（二〇〇一）年一月

素書樓文教基金會

目次

自序……三
再版序……六
一　中國社會演變……一
二　再論中國社會演變……四〇
*三　中國歷史上社會的時代劃分……六一
四　略論中國社會主義……七一
五　中國傳統政治……八六
六　中國歷史上的傳統政治……一二四
七　中國智識分子……一三九

八　中國文化傳統中之士……一八二
九　再論中國文化傳統中之士……二〇〇
一〇　中國歷史上的傳統教育……二一五
一一　中國教育制度與教育思想……二三九
一二　中國歷史上之考試制度……二六八
一三　中國歷史人物……二九二
一四　中國歷史上之名將……三二九

自序

一國家當動盪變進之時，其已往歷史，在冥冥中必會發生無限力量，誘導著它的前程，規範著它的旁趨；此乃人類歷史本身無可避免之大例。否則歷史將不成爲一種學問，而人類亦根本不會有歷史性之演進。中國近百年來，可謂走上前古未有最富動盪變進性的階段。但不幸在此期間，國人對已往歷史之認識，特別貧乏，特別模糊。作者竊不自揆，常望能就新時代之需要，探討舊歷史之真相，期能對當前國內一切問題，有一本源的追溯，與較切情實之考查。寢饋史籍，數十寒暑，發意著新史三部：一通史，就一般政治社會史實作大體之敘述。一文化史，推廣及於歷史人生之多方面作綜合性之觀察。一思想史，此乃指導歷史前進最後最主要的動力。第一部分先成國史大綱一種，第二部分續成中國文化史導論一種，第三部分於四五年前，曾在昆明繼續公開作四十次之講演，而未整理成稿。❶其他尚有政學私言一種，亦於第一、第二兩部分有所發

❶ 編者按：編輯此全集時已訪得先生在昆明時之講演稿若干篇，主要輯入中國學術思想史論叢（三）中。另民國四十年先生又成中國思想史一書，行世已久，今亦收在全集甲編第二十四冊。

揮。積年所有雜文及專書，亦均就此三部分集中心力，就題闡述。要之，根據已往史實，平心作客觀之尋求，決不願爲一時某一運動、某一勢力之方便而歪曲事實，遷就當前。如是學術始可以獨立，而知識始有真實之價值與效用。

頃來蒿目時艱，受友好敦促，擬繼續撰寫國史新論一種。大體所見，仍與前成各種無多違異。惟旨求通俗，義取綜合，限於篇幅，語焉不詳。其爲前數種所已經闡發者，能避則避，能略則略。讀者儻能就此新撰，進窺前構，庶可益明其立論之根據。總之，求在發明古史真相；其於國人現代思潮有合有離，非所計及。

診病必須查詢病源，建屋必先踏看基地。中國以往四千年歷史，必爲判斷近百年中國病態之最要資料，與建設將來新中國唯一不可背棄之最實基礎。此層必先求國人之首肯，然後可以進讀吾書，而無不著痛癢之責難，與別具用心之猜測。至於語語有本，事事著實，以史籍浩瀚，囊括匪易，尚祈讀者恕其疏失，匡其未逮。循此而往，中國歷史必有重見光明之一日，而國運重新，亦將於此乎賴。特於刊布之先，再揭其宗旨綱要如此。

本書暫收論文五篇，第一篇中國社會演變，第二篇中國傳統政治，兩文成於民國三十九年。第三篇中國知識分子，成於民國四十年。第四篇中國歷史上之考試制度，乃是年冬在臺北國民政府考試院之講演稿。第五篇中國文化傳統之演進乃民國三十年冬在戰時陪都重慶之講演稿，爲拙著中國文化史導論之總提綱，一並附綴於此。❷前三篇曾刊載民主評論，並單印爲中國問題叢刊；第四篇曾刊載於考試院考詮月刊之創刊號。玆彙編單行，特向民評社及考試院誌謝。

錢穆於民國三十九年十月誌於九龍新亞書院

讀此書者，如能參讀作者舊著中國文化史導論及政學私言，及隨後所成之中國歷史精神及中國歷代政治得失諸書，當尤可明瞭作者之理論根據及作意所在。

❷ 編者按：民國七十七年先生重編此書，已增爲十四篇。今遵先生遺志，將中國文化傳統之演進一文移入中國文化史導論書中，另又增入相關舊文一篇，仍爲十四篇。

再版序

余在民國四十年，曾收論文五篇，彙爲國史新論一書，先後在港、臺兩地付印，迄今已二十餘年矣。偶檢新舊存稿，未編入其他各書，而體裁與此編相近，可以加入者，重爲編目，仍以國史新論爲名，再以付梓。

本書各篇，有以分別眼光治史所得，有以專門眼光治史所得，有以變化眼光治史所得。每一論題，必分古今先後時代之不同，而提示其演變。而各篇著作有其共通之本源，則本之於當前社會之思潮。

余幼孤失學，本不知所以治史。增知識，開見解，首賴報章雜誌。適當「新文化運動」驟起，如言自秦以下爲帝皇專制政治，爲封建社會等；余每循此求之往籍，而頗見其不然。故余之所論每若守舊，而余持論之出發點則實求維新。亦可謂爲余治史之發蹤指示者，則皆當前維新派之意見。

余自在北京大學任「中國通史」一課程，連續七年之久，貫古今，融諸端，自謂於國史大體粗有所窺，寫成國史大綱一書。凡余論史，則皆出國史大綱之後。其以變化眼光治史成書者，如中國文化史導論，分別上古、先秦、兩漢、隋、唐、宋、元、明、清各時代，而指陳其各有演變之所在。其以專門眼光治史成書者，如中國歷代政治得失，雖亦分時代，分項目，而專以政治爲範圍。其以分別眼光治史成書者，如中國歷史精神及此書等。雖屬分篇散論，自謂亦多會通合一之處，而無扞格牴牾之病。

凡余治史，率本此三途。國史浩瀚，余初未敢以一人之力薈萃組織，成一巨編。然數十年來，自幸尚能不懈於學問，而所得終亦未見有先後大相違背處，故每以自恕。或所窺測，尚亦有當於國史之大體；而非余之淺陋愚昧所敢輕犯衆意，以作狂妄之挑剔。

竊意國史具在，二十五史、十通之類，雖固浩瀚難窮，亦復一翻即得。余生斯世，豈敢輕視當世人之意見。然史籍詳備，我古昔先民之鄭重其事，吾儕亦不當忽視。余之治史，本非有意於治史，乃求以證實當前大衆之意見而已。讀余書者，若能效區區之所爲，遇當前意見所趨，涉及古人，亦一一究諸舊籍；遇與當前意見不合處，非爲欲迴護古人，乃庶於當前意見有所獻替。則誠所私幸。固非謂余之淺陋愚昧爲必有當於古人之真相也。

中華民國六十六年雙十國慶錢穆識，時年八十有三。

民六十六年秋，余曾檢得存稿數篇，又特撰再論中國社會演變一文，擬加入此書重新刊印，並寫成此再版序。後因病未及付梓。不意擱置竟逾十年。今年整理積稿，重新理出，又另作編排。本書所收，最早者在民國三十年，最後者即在去年民國七十六年，前後相距已歷整整四十六年之久。今付梓在即，仍保留此十一年前之再版序。又全稿均通體重讀，略加修正。

中華民國七十七年舊曆六月初九九十四歲生日錢穆識

中國社會演變

一

中國是不是一個封建社會？這一問題，應該根據歷史事實來解答。中國史上秦以前的所謂「封建」，乃屬一種政治制度，與秦以後的「郡縣制度」相針對。在西洋歷史中古時期有一段所謂Feudalism的時期，Feudalism則並不是一種制度，而是他們的一種社會形態。現在把中國史上「封建」二字來翻譯西洋史之Feudalism，便犯了名詞糾纏之病。

西洋Feudlism之起源，事先並非出自任何人的計劃與命令，也沒有一種制度上之共同規律。只因北方蠻族入侵，羅馬政府崩潰，新的政府與法律不及產生，農民和小地主在混亂中無所依賴，各自向較强有力者投靠，要求保護；於是在保護者與被保護者間，成立了各樣的契約。後來此種契約關係，逐漸擴大，連國家、國王、皇帝、城市乃至教會，都被捲入。這是一種由下而上的演進。

中國歷史上所謂「封建」，究竟始於何時，已難詳考。據傳說，遠從夏、商時已有。古史渺茫，此當由專門古代史家經過嚴格考據來論定。但我們不妨說，正式的封建制度則始自西周。西周封建，乃由武王、周公兩次東征，消滅了殷王室的統治權，逐步把自己的大批宗室親戚分封各地，以便統制。先由天子分封諸侯，再由諸侯分封卿大夫，逐步擴張。這種演進是由上而下的。西方封建由統一政府之崩潰而起；東方封建則是加强政府統一的一種强有力的新制度。

若加進經濟情形來講，周代封建實是一種武裝集團的向外墾殖。西周本是一個農耕部族，他們征服了殷朝，遂把他們的近親近族，一批批分送去東方，擇定交通及軍略要衝，圈地築城，長期屯駐；一面耕墾自給，一面建立起許多軍事基點。在其相互間，並完成了一個包絡黃河流域，乃至南達漢水、淮水，甚至長江北岸的龐大交通網。原有殷代遺下的幾許舊的城郭與農耕區，被包絡在這一個龐大交通網與許多軍事基點之內的，也只有接受周王朝新定的制度，而成爲他們統屬下的侯國了。至於在此一兩百個城郭農耕區域之外，當時中國中原大陸還有不少游牧部落。他們並不專務農業，他們也沒有城郭宮室，還是到處流動遷徙。這些便是當時之所謂「戎狄」。

因此西周封建，同時實具兩作用：

一是便於對付舊殷王朝之反動。

一是防禦四圍游牧人侵擾。

我們若把這一種形勢和進程來比擬西洋史，周代封建實是當時以「軍事」和「政治」相配合，而又能不斷地動進的一種建國規模。遠之頗像羅馬帝國，近代則似英倫三島之海外殖民。由一個中心向外擴展，由上層的政治勢力來控制各地的社會形態。西方中古時期之所謂封建，則由各地散亂的社會漸漸向心凝結，在下層的許多封建契約上，逐步建立起政治關係來。由日耳曼諸選侯來公選日耳曼王，再由日耳曼王來充當神聖羅馬帝國的皇帝。這又是中西封建恰相顛倒的一個對比。

若就社會形態言，周代封建確與西洋中古史上之封建社會有一相似處，厥爲同樣顯然有「貴族」與「平民」兩階級存在。然此一形態，並非封建社會之主要特徵。因希臘、羅馬時代，同樣有貴族、平民兩階級，但那時則並非封建社會。即就中國周代與西洋中古之貴族階級作一比較，其間亦有許多不同。西洋中古時代之貴族地主，實際上多是在一塊農田即他的領地上居住，築有一所堡壘，一個像中國後來所謂莊主或土豪的身份而止。他的地位，在當時也只等如一個寺廟中的方丈或一個市鎮上的鎮長。而中國在春秋時代所見的諸侯卿大夫，則都是像樣的政治領袖。如齊、晉、楚、秦許多大諸侯，實和十字軍以後英、法諸邦的專制王室一色無二。他們的疆土，即儼然是一個大王國；他們治下的許多卿大夫，如晉六卿、魯三家之類，全部集中在中央政府共同執政，已經是像樣的一個政府和王朝。當時的卿大夫各有自己的采邑，也各自派有官吏即家宰統治著。每一侯國的都城，有一所宗廟，同時也是一個工商業集中的都會。宗教、工商業和軍事，都集合在一政府一王室當時稱爲「諸侯」的統率管理之下。

明白言之，春秋時代的貴族，顯然是政治性的。而西洋中古時期，除卻公國、伯國等外，還可有主教國（Bishop states），或城市國，同樣都說是國，以分別於此後新興的所謂現代國家。而中國春秋時代之侯國，論規模與體制，實已與此後西洋的現代國家相差不遠。工商都市與宗教中心，都已控制在封建貴族的政治系統裏。這又是一個應當注意的大差別。這一個差別，依然是上指西方封建是一個社會形態、而中國封建則是一個政治制度的差別。固然政治與社會相互間，並不能嚴格分離。但我們要研究某一時代的社會形態，決不該忽略了那時的政治制度。

一到戰國時代，那種政治的演進更顯著了。那時的國家都已有更遼廓的疆土，更謹嚴的政治組織。像齊國擁有七十多城市，全都直轄中央，由中央派官吏統治，不再是貴族的采邑了。它的中央政府所在地臨淄，據說有七萬家住戶，每戶可得壯丁三人，一城便有二十一萬個壯丁。想來全城居民，至少應在三十五萬人以上。其他各國首都，像趙之邯鄲，魏之大梁，楚之郢，其繁盛情形，亦大致與臨淄相類似。這些都是政治中心同時又兼商業中心的大城市。每一次戰爭，一個國家派出二三十萬戰士並不很稀罕。各國政府中的行政長官，以及統兵大帥，幾乎全是些平民出身的游士，偶然還有一二貴族封君，像孟嘗、平原、信陵、春申之類，他們也並不像春秋時代一般貴族們，有經政治、法律規定允有的特殊地位和特殊權益。趙奢爲政府收田租，平原君的九個管家違抗法令，給趙奢殺了；平原君還因此賞識趙奢，大大重用他。我們單憑戰國政治局面，便可想見那時的社會形態，斷斷不能與西方中古時代所謂封建社會者相提並論。

現在再一檢討春秋、戰國時代的平民生活。照中國古代的封建觀念，一切土地全屬於貴族，平民並無土地所有權。故說：「四封之內，莫非王土。食土之毛，莫非王臣。」懂得了這一觀念，才可來講那時的「井田制度」。諸侯們在其所居城郭之外，劃出一部分可耕的土地，平均分配給農民，按着年齡受田還田。每一農民，在封建制度下，絕不許有私有的土地，但稅收制度則甚爲寬大。依照井田制的標準形式論，每一家受田百畝，這是所謂「私田」。八家又共耕「公田」百畝。但所謂私田，只照收益言，並不指土地的私有。每一農民二十歲受田百畝，六十歲還歸公家。在此期間，他一面享有這百畝田的私收益；但須連合其他七家，參加耕種公田百畝之義務。這一百畝公田，成爲一個小型的集體農場，由環繞它的八家農民共同耕作。在貴族握有土地權者之收益言，只等於徵收田租九分一。後來這制度稍稍變通，把公田取消，每一農民在其私田百畝內，向地主即貴族貢獻十分一的田租。大概這兩制度，有一時期曾同時存在着。離城較近的田地，授與戰士或其他較優待的農民，是沒有集體耕作的公田的，按畝什一抽稅。離城較遠的地區，則仍行八家共耕公田的舊制度，公家得九分之一的收入。

但這一制度，在春秋末、戰國初一段時期內，便逐步變動了。主要是稅收制度的變動。起先是八家共耕公田百畝，再各耕私田百畝，此所謂「助法」。其次是廢除公田，在各家私田百畝內徵收什分一的田租，此所謂「貢法」及「徹法」。貢法是照百畝收益折成中數，作爲按年納租的定額。徹法是照每年豐歉實際收益而按什一繳納。再其次則貴族只按畝收租，認田不認人，不再認真執行受田還田的麻煩，此所謂「履畝而稅」。更其次則容許農民剗去舊制井田的封岸疆界，讓他們在百畝之外自由增闢耕地，此所謂「開阡陌封疆」。而貴族則仍只按其實際所耕，收取什分一的田租。此在貴族似乎只有增添收入，並不吃虧。然而這裏卻有一個絕大的轉變，即是土地所有權由此轉移。

在春秋時代，照法理講，農民絕無私有的土地，耕地由貴族平均分配。照現在觀念來說，土地是國有的，農民是在政府制定的一種均產制度之下生活的。現在稅收制度改了，貴族容許農民量力增闢耕地，又不執行受田還田手續，貴族只按畝收租；循而久之，那土地所有權卻無形中轉落到農民手裏去。

這一轉變，並未經過農民意識的要求，或任何劇烈的革命，也非由貴族階級在法理上有一正式的轉讓令；只是一種稅收制度變了，逐漸社會上的觀念也變了，遂成爲「耕者有其地」的形態。此即封建制度下井田之破壞。

井田制破壞了，現在是耕者有其地，土地所有權轉歸給農民了；然而相隨而來的，則是封建時代爲民制產的一種均產制度也破壞了。從前是一種「制約經濟」，現在變成「自由經濟」了。有些農民增闢耕地漸成富農，有些貧農連百畝耕地也保不住，經由種種契約賣給富農。既是土地所有權在農民手裏，他們自可世代承繼而且自由買賣。與私有制相引而起的，則是貧富不均，此在中國史上謂之「兼併」。農民有著自由資產，中間便有著貧富的階層。富農出現了，漸變成變相的貴族，從前平民、貴族兩階級的基礎也連帶搖動。所以井田制度破壞，必連帶促進封建制度之崩潰。

再次要講到耕地以外之非耕地，包括草原、牧場、澤地、獵區、魚池、山地、森林、礦場、鹽池、鹽場等，這些在古代稱爲「禁地」，指對井田之爲開放地而言。照法理言，禁地亦屬封君貴族所有。他們特設專員管理，不容許農民自由侵入。貴族們憑藉這些禁地，占有一切小規模的工商業。工人商人全由貴族御用，指定世襲，只受貴族額給的生活酬報費，並無自由私產，更談不到資本主義。

但到春秋末戰國初，這一情形也連帶變動了。農民們不斷侵入禁地捕魚、伐木、燒炭、煮鹽，作種種違法的生利事業。貴族禁不勝禁，到後來讓步了，容讓他們自由入禁地去，只在要路設立關卡，抽收他們額定的賦稅。但在土地所有權的觀念上，卻並未像耕地般順隨轉變。因此自戰國一直下至秦漢，山海池澤的所有權，仍都認爲是國有的，在那時則認爲是王室所私有。因此秦漢兩代的稅收制度，把田稅歸入國庫，「大司農」所管。把山海池澤之稅歸入王室之私庫，「少府」所管。這一分別，除非明瞭春秋封建時代「井田」與「禁地」的所有權之法理觀念，及其逐漸轉變的歷史過程，將無法說明。

連帶而來，正因爲在春秋時代，最先侵入山澤禁地，營謀新生利事業者，是被指目爲盜賊的；因此直到秦漢時人，尚認自由工商業爲不法的營業，而稱之爲「奸利」。漢初晁錯等人重農抑商的理論，以及漢武帝時代之鹽鐵國營官賣政策，皆該從此等歷史演變之具體事實來說明。

漢武帝的鹽鐵政策，在近代看法，極近似於西方新起的「國家社會主義」。然在漢時人理論，則山海池澤之所有權既歸屬於王室即公家，則遇王室有需要時，自可收歸自己經營。而且漢武帝是把這一筆稅收來津貼國防對付匈奴的，那更是名正言順，無可疵議了。但自由經濟思想，仍在漢宣帝時，由民間代表竭力主張而再度得勢。當時政府財政當局與民間代表，對此政策之詳細討論與往復辯難，曾記載在有名的鹽鐵論裏面，此書直保留到現在。但下到王莽時代，政府中制約經濟派的理論又重新抬頭。連一切田畝，完全收歸國有，由中央重新平均分配。鹽鐵官賣的政策，又復嚴厲推行。這只是沿續漢武帝時代的理論，進一步來恢復春秋封建時代的經濟政策，即一種制約的平均分配政策。這些全都淵源於春秋時代之井田、禁地及一切土地所有權公有之一觀念上，演變產生。

依據上述，春秋封建時代上層貴族階級世襲的政治特權，到戰國時取消了。下層平民階級農工商諸業被制約的均產經濟，到戰國時也解放了。在上既無世襲特權的貴族，在下卻興起了許多富農新地主，以及大規模的私人工商企業與新富人。若說春秋社會有一些像西洋中古時期的封建社會，到戰國，可說完全變樣了。同時我們還該注意到，介在貴族君、卿、大夫與平民農、工、商兩階級中「士」的一階層。

士可分爲文、武兩支。在西洋中古封建社會裏，有一種騎士出現；但在中國春秋時期，則根本無此現象。軍隊全由貴族子弟所編組，平民沒有從軍作戰的資格。又在西洋封建社會裏，教師、牧師，亦是一份極重要的角色。中國春秋時代，宗教早爲政治所掩蔽，所消融，沒有能脫離政治而獨立的宗教。雖有一大部分知識亦保留在宗廟裏，但中國的宗廟，與西洋教堂不同。在宗廟服務的，不是僧侶，而是政府指定的一種世襲官吏。當時也只有貴族子弟得受高深教育，平民是沒份的。偶有特殊英武或聰秀的平民子弟，有時獲蒙挑選到軍隊或宮廷中去，這便是所謂「士」了。

「士」的一階級，乃由貴族階級墮落、或由平民階級晉升而成的一個中層階級。他們在軍役或文職中，充當一種下級不重要的職務，有些像西方騎士和牧師般，而實在則大不相同。在此也可見要把中西歷史一一相擬，這中間是有絕大出入的。一到戰國時代，情形又大變。貴族軍隊解體，平民軍隊代興。平民普遍參加軍役，因而有立軍功而獲高官厚祿，變成新地主新貴人的。而平民學者之興起，更爲當時社會一絕大變遷。那些平民學者，代替貴族階級，掌握了學術文化知識上的權威地位。戰國時代各國一切武職文職，上及首相統帥的崇高地位，幾乎全落到這輩新興的平民學者所謂「士」的手裏，這已在上面說過了。更重要的，這輩平民學者，絕沒有像西洋中古封建社會裏所謂「有限度的忠忱」那樣的心情。他們絕不肯只忠於他們所隸屬的領地，或市鎮，或基爾特，或某家族某國君之下。他們當時，可稱爲全抱有超地域、超家族、超職業、或甚至超國家的「天下」觀念或「世界」觀念，而到處游行活動。

他們這一種意識形態，亦可由歷史演變來說明。因中國周代封建，本是西周王室一手頒布下的一種制度。這一制度之用意，本在加强中央統一之政治效能的。後來經過一段長時間的持續，這一制度之實際效能，充份表現了。不論西周氏族，乃及夏氏族、商氏族及其他氏族，全在此制度下，逐漸醞釀出一種同一文化、同一政府、同一制度的「大同」觀念來。

在春秋時代，西周王室雖早已覆滅，但由它所分封的諸侯們，卻逐漸形成一堅强的同盟團體。在名義上，他們仍服從周天子「共主」的尊嚴；在實際上，也盡了他們保存封建文化即當時城郭耕稼文化的責任，來壓制消滅各地游牧文化之騷動與威脅。這便是春秋時代之霸業。但春秋列國君卿大夫，他們究竟同是貴族，在他們各自的領土上擁有特權，因此他們只能做到他們那時所能有的一種「國際聯盟」而止。但平民學者興起，他們並不承認貴族特權，而他們卻忘不了封建制度所從開始的天下只有一個共主，一個最高中心的歷史觀念。因此他們從國際聯盟，再進一步而期求「天下一家」。他們常常在各國間周游活動，當時稱之謂「游士」，即是說他們是流動的知識分子。其實凡屬那時的知識分子，無不是流動的，即是無不抱有天下一家的大同觀念。他們絕不看重那些對地域、家族有限度的忠忱，因此而造成秦漢以下中國之大一統。

西洋在中古封建社會裏，算只有基督教會，抱有超地域、超家族的天下一家的理想，竭力要憑他們的宗教教義，在封建社會上，重新建立起一個神聖羅馬帝國，來恢復古羅馬的統一規模。這與它們封建社會所由形成的歷史趨勢，恰相違逆。因此宗教勢力在政治上的作用，也必漸漸降低，終於在地域與家族之基礎上，造成許多近代的新王國。他們在政治上的契約的理論，民權的觀念，民主政治和議會選舉種種的制度，西方歷史學者都能指出它們的淵源，多半由中古封建時代所醞釀，所孕育。

但中國西周以下的封建，大體上並不與西洋一般。因此在中國封建政治下，醞釀出秦漢統一，醞釀出漢武、王莽以下，一連串的制約經濟與均產運動。中國雖無教會，而中國歷史卻能製造出像西洋中古時代耶穌教士所想像的天下一家的大同政治。若使不能盡情抹殺歷史真實，試問可否說孔子、墨子以下的那批戰國游士們的抱負，全是像近人所咒罵唾棄的所謂「封建意識」

呢？

二

秦漢時代，更和戰國不同。那時整個中國，只有一個中央政府。據漢代言，地方行政分著一千三百多個低級行政區「縣」，一百多個高級行政區「郡」。中央乃至地方官吏，全由政府選拔賢才任用，在政治上更無貴族世襲特權之存在。在漢初，固然一時反動，有封王封侯的。然王國不久全歸消滅，封侯的只能衣租食稅。在名義上他們都有封土，實際上地方民政、財務、軍權全不經他們手，只由中央指定的地方行政長官每年派給他們一份額定的稅款，無異是由政府長期贈送他們一份無職位的年俸而止。他們並一樣受政府法律管制，往往因私通家裏婢女，或是勾結商人共同經商一類的罪名，因人告發而喪失了他們的爵位。若因當時尚有許多爵名存在，而說這是封建社會，我們能不能說近代英國也還是封建社會呢？

再就經濟言，全國農民乃及工商業，只向一個政府納同一規定的賦稅，擔當同一規定的兵役，遵守同一種法律，享受同一規定的權利。這樣的社會，能不能算是封建社會呢？在法律上，全體人民地位是平等的，全是國家公民，並無貴族、平民階級之對立。經濟是自由的，因此形成貧富不均的現象。這些都不能算是封建社會的特徵。

在西洋史上，誠然可說由封建社會轉而爲資本主義社會的。有人說，中國則永遠是農業社會。但農業社會並不就是封建社會。而且自戰國以來，工商業早極發展，但中國卻亦沒有走上資本主義社會的路。此因中國始終忘不掉古代的制約經濟與均產精神。漢代對商人收稅特重，又不許服務政府的官吏兼營商業。到漢武帝時，把鑄幣權嚴格統制在政府手裏，又把幾種人人日常必需的重要工業，如煑鹽、冶鐵之類，收歸國營，或官賣。紡織業中像貴重的絲織業，也由政府設官按年定額出品。釀酒業亦由政府統制。運輸業中重要部門，亦由政府掌握，定爲均輸制度。市價漲落，由政府特設專官設法監視與平衡，定爲市易制度。試問在此種政治設施下，商業資本如何發展？其多擁田地的，政府也屢想規定一最高限額，此所謂「限民名田」。直到王莽時代，並要把全國田畝盡復收歸國有，重新平均分配。這是中國經濟思想史上一條大主流，而且此項經濟政策之實施，在此後歷史上還是屢見不一見。所以中國絕非一純粹的農業社會，工商業早已繁盛；只沒有像近百年來西方般，發明科學的新機械。這固然是中國社會沒有走上資本主義的原因，但中國傳統經濟理論與經濟政策，也足裁抑資本主義之演進，此層絕不該忽略。

最近又有人認漢代爲「奴隸社會」的，此層更無理據。漢代固有大量奴隸之存在，但漢代全國人口，據歷史記載，總在兩千萬之上。奴隸數最多不超過兩三百萬。每十人中擁有一奴隸，這不能便說是奴隸社會了。而且漢代所謂奴隸，只是他們的法律身份與一般公民不同。論其社會地位以及生活境況，往往轉有在普通自由平民之上的。

漢代奴隸之來源：

一因漢代有人口稅及義務勞役，若納不起人口稅或逃避勞役的，政府可以沒收他為官奴隸，於是社會上遂多自賣為奴來逃避這一種懲罰的。

二因漢代商業與後世不同，生產、製造、運輸、推銷，各項經營，尚多混合不分，由同一個私家企業來執行，因此需要大量的人力。一個平民自賣為奴，有時是參加了一個大的企業組織，正如近代一農民走進大公司當職員，他的生活境況自然會提高。政府只是加倍增收他的人口稅，或限制他的政治出路，卻不能壓低他的生活享受。而擁有大羣奴隸的，縱是加倍繳納了人口稅，依然還有利。

當知漢代奴隸，並不專是農奴或苦役，奴隸市場上出賣的奴婢，多數是投進奢侈圈中，不是走近勞役陣線的。漢代的大地主，只在田租上剝削，並沒有使用大量田奴。凡此所說，只須細看當時歷史記載便可知，那可說漢代還是一個奴隸社會呢？

歷史研究貴於能根據客觀記載，再加上一種綜合的闡明。由奴隸社會進入封建社會，再進入資本主義的社會；此乃西方史學界中之某一派，根據西方歷史而歸納為如此說法的。這種說法，也並未為西方史學界所公認。說中古時期是封建社會轉入近代資本主義的社會，尚可說是較近實情；若把希臘、羅馬乃至埃及、巴比侖遙長時期的西方古代社會，統統包括在一「奴隸社會」之概念下，卻不能扼要闡明那時種種的史實。因此這一觀點，在西方史學界中便已很少應用了。

中國史與西洋史是否走的同一路程？這應該根據雙方史實，詳加分析研究，先尋出其間的異同，再加以更高的綜合，始合所謂科學方法的客觀精神。若硬把西方某一派的觀點套上中國史，牽强附會，那能免武斷歪曲，籠統演繹，種種的毛病！

現在就中國史本身來說中國史，來分析中國史上的社會形態。我想先提出兩概念。大概有幾個時期，社會形態比較凝固，比較有定型可指。有幾個時期，社會形態卻比較變動，比較難指出其某種的定型性。這兩種社會顯然不同。所謂較「有定型」者，乃指那時社會上有某一種或某幾種勢力，獲得較長期的特殊地位，而把歷史演進比較地凝固而停滯了。有時則舊的特殊勢力趨於崩潰，新的特殊勢力尚未形成，那是變動的，「無定型」的時期。這些時期，可能是黑暗混亂不安定，但亦可能是活潑動進，有一種百花怒放、萬流競進的姿態。我們可以把下一時期的情形，來衡量上一時期對歷史價值之貢獻。若下一時期黑暗而混亂，則因上一安定時期把歷史生命力消蝕了，摧殘了。若下一時期活潑而前進，則因上一時期把歷史生命培植了，護養了。

我們不妨說西周及春秋是「封建社會」，惟此所謂封建社會，僅就中國固有名詞來講中國史，並不是說那時的社會形態即相似於西方的中古時期。在那時期，上層由某幾個家族之取得政治上世襲特權而形成爲貴族階級，下層有被一種均產精神的制約經濟所管束而形成的平民階級。貴族與平民兩階級之長期對立，使那時期的社會，形成一較「凝固的定型」。但一到戰國，世襲特權推翻，制約經濟解放，凝固的定型消失了，許多新的力量都在潛滋暗長，都在邁步向前。戰國如此，西漢也還如此。我們不如說這兩個時期的社會是在「無定型的動進」狀態中，比較穩妥。

在這時期，有兩種新興勢力最值得我們注意：

一是自由經濟。

一是平民學術。

自由經濟走向下層，平民學術卻走向上層。戰國時期是此兩種新興勢力平流齊進的時期，因此戰國社會更活潑、更前進。下一時期，即西漢時期，平民學者在政治上把握到較穩定的地位，來設法抑制下層的自由經濟之繼續進展；因此西漢社會比較戰國，是一段在活潑動進中又回頭轉向凝固安定的時期。

若論那輩平民學者的出身，小部分是由貴族階級遞降而來，大部分是由農村社會憑藉中國北方大陸之農隙餘暇，在半耕半讀的純樸生活中孕育茁長。因此在那時期的平民學術，先天性的含有向上注意爭取政治權、向下偏於裁抑自由經濟貧富不平等發展之繼漲增高的內在傾向。因此中國歷史依然走上由政治來指導社會，不由社會來搖撼政治；由理想來控制經濟，不由經濟來規範理想的舊路子。這裏面也可以說明另一契機，何以使中國封建社會崩潰之後，不走上資本主義社會的路上去。

三

我們若把握住中國歷史從春秋封建社會崩潰以後，常由一輩中層階級的知識分子，即由上層官僚家庭及下層農村優秀子弟中交流更迭而來的平民學者，出來掌握政權，作爲社會中心指導力量的一事實，我們不妨稱戰國爲「游士社會」，西漢爲「郎吏社會」。

武帝定制，凡進入國立太學的青年，其成績優異者補「郎」，爲服務宮廷一龐大侍衛集團；成績較次者，各歸地方政府爲「吏」，爲隸屬於各行政首長下之各項公務人員。在地方爲吏經過一段時期，由其私人道德及服務成績，仍得經其所隸首長之考察選舉，而進入中央爲郎。政府內外一切官長，大體由「郎」的階段中轉出。因此戰國的游士參政是無制度的，更較活動的；西漢之經由太學生補郎補吏的法定資歷而參政，則是較凝固較有軌轍的。然在政治上雖有一套固定的制度，在社會上則並無一個固定的階級，因此西漢社會依然是動進無定型的。

但不幸到東漢，而終於慢慢產生出一個固定的階級來。一則當時教育不普及，二則書籍流通不易。在政府法律下，雖無特許某個家庭以政治上世襲的特殊權益；但此家庭只要把學業世襲了，在政治上的特殊權益也就變相的世襲了。於是有東漢以下的世家大族所謂「門第」的出現。

門第勢力，已在東漢中葉逐漸生長。此後又經黃巾之亂、三國鼎立的一段長時期紛擾，中央政府不存在，平民失卻法律上之保護，各各依附到世家大族既成勢力下求庇蔭。經過相互間的私契約，一般平民從國家公民身分轉變成門第的私户。那些世家大族，把私户武裝起來，成爲一自衛團體，一面築塢，即猶堡壘，憑以自守，一面屯墾自給。依隨他們的私户，則成爲部曲或家兵。不像樣不穩固的政權，因要獲得他們之歸附，在事實困難上，只得承認他們相互間的私契約。於是政府與社會中間，隔著一道鴻溝，政府並不建築在公民的擁護上，而只依存於世家。世家挾帶私户，來與政府講條件。直到西晉，曇花一現的中央政府不幸短命，五胡割據，東晉南渡，大批平民跟隨大門第渡過長江。留在北方的，亦賴藉大門第所主持的集體勢力，而避免胡族政權之蹂躪。如是而社會上門第勢力，無論南北，都更見壯大。

這一情形，卻極像西洋史上蠻族入侵羅馬帝國傾覆後的一段。而且那時印度佛教東來，宗教勢力興起，寺廟僧侶也掌握到社會上絕大一部分力量，爲一輩平民所依附。因此近代研究中國史的，又有人說，中國真正的封建社會不在西周與春秋，而在魏晉南北朝。在此點上，遂引誘他們提起把西漢當作奴隸社會的興趣了。

但我們進一步仔細推尋，則自見魏晉南北朝時代的門第社會，和西洋史中古時代的封建社會，依然有它極大的相異處，最要的還在政治上。秦漢大一統政府種種法理制度的傳統精神，早在中國史上種下根深柢固的基礎。三國、兩晉、南北朝的中央政府，雖則規模不如秦漢，但在政治觀念上，依然還是沿襲秦漢政府之傳統。當時的大門第，雖則因緣時會，獲得許多私權益。但在國家制度上，並未公開予以正式的承認。他們雖是大地主，但並不是封建貴族，因他們並沒有政府正式頒賜的采邑。他們雖世代簪纓，但這是憑藉一時的人事機緣，像「九品中正制」之類，卻並不是政府特許的爵位世襲。而且在政府方面，還屢屢想把他們的私權益據理調整。當時政府本身，即是一個門第勢力所支撐而形成的政府，而時時想裁抑門第；此即證明是秦漢以來歷史傳統的潛存勢力在發揮其作用。

我們還得一述當時農民的地位。春秋、戰國時的田租，大體是十分而稅一。漢代更寬大，折半減收，法定的租額是十五稅一。但實際徵收又減一半，只是三十稅一。而有些豪門的私租額，最高到十稅五。因此政府的寬政，有些處達不到民間，而轉增了豪門的剝削。這是秦漢沿襲戰國，改採自由經濟的流弊。王莽針對此弊，要把田畝全收歸國有，重新分配，恢復井田制，即是恢復制約經濟，恢復均產精神。但他失敗了。一到三國、兩晉時代，全部農民，幾乎都轉入豪門，受其蔭庇。據歷史記載，當時的田租額，提高到百分之六十，最高有到百分之八十的。薄弱的中央政府，很少直轄公民，財費無著。因此政府田租也依照豪門租額徵收。雖想與豪門爭奪民眾，終尠實效。直到北魏「均田制」出現，農民地位，始見改善。這一新制，依然是由北方門第中的中國知識分子，根據歷史傳統所提供。最要的是把租額鋭減，還復漢制；如是則農民們與其爲豪門私户，寧願爲政府公民。於是户口田畝的實際數字，很快地由農村直接呈報到各處地方政府來。大門第蔭庇下的私户，輕輕一轉手間，又成爲政府之公民。中國政府憑藉廣土眾民之支持，本來不需横征暴斂，政費是不愁不足的。這又是歷史上一番大革命，但也沒有經過下層民眾的暴動流血，强力爭取，只由政府自動地在法律制度上改進一番，而和平地完成了。

其次要説到農民對國家之服役。這與納租，成爲農民對國家之兩大義務。在西漢，推行全民義務兵役制，每一個農民都需要服兵役，但分派時期不久，很易負擔。漢末大亂，農民轉到私家門第下當部曲，國家公民少了，盡量抽丁，那時則農民全成爲軍隊。糧食不給，再由軍隊抽空屯田。在法理上，是兵隊耕種政府的田，正與私家部曲耕種大門第的田一般。因此田畝收入，盡歸國有，農民即屯田兵所得只是最低限度之生活費。上文所説百分之六十的税收，便由當時「屯田制」演成。五胡以下，在北方是胡人的部族兵，中國民眾則在「抽丁制」下臨時加入軍役。在東晉，則因門第勢力之阻梗，連抽兵也難順遂推行，於是逐漸改成「募兵制」，藉此勉保疆土。直到北朝末期的北周，再根據歷史傳統來創立「府兵制」。在漢是「全農皆兵」，在北周則成爲

「全兵皆農」。農民不需全服兵役，而服兵役的，政府一一給以一份定額的耕地。在政府不再有軍餉之支出，在兵隊卻各有家庭，各有一份優厚生活的保障。田租與兵役制度改進了，農民的政治地位和經濟情況也改進了，於是整個時代，也因而轉運了。所以我說要研究社會狀況，不應該忽略了政治制度。因政府控制著社會的，社會常隨著政府之法制而轉形。北朝因有「均田」與「府兵」兩項新制度，遂造成了此下隋、唐兩代之復興盛運。而此兩項新制度，則全由當時北方門第中知識分子，從研究古代經史而建立。

當時南方學者講莊老新思想，北方卻守舊，仍着重傳統經史之學。尤其是一部周禮，成爲當時國際間共同看重研討的對象。創造府兵制的蘇綽，便是研究周禮的專家。此後北周軍隊打進北齊都城，北齊的周禮權威學者熊安生，告訴他家人說，北周皇帝一定先會到他家來拜訪，囑先打掃門庭。結果北周皇帝果然不出所料，隨著大軍進城，首先下令到熊先生家去。

以前王莽早已根據周禮來變法，以後北宋的王安石，又復根據周禮來變法。周禮是戰國時代一個不知名的學者，假託周公封建，來僞造的一部訂有精詳的具體制度的「東方之理想國」。雖是一部僞書，但也保存有許多周代封建時期的實際史料，又有許多在封建崩潰之後一種理想的封建制度之再計劃。因此，我們要研究中國的封建社會與封建思想，這一部書至少該參考。

至於說到那時的商業，比兩漢，只見更活潑，更繁榮。就南朝論，當時說，廣州刺史只經城門一過，便可得三千萬。就北朝論，魏孝文遷都洛陽，其新都建築規模，尚有洛陽伽藍記可證。我們一讀此書，便可想像當時北方商業繁華之一斑。若我們一定要把西洋社會來比擬中國的，則試問：全國各地，散布著繁盛的商業都市，散布著自由的中產階級，那樣的社會，是否便即是封建？於是有人又要說：那時的中國，便已是前期資本主義的社會了。總之，說通了這些處，又說不通那處。說近了這邊，又說遠了那邊。勉强比附，終無是處。

下面講到隋唐。

四

隋唐的「府兵制」，沿襲了北周成規；而唐代的「租庸調制」，則由北魏「均田制」所蛻變。漢代租額三十稅一，唐代更輕，只四十稅一了。漢代農民服役，每年一月，唐代減到二十天。更重要的，是唐代沿襲北周，接受了古代井田制度「爲民制產」的精神，每一農民都由政府授以耕地，使在輕徭薄賦的傳統精神下，人人有一份最低限度的生活憑藉。但唐代對工商業卻轉採自由政策，一切免稅。我們把漢、唐兩代的經濟制度作一對比，漢代只注意裁抑工商資本之過度發展，而沒有注意到下層農民最低生活之保障。唐代頗注意農民生活之保護，而放任工商業之自由發展。漢代立法，像是不許有過富的，卻可能有很窮的。唐代立法，像是許可有過富的，卻不許有過窮的。因此唐代社會經濟較之漢代更活躍，更繁榮。

最要的是隋唐公開考試制度，即所謂「科舉制度」之確立。任何一公民，皆可自動請求參加考試，以獲得進入政府的一種最有保障的資格。這一制度推行了，以前門第那一種變相的貴族，便逐步衰退而終於消失了。這又是中國歷史上關於社會形態一番極大的革命過程，但仍非由下層民衆掀起的流血狂潮經鬥爭而獲得，仍是由上層政府在制度之改革上和平達到。

唐代在大一統政府下，全國民衆，受著舉國一致合理而寬大的法律保護。舊的特權勢力，在逐步解體。有希望的新興勢力，在逐步培植。那時的社會，也如西漢般，在無定形的動進中；我們斷難稱它又是一個封建社會。然而歷史演進是永遠有波折的。唐代到中、晚期，租庸調制、府兵制都破壞了，另一種變相的封建勢力又產生，此即安史之亂以後所謂的「藩鎮」。這是一種軍閥割據。因唐代長期向外開疆拓土，邊防將領除帶兵外，又逐漸掌握地方行政、財務之實權，外重內輕，尾大不掉，而引起安史之亂。政府對叛亂勢力不能徹底肅清，姑息妥協，於是遂有「藩鎮」。他們擁兵自強，又互相勾結。政府雖没有准許軍權世襲的明文規定，但他們用種種方法强迫政府，期求變相的世襲。

若說魏晉南北朝的門第，是文官家庭之變相世襲；則唐中葉以後之藩鎮，是武將家庭之變相世襲。門第造成社會不平等，藩鎮造成政治不統一。若使我們把社會不平等和政治不統一，認爲那作梗的都是些封建勢力，則門第和藩鎮可謂各得其半。若我們要權衡兩者間之病害輕重，則又似各有得失，頗難遽下定論。門第勢力造成政府之弱勢，但傳統文化，還賴它在亂難中保住。藩鎮割據，把中國當時的對外國防，幸算勉强撐持。但在軍閥統治下，普遍地文化窒息，而且幾乎連根鏟滅了。歷史告訴我們，南北朝之後，緊接著隋唐盛運之來臨。而唐中葉以後，終至演成五代十國之黑暗，以及北宋統一後之長期衰弱。因此我們知道，在確保對外的國防武力之上，應該更先注意的是，社會上文化傳統之養育與保護。

北宋初年，在文化上、經濟上已經赤地一片，都需要重新建立。首先是沒收軍閥兵權，加强中央政府之統一。其次是竭力提倡文化與教育，要社會一般風氣看讀書比當兵爲高貴。爲近人所詬病的，中國人之「尚文輕武」的風氣，正是北宋初年用盡全力扭成的。若在五代十國，公民想求出路，只有去當兵，否則出家做和尚，讀書人則早快絕迹了。經過宋代將近一百年的培植養護，政府又變成像樣的讀書人的政府。那時遂又有王安石變法和新政運動：

首先是要訓練民兵來替代職業兵。於是有「保甲制」，期於農隙中來武裝農村。

其次注意到減輕社會富農對國家勞役之過重負擔。那些全是中唐以下，直到五代十國，軍閥統治所積累增加的。於是有「免稅制」，把普遍攤款來代替偏差任役。

其次又想清丈田地，整頓稅收，來逐步走上中國讀書人一向想念的古代封建社會下的那種制約經濟與均產精神。於是有「方田制」，即丈量田畝。

又想裁抑商人資本。其實那時的商業資本早已有限，只因政府窮困，政費無著，不在農民身上打算，便轉到商人身上起念；於是有「均輸制」與「市易制」，由政府來轉運物資及平衡物價。

又想把農民的困乏，在地主與富人的剝削下解放；於是有「青苗制」，由政府來貸款，收回輕微的利息。

上述這些仍是中國傳統政治下一套傳統的經濟理論。他們依然是根據周禮來做新政的理論上之護符。

那些新政，終於因多數反對而失敗。當時反對新政的也有他們的理由。宋代最大癥結，還在它養著一百幾十萬不生產的職業兵，把整個經濟拖垮了。王安石要在這上下困乏的環境下推行新政，增加稅收，那是利不勝害的。

自從唐代「租庸調制」破壞，改行楊炎「兩稅制」，自由經濟又抬頭。農田兼併，再度造成小農與大農。直到宋代，南方長江流域，是當時中國經濟的新興區，比較多自耕農。而北方黃河流域，因唐代門第與軍閥勢力的遺毒，比較多佃農，在宋代稱為「客戶」。據當時政府戶口統計，北方客戶比較多，南方客戶比較少。南北經濟情況不同，因此王安石的新政，在南北兩方利害亦不等。如青苗、免役諸法，南方比較多贊成，北方比較多反對。民兵組訓即保甲制，亦先在北方推行，因此北方人更多反對。由中央政府制定一種統一的法令來推行全國，北宋以後，是比較困難了。

五

宋代以後的中國社會，開始走上中國的現代型。第一是中央集權之更加强，第二是社會階級之更消融。魏晉以下的門第勢力，因公開考試制度之長期繼續，已徹底消滅；商業資本難於得勢，社會上更無特殊勢力之存在。我們若把分裂性及階級性，認爲封建社會之兩種主要特徵，則宋代社會可說是距離封建形態更遠了。然而正爲此故，遂使宋代社會，在中國史上，顯爲最貧弱，最無力。一個中央政府高高地擺在偌大一個廣闊而平鋪的社會上面，全國各地區，誰也沒有力量來推動一切公共應興應革的事業，像水利興修，道路交通，教育、宗教一切文化事業；社會沒有力量，全要仰賴中央，這是不可能的事。一到金胡南下，中央政府崩潰，社會上更無力量抵抗或自衛。其所受禍害，較之晉代五胡亂華一段，更深刻，更慘澹。

中國傳統政權逐步遷移到南方，蔡京、秦檜、韓侂胄等權臣，先後在南方長江下流經濟新興區大量收買農田，南方農村也落在大地主手裏。他們的私租額，也和晉代百抽六十差不多。政府爭不到田租收入，於是在商稅上拼命括削，結果弄得民窮財盡，一輩知識份子，於是又高倡井田均產的老調。到南宋亡國時，賈似道聽了他們意見，回買公田，把權家田畝全部沒收。但公家的租額，依然遵照私家規定。那是以暴易暴，並不爲民衆所歡迎。元人入主，仍依照南宋舊規收租。於是江南社會，永淪入水深火熱中。而北方社會，經過金胡長期屯田兵圈地霸佔，更不成樣子。

我們若要從中國歷史上，尋出一個比較最近似於西方中古時期所謂封建社會的時期，或許只有元朝了。那時雖有一個統一的中央政府，但蒙古一切政制，並不沿襲中國舊傳統。那時在政治上經濟上，有許多不合理不合法的特殊權益，分配在蒙古人（即軍人、征服者）、色目人（即商人、幫凶者），以及廟寺僧侶、土豪地主的手裏。一切田地被霸佔，一切工匠被掠奪。社會上是階級重重，政治上是處處分割，各地方各階層，到處有許多世襲的特殊權益在壓迫民衆。下層民衆惟一躲藏逃避的方法，只有向某一特殊勢力去投靠。但這些特殊勢力，大部分從社會外面加壓上來，並非由社會內層自己長成。這又是中國元代社會與西洋中古時期一絕大不同點。

經過元末革命，中國社會又漸漸扭轉了蒙古人的封建統治，回復到傳統的固有形態來。

第一是把蒙古的部族兵隊制取消了，重新創行新府兵制，即「衛所制度」。一面可省國家的養兵費，一面仍使全國大部農民可以避免義務兵役。

第二是把户口與田畝登記，徹底整頓黃册與魚鱗册，來清除豪門大户逃避田租的積弊。這是王安石「方田法」以及朱子所盛推的「經界制度」所想做而未成的。但政府對江南的田租，卻依然承襲元舊，照南宋以來的私租額徵納。這不能不說是一大缺點。直到清代，始絡續經地方疆吏之申請而輕減。大概直到清末，全國田畝，在國家法定租額上，仍是很少超出十分之一以上的。

其次是晚明萬曆時代之「一條鞭制」，把徭役攤算在田租內，一併徵收。這依然沿襲歷史上傳統法制之用意，要求解放農民的勞役負擔。

因此從北周、隋唐「府兵制」以下，農民已從兵役中解放。從唐中葉楊炎「兩稅制」以下，農民又從對公家其他的勞役中解放。雖則中間常不免許多反覆波折，但法制傳統之趨勢在朝向這一面，則不可否認。其他明清兩代在不斷裁抑商業資本之上繼續注意，也不待再縷述。只是明代的優待宗室，清代的特別袒護滿州部族特權，成爲一時之秕政，顯然違反傳統政治意識，則早爲當時所不滿。

大體論之，明以後的社會，仍與宋代相似。在政治上，没有特殊的階級分別。在社會上，全國公民受到政府同一法律的保護。在經濟上，仍在一個有寬度的平衡性的制約制度下，不讓有過貧與過富之尖銳對立化。除非我們想法羅舉許多特殊的偶出事項或變例來，故意挑剔與指摘，否則就歷史事實之大體論，則宋明以下的社會，不能說它相似於西洋中古時期的封建社會，是絕無疑問的。

六

現在我們若為唐以下的中國社會，安立一個它自己應有的名稱，則不妨稱之為「科舉社會」。這一種社會，實在是戰國游士社會、西漢郎吏社會之再發展。這一種社會之內在意義，仍在由代表學術理想的知識份子來主持政治，再由政治來領導社會，這一套中國傳統意識之具體表現。這一種社會，從唐代已開始，到宋代始定型。這一種社會的中心力量，完全寄託在「科舉制度」上。科舉制度之用意，是在選拔社會優秀知識分子參加政府。而這一政府，照理除卻皇帝一人外，應該完全由科舉中所選拔的人才來組織。

由有科舉制度，遂使政府與社會緊密聯繫，暢遂交流。不斷由規定的公開考試中，選拔社會優秀知識分子，加進政府組織。政府亦由此常獲新陳代謝，永不再有世襲貴族與大門第出現。而科舉制度又規定不許商人應考，又因官吏不許經商，因此官僚子弟仍必回農村去。那一批參加科舉競選的知識分子，遂大部出身農村，因此也抱有傳統的防止商業資本過度發展、及加意保護下層民眾最低限度水平生活的政治意識。這一種社會之最大缺點，則在平鋪散漫，無組織，無力量。

既無世襲貴族，又無工商大資本大企業出現，全社會比較能往平等之路前進。但社會不平等固是一弊，而組織與力量，則有時需從不平等帶來。直到現在，人類智慧尚未發現一個既屬平等，而又能有組織有力量的社會。那種平等性的社會，若範圍較小，弊害亦可較輕。不幸中國又是一個絕大範型的社會，而時時處處用心在裁抑特殊勢力上。封建貴族社會崩潰了，資本主義的社會始終未產生。門第社會消滅了，軍權社會也難得勢。終於走到科舉制的社會上，而停滯不前。這是中國社會在其已往演變中的一個客觀歷史的真相。

這樣一個平鋪散漫，無組織、無力量的社會，最怕的是敵國外患。北宋為金所滅，南宋的學者們已深切感覺到中央集權太甚，地方無力量不能獨立奮鬥之苦，而時時有人主張部分的封建制度之復興。直到明末滿清入關，中央政府倒了，各地雖激於民族義憤，羣起抵抗，也終於全部失敗。那時著名學者如顧炎武、王夫之、顏元等，他們更都同情於古代的封建，要想斟酌模仿重定一個理想的新制度。他們在大體上，還是注意到一般平民在制約經濟下之均衡狀態；但更偏重的，則為如何在社會內部自身，保藏著一分潛存力量，不要全為上層政治所吸收而結集到中央去。

七

上面述說中國史上社會演變一個大體的輪廓。這是完全依據歷史客觀事實，經過分析綜合而來的。但最近期的中國社會，在此一百年來，又開始變動，而且愈變愈劇，還未見有轉向停止安定的迹象。這不得不特地再加以敍述。

首先是中西雙方兩種不同型社會之驟相接觸。中國社會一向栽根在農業經濟上，驟然接觸到近代商業經濟性的西洋社會，而手足無措了。自從五口通商，歷年的貿易入超，已經迫得中國農村經濟逐步乾涸。而商業資本，則始終宛轉在次殖民地的買辦利潤下求生存。這是經濟上一個大轉變。

說到政治，遠從洪楊直到辛亥，地方封疆勢力抬頭，滿清中央政權由低落而崩潰，造成軍閥割據。更重要的是，晚清末年取消自唐以來緜歷一千年的科舉制度，而西方民主自由的地方選舉急切間未能學得，於是政治失卻重心，實際上握有軍權即握有了政權。學校教育又只在小學、中學國民教育方面稍有基礎，大學教育不僅發展較緩，而且始終未能達到學術獨立之水準。全國最高教育託命在留學制度上，因此只在科學技術方面粗有績效；至於傳統文化與立國精神，在本國最高學府中，從未正式注意到。作爲全國中層階級指導社會的知識分子，長期在搞黨與革命兩條路上轉側徘徊，非此則沒有他們轉上政治的其他門路。黨的支撐，則不在民衆而在軍隊。因此黨爭即就是革命。社會並沒有力量去影響政治。政治脫離了社會，沒有安定的重心。社會脫離了政治，沒有集中的領導。政治動搖，社會沒有力量控制。內部是軍閥，外面則仰賴帝國主義之發踪指示。帝國主義的力量，又遠超在本國軍閥力量之上。於是不論學術、政治、軍事，也全形成一種次殖民地的買辦姿態。舉國重心，都不由自主地外傾了。這是這一百年來，中國社會在轉型期中，一最顯著的特徵。我們若勉强要替它安立一名稱，不如稱之爲一個「殖民地化的社會」。

我們綜觀這一段最近時期的中國社會演變，除卻滿清政府狹義的部族政權是例外，其他實在沒有一個能阻礙社會前進的特殊勢力該打倒，而是要有一個能領導社會前進的中心勢力該建立。不幸這一個中心勢力遲遲未能出現。於是社會無一重心，一切不成勢力的勢力乘隙作祟，全國上下，終於醞釀到兩個口號下不斷興奮：對內是「打倒封建勢力」，對外是「打倒帝國主義」。對內沒有安定，沒有健全，對外「打倒帝國主義」終成爲一句有氣無力的口號。於是實際活動，不期然而然的集合在對內「打倒封建勢力」的旗幟下。

若我們把所謂「封建勢力」的實際內容，歸納到指摘政治上一種脫離中央、違背統一的地方性割據，在經濟上一種階級性的不平等，憑著政治黑暗脫離勞苦大衆而走向私家經濟的特殊權益；則我們不能不說這兩種勢力，確在最近時期的中國社會裏，不斷的興風作浪，造成了目前一切的災禍。但這不僅最近期的中國社會是如此，遠從有史以來，只要政治不上軌道，沒有一個中心的指導力量來控制社會，社會自然趨勢，永遠會向這兩條路邁進。人類永遠有想攫取權力財富，來在社會上形成一特出地位的一套私意。西洋中古時期的封建社會，正亦由此形成。近代西方資本主義之興起，也在封建主義下轉進。只要那一個領導社會的中心力量不出現，那種分裂而不平等的封建勢力仍將此仆彼起，無法消弭的。不幸而近代中國的革新工作，偏偏多在社會方面來打倒與推翻，卻不在政治方面來建立與革新，循至社會元氣逐步斲喪，更不易生長出一個中心力量來，而政治遂一無憑藉。如是，則革命只是破壞。破壞愈徹底，建設愈困難，終將造成中國前途一大悲劇。

因此我們雖則承認，近代中國社會確有不少變相的封建勢力在盲動，卻不能說中國二千年來的社會傳統，本質上是一個封建。更不能本此推說，中國二千年的文化傳統，本質上也是一封建。「封建」二字，應有一明確的界線。若連家人父子的一片恩情也算是封建，人民對國家民族傳統文化歷史的一片崇敬愛護之心也算是封建，如此漫無標準，則打倒封建，無異打倒一切。政治建基在社會上，社會建基在文化上。現在要憑一時的政權，恣意所在，連根來鏟除社會傳統，撲滅文化傳統，一切人性人道，只爲我所不快的，全求打倒；這不是社會向政府革命，而是政府向社會革命。試問這一個政權，憑藉何種力量來完成此大業？如上分析，在內則仍只有憑軍隊，在外則仍只有憑外力。那些是否可資憑藉，玆且不論，但你攀登樹巔來自伐樹根，伐木者只有隨木俱倒。幸而這老樹根深柢固，然而旦旦而伐，終有根斷株絕的一天。

在西洋的史學家，固已委悉指陳了他們近代的民主代議制以及工商企業組織，遠在中古封建時代已經早有根苗。社會上一切新生機，不會從天外憑空飛來，否則歷史將不成爲一種學問，要人去研究。即就馬克思理論言，無產階級亦必在資本主義社會下獲得長期的高度訓練，待其知識程度與組織能力達到一理想水準，才能脫穎而出，代替資本主義來掌握政權。

至於蘇維埃共產革命，一面是推翻了沙皇專制，一面卻由共產黨的極權來承襲沙皇，而再由此機構來替代西洋先進國家的資本勢力，加緊製造無產階級，而施以强力的訓練。我們也可說，近代蘇維埃共產極權政治，正由沙皇政治所培植。所以蘇維埃共產革命，還是隨順帝俄歷史，有其本身之淵源，而非隨馬克思預言憑空躍起。馬克思預言，根據於一套歷史哲學。而蘇維埃革命，則根據帝俄歷史。

至於當前的中共革命，幾乎是針對了民族文化和社會傳統之整個命脈，針對了中國歷史之全部傳統。中國社會是封建的，該打倒，但憑何種力量來完成此打倒？他們說，根據馬克思預言，以及蘇維埃革命的歷史教訓。假使那樣的一種革命而獲得成功，則只是遠站在中國以外的一種帝國主義之成功。這一種革命意識，依然擺脫不掉殖民地化的意識。最多的成功，也不過加深近代中國社會殖民地化之程度而止。

目前的中國問題，還是要在中國社會本身內部，找尋一個擔當得起中心指導的力量。若就上文所分析，貴族封建勢力，早已崩潰。工商私人資本之企業組織，也並未成熟。廣大的窮苦民衆，說不上是無產階級，在知識技能上，在組織秩序上，絶未經有嚴格的訓練，與馬克思預言中之無產階級不類似。而傳統的政治意識與政治習慣，又距離帝俄沙皇的黑暗專制太遠了。因此，在精神及訓練上，亦絶不能如影隨形般，來一個酷肖蘇維埃的共產極權。

中國社會的自身淵源，是唐代以來的科舉社會。它的病痛在平鋪散漫，無組織，無力量。而所由得以維繫不輟團結不散者，則只賴它自有的那一套獨特而長久的「文化傳統」，與由此所形成的强固「民族意識」。若并消滅此二者，則中國社會將剩四億五千萬個生活窮苦的個人生命，外此一無所有。

因此要謀中國社會之起死回生，只有先著眼在它所僅有的文化傳統與民族意識上。而這一個文化傳統與民族意識之鮮明透露，則仍不得不期望在社會之知識分子，此乃自唐以來中國科舉社會之中堅。但一則因科舉制度取消，他們在政治上無合法的出路。一則農村崩潰，他們在生活上無安定的保障。一則教育制度更新，他們在精神上無親切的安頓。這一個自唐以來一向成爲中國社會中心的「知識分子」，也已開始動搖，開始崩潰。最近期中國社會之一切亂象，知識分子該負最大的責任。非這一輩知識分子先得救，中國社會仍將不得救。

今天則問題更嚴重，已非知識分子得救與否的問題，而將轉落到並無真正的中國知識分子存在的問題。這已走近了唐末五代時情況。如何來再教育再培植一輩真正的中國知識分子，來挽救中國的厄運，當前的中國，已和北宋初年相仿。這將成爲中國得救與否之唯一該先決的問題。

八

社會有它本身內在必然的發展。中國社會不會長停留在殖民化的狀態下，也決不會再回復到宋明以來科舉社會的老路去。然則中國社會最近將來的發展路向又是怎樣呢?這一層雖不能像預言家般確切指出，但有幾點也該可以提及。

第一，是中國社會決不能常靠古老農村經濟作中心，而且古老的農村經濟也早已在此一百年來，給外來的資本主義遙潰無存了。但中國究竟是一個大農國，將來的發展也決不會脫離農業的基礎。而且世界趨勢，也正在從海洋島國、工商配合經濟的殖民帝國時代，轉換到大陸農國、工農配合經濟的新霸權時代。中國社會之必將工業化，走上以新科學工業配合農業，先復興本國社會經濟，然後再配合上國際貿易，來在整個世界經濟圈中佔一席位。這一趨勢，人人能言，斷無疑義。

第二，是中國社會決不能且亦斷不該走上資本主義社會的路。這是瞭解中國傳統文化歷史及現代世界潮流趨向的人，所同樣首肯的。

第三，則中國社會發展，必將在其內在自身獲得一種自發的生機。即是從它傳統歷史文化所形成的國民性中，獲得一種精神上之支撐與鼓勵，領導與推進。而決不能從外面如法泡製，依樣葫蘆地模仿鈔襲。這一層，雖有這一百年來的歷史現實做最親切顯明的證據，而不幸這一百年來的中國知識界，卻始終沒有勇氣來接受此教訓。他們老只在爭論應該鈔襲誰，模仿誰。換言之，那一個外國可爲我們的標準。緜歷幾十年，流了幾千百萬民衆的血，憑藉武力勝敗，作爲此一項理論是非之判定。這正是上述殖民地化社會，一種最可慘痛的悲劇。也是中國現代殖民地化的知識分子，所該擔當的莫大錯誤與罪惡。我們若用孫中山先生的話來說，不如謂這一現象，乃是中國社會從「次殖民地化」掙扎向「殖民地化」的一種可憫與可恥的努力。

中國現階段中之知識分子，正在模糊地崇拜西方，積極從事於「全盤西化」不著邊際的憧憬，懇切期求躍進於某一西方國家化的新範疇。這在某一觀點看，也可算是一進步；但在另一觀點看，則不能不說是更退步，退向更深的次殖民地化之階段上去。

若我們要真個期望有一個真正中國的新社會出現，必先有針對中國自己社會的一番新知識與新理想。姑舉共產主義言。我這裏並不想對馬克思、恩格斯的唯物史觀與階級鬥爭的學說作學理的爭論，但馬氏一派的理論，在蘇維埃社會實現，也已經過列寧、史太林諸人針對俄國國情的好幾番變動。中國至少也該有中國自己的列寧與史太林，這至少是在中國熱心馬克思思想運動的志士們，所該首先憬悟的。中國目前實在是尚在次殖民地化社會的階段中。必先期求擺脫這一階段，乃可期望有真正合理的中國新社會出現。這一點只要中國知識分子稍能平心靜氣一加思索，似乎也該可得共同的首肯。

第四，於是又轉到如何培植真正的中國知識分子一問題上來。沒有知識分子，則對社會發展之前途提不出理想，提不出方案。社會不會在盲目中發展。即使能在盲目中發展，但仍必先有知識分子的理想與方案出現。今天中國大陸所熱切希望拚命追求的，無可諱言，只是一套蘇維埃的現成的理想和方案。我們若先承認中國是中國，蘇維埃是蘇維埃，則至少該有一個取捨從違。近百年來，我們盲目鈔襲德、日，失敗了。又盲目鈔襲英、美，失敗了。轉而盲目鈔襲蘇聯，必然同樣地要失敗，至少是不獲成功的。這正如百年前的盲目守舊一般。若明白這一點，舊的並非全該推翻，德、日、英、美也非全要不得，目前大陸共產黨所熱切嚮往的蘇聯自然也有些可學。在這古今中外的複雜條件中，如何斟酌運用，這需一種智慧。明白得智慧之重要，才知我們該如何培植知識分子，及如何樣來培植。要之，這決不是把我的鈔襲圖樣來革你鈔襲圖樣的命，如是簡單直捷所能勝任而愉快。這一層緊啣著上一層，也該要求我們的所謂知識分子之首肯。

以上所言，好像全是些最平易的常談。然而正爲如此，才可以在這上面建立起「共信」與「國是」。有了一種共信與國是，新社會之出現，才可說是有了端倪與曙光。而不幸一百年來，即是建立在這樣一個平易常談上的共信與國是，也終於沒有建立起。於是任何一國的海上奇方，都變成舊中國起死回生之神藥。這些神藥，任誰身邊也有，誰都說不服誰。除非世界一統，次殖民地化的中國社會，將永遠會在革命與動亂中犧牲，將永遠更加深它次殖民地化之程度，老困在此陷阱中，再也跳不出，而終成爲一個道地標準的次殖民地；那又再有何話可說呢？

（民國三十九年十、十一月香港民主評論二卷八、九期。）

再論中國社會演變

一

近人治學，慕效西方，每好分別以求。如治史，從政治史外又必分出經濟史、社會史等，條分縷析，可至一二十種以上。然合固可求其分，分亦必貴於能合。中西雙方歷史，本非先有限定，必走同一道路。

如言社會史，中西顯相異，進程亦不同，治史者必強納之於一型。馬克思分西方社會爲農奴社會、封建社會、資本主義社會、共產社會諸階層，此據西方史立論，其是否盡當且勿究；但國人治中國史，何時爲農奴社會，何時爲封建社會，爭辨紛紜，莫衷一是。惟中國社會，顯未走上西方道路，則已明白無疑。而國人遂羣認中國至今仍是一封建社會，相當於西方之中古時期，一時若幾成定論。

余嘗謂中國古代有「封建政治」，與西方中古時期之「封建社會」有不同。中國封建政治，遠自夏、商迄於周代，已有長時期之演進。其前亦如西方曾有農奴社會與否，古史渺茫，可勿究。而在夏、商、周三代封建政治下，固亦可稱其時乃一「封建社會」，顯分貴族、平民兩階層，但平民決非農奴，此就西周一代種種文獻足可證。而在貴族、平民兩階層間，又有一中間階層，此即當時之所謂「士」。管子書起於戰國，其書中已明白提出士、農、工、商四階層。余故謂中國社會自春秋戰國以下，當稱爲「四民社會」。而自戰國以下，又遞有演進，仍可續加分別，以見與西方社會之進程有不同。

二

「士」之一階層，起於何時，暫不詳論。然如管仲、鮑叔牙在齊桓公時，其出身顯非貴族，而當係一士。在此以前，亦尚有士。以後更層出不窮。至孔子而「士」之地位始確立。後人又稱之曰「儒」。說文：「儒，術士之稱。」可見儒即士。術士猶云藝士。禮、樂、射、御、書、數爲當時之六藝，能通一藝以上，即可上通貴族階層，以供任用，甚至可當國政，爲卿相。一部春秋左氏傳中，自管仲至孔子，其他尚多其例，茲不列舉。

儒之後有墨。墨亦士，其自稱則曰「兼士」。儒、墨以下，百家競興，亦皆屬士。因於士階層之興起，而貴族階層漸趨没落。我故名戰國時期曰「游士社會」。至秦滅六國，封建政治終歇，繼起者爲郡縣政治，而社會則仍爲一游士社會。就秦而言，擢用東方游士，遠自商鞅、范睢、蔡澤，迄於呂不韋及其賓客，皆游士。李斯為相，亦游士。蒙恬為將，其先世由齊來，亦一游士。博士官七十人皆游士。秦始皇帝之一朝，概多游士，嬴姓貴族不見有掌握政權者。其太子扶蘇，亦在蒙恬軍中。然而縱稱秦代為「專制政治」，而其決非貴族政治則可知。政治影響社會，社會亦影響政治。其時中國乃為一游士社會，政府亦莫能自外。即論秦之統一天下，其主要動力，亦在六國之游士，而不在秦之貴族。

漢高祖崛起，當時之從龍集團實亦一士集團。能通一藝即為士，不分文武。蕭何、韓信皆士。張良、陳平更當稱為士。叔孫通、婁敬、陸賈、酈食其之徒，亦何莫非士。即如商山四皓，亦顯屬士。漢高祖不明時變，乃欲恢復古代之封建，「非劉氏不得王，非軍功不得侯」，尚欲成立一貴族與軍人配合之政府。其意亦何嘗不想劉氏一姓世世為王，以迄於萬世。就此一層言，漢高祖之政治意識，實較秦始皇帝為遜。惟高祖以平民為天子，與皇帝之以貴族傳統為天子者究不同。後人獨稱漢初為「平民政府」，其實如呂不韋、李斯、蒙恬之倫，皆平民躍起。故秦始皇帝時已非一貴族政府，漢高祖何得再創一貴族政府。其事之終不可久可知。

漢初分封，異姓王倏加誅滅。同姓諸王中，游士麕集。尤著者，在南如淮南王安，在北如河間王德，羣士歸附，較中央政府為盛。景帝時，吳楚七國之亂已平。武帝時，中央政府之規模體制，亦不得不變。最主要者，厥為將開國以來貴族、軍人之混合政權，明白轉變為此下之士人政權。其先非封侯不得相，而武帝拜公孫弘為相，乃特封為平津侯。公孫弘乃東海一牧豕翁。治公羊春秋，膺賢良之薦入政府；非貴族，非軍人，以社會上一「士」的身分而為相。

武帝時又始建太學，太學生出身，高者為郎，低者為吏。「郎」為王宮侍衛，「吏」乃地方政府之科員。為吏有成績，重得進身為郎，然後由郎再獲分發出任朝廷內外各官職。由於此一制度，自漢宣帝以下，凡為相者，乃無一非由士出身。朝廷內外官僚，皆由士充之。故漢代政府，由武帝以下，乃確然成為一「士人政府」。高祖意欲恢復封建政權之意想既失敗，而漢武以下，天下歸於一統，游士亦匿迹。故余特稱漢武以下為「郎吏社會」。雖屬創說，明有史證。

其先自儒、墨興起，游士已代貴族階層而為社會領導之中心。自秦始皇與漢武帝，在上之政府皆無法轉變此趨勢，乃不得不正式成立士人政府以與社會相因應。故當時之社會既不得稱為一封建社會，當時之政府亦不得稱為一專制政府。此皆有史實作證，不得空以名詞相比附。

當時太學教育，乃以五經博士儒家思想為主。社會農村中一士，由太學生轉為郎吏，膺任政府官職。退而在野，則敬宗恤族，以養以教，不僅止於其一家之門內。此種宗族觀念，遠自封建時代傳遞而來。自儒家言之，固亦不得謂之非。「黃金滿籯，不如遺子一經。」世代傳經，即可世代為卿相。於是雖無世襲之貴族，而逐漸形成了世襲之「士族」。

三

士族形成，在東漢之晚季。下至三國，中央政府崩潰，郎吏社會亦轉成爲門第社會。如袁紹一家，其先四世三公，即爲一大門第。又如諸葛亮，其先家世二千石，亦一大門第，故兄弟三人分在魏、蜀、吳三國，皆知名。其他不勝列舉。惟曹操崛起寒微，對門第深抱忌刻心，孔融、楊修、荀彧，凡出門第，皆遭忌見禍；然亦終無奈於社會之大勢。故魏晉轉移，而政府亦漸由門第操縱。此下東晉、南北朝，政府更迭，而門第旺盛，不隨政治而搖動，余故稱此時期爲「門第社會」。

門第社會遠始於晚漢，直迄唐之中晚而始衰，緜亘當歷七百年以上。門第特權，初非由政府規定，與以前封建不同。又經亂世，如三國分裂，東晉偏安，五胡雲擾，南朝之遞禪，北朝之分東西，南北政權又相繼亡滅，隋代亦繼之顛覆。政治局勢極度動盪，南方門第支撐於長江一帶之新造區域，北方門第則崎嶇於胡族政權下，而始終保其存在。及至唐代統一，盛運再臨，而門第仍屹立。此當有其所以然之故。

余曾有略論魏晉南北朝學術文化與當時門第之關係❶一長文詳論其事。蓋此一時期之門第，不僅能自保，而中國傳統文化亦賴以維繫。兩漢經學以外，文學、史學，莫不有繼續茁長之勢。政治亂於上，而社會定於下。自漢迄唐，歷史民族生命之護養，亦胥當時門第之力。縱謂當時門第乃一種變相之貴族，然固不得加以輕視。

近人率以莊老清談與當時門第併為一談，此亦不然。門第維繫，斷非清談之業績。清談僅在東晉南朝門第中有此一姿態。北朝及隋唐，清談顯不占地位。故欲深究當時門第之共同實質與其一貫精神，斷當自中國傳統文化中求之，而儒學尤其一要端。要之，門第乃形成於士族，門第中人，亦皆中國傳統社會中之所謂士；上接兩漢，下啟隋唐，中國仍為一四民社會，士之一階層仍為社會一中心。會合政治史、學術史而融通一體求之，則當時之所謂士，率多囿於門第，有其一種特殊之形態與風格；其不同僅在此。

再換言之，當時所謂士，或偏安於南方，或胡漢合作於北方，或努力於再創統一盛運而更加以發揚光大如隋唐；其主要人物，多數皆產生於門第中。當時門第中人，決不當劃出於中國傳統社會領導中心「士」之一階層之外。此一義，斷當加以深沉之認識。

❶ 編者按：略論魏晉南北朝學術文化與當時門第之關係一文已收入中國學術思想史論叢（三）。

至於門第內容，細言之，有晚漢三國西晉、東晉南朝、五胡北朝、隋唐時代之四種分別相；亦當探討其相異所在，更進而求其會通合一，又進而求其與前漢後宋一貫相承之所在。此當從社會史、政治史、學術史會合求之。知其分，又當知其合。知其變，又當知其常。固不得因此時期有門第存在，而遽目之爲猶是一封建社會。

及唐之中晚，北方藩鎮割據，朝廷以詩賦文學取士，門第傳統終於衰滅。繼之者爲進士輕薄。其時之所謂士，既失門第護養，又無朝廷公家特施教育之培植，大體上已失其所以爲士之內在精神。而社會亦失其領導中心，政治、學術相次潰敗。唐亡而五代繼起。就歷史形勢言，晚唐與五代十國，斷不能與晚漢以至三國之一段時間相提並論。中國歷史自秦以下，亦不斷有衰亂世，但亦不得謂之黑暗世。若必求中國歷史上之黑暗世，則惟晚唐與五代差可當之。其時，政治亂於上，學術衰於下，士之一領導中心已失其存在，而傳統社會則猶未徹底崩潰。尤其在南方十國中，社會基礎尚未大變，文化命脈尚未全絕，惟在極端搖動中。無以名之，則姑可名之曰「黑暗社會」。

四

宋代興起，政治粗安，朝廷乃知極端以養士尊士爲務。然就中國歷史言，傳統的士階層之正式復興，則已在宋興六七十年後。教育界有胡瑗，政治界有范仲淹，必待此兩人出，乃重見有中國傳統之所謂士。然其時社會已不再有門第，政府以考試取士，而進士皆出自白衣。此一形勢，直至清末，余特爲定名「白衣社會」。白衣率從農村中崛起，其形勢略同於漢武帝之時。所不同者，政府考試制度已大爲開放，民間又有印刷術發明，書籍流布較前遠易。故兩漢察舉制度興起以後有門第，而宋代士階層復起，終不能再有門第形式。

其時民間學術傳布，印刷術之外，復有書院講學。印刷術與書院，均已遠起於唐代。而在社會上發生大影響，引起大作用，其事則始於宋。宋代政府貧弱，遠不能與唐相比，而社會學術之盛，則唐亦不能媲於宋。南宋政府益貧弱，而學術轉益興盛。

蒙古入主，政治形勢大變。其時學者，即傳統之所謂士，相率杜門不仕，而隱於民間，以講學爲務。書院之盛，上凌宋，下躐明。宋以下一千年來之書院林立，惟元最盛，莫與倫比。故元代之學術，經、史、文學，縱不能繼步兩宋，然較之明代，則未見遠遜。元代初期如黃東發、王厚齋、胡身之、馬端臨，皆不愧爲曠世巨儒。中國歷史上亡國時代，惟元初學術最盛。明代開國，如劉基、宋濂之徒，亦皆培養於元代。論其規模，亦未遜漢、唐、宋諸代之開國，而抑若猶有過之。明代科舉之制，亦承襲於元。所定四書大全、五經大全，爲科舉標準者，亦自元鈔襲。故在元代，政治大變於上，社會固未隨之大變於下，學術文化傳統依然如舊。其時已無門第，而白衣之士階層，仍不失其爲社會之領導中心。士階層憑何力量而得如此？此當從胡瑗、范仲淹以下，在學術之潛在精神中求其深源。而濂、洛、關、閩理學之貢獻，亦可自見。

滿清入關，明遺民志節之高抗，學術之深邃，一時人物蔚起，聲光炳煥，尤過於元初。歷代政權更迭之際，殆無其匹。政府亡於上，顧亭林謂之是「亡國」。而社會士羣，則仍能「存天下」於下，中國歷史文化依然保存其大傳統。清廷異族政權雖控御中國逾兩百四十年之久，然中國社會則依然凝固，精神猶昔，文物遞盛。直接間接，莫非明遺民所賜。清末辛亥以前，國人倡導革命，即以明遺民爲號召。尤著者，乃見於當時羣相誦讀之國粹學報。風聲所播，人心奮昂，影響深厚，遠較宣傳西方美法革命爲尤過。下層社會之影響上層政治，自本自根之文化傳統較之外在影響之鼓舞歆動，其爲力之宏大，收效之迅速，即此可見。

五

如上所述，中國自古代封建貴族社會移轉而成四民社會，遠溯自孔子儒家，迄於清末。兩千四百年，士之一階層，進於上，則幹濟政治；退於下，則主持教育，鼓舞風氣。在上爲「士大夫」，在下爲「士君子」，於人倫修養中產出學術，再由學術領導政治。廣土眾民，永保其緜延廣大統一之景運，而亦永不走上帝國主義、資本主義之道路，始終有一種傳統的文化精神爲之主宰。此非深明於中國所特有的「四民社會」之組織與其運用，則甚難明白其所以然。

近人每謂中國尚停滯在農村社會的階級，不知中國城市興起，亦已歷兩千數百年。其爲歷代首都所在地，如長安、洛陽、南京、開封、杭州乃及燕京，與夫其遞盛遞衰，如戰國齊之臨淄、趙之邯鄲及陶，又如宋代特起之四大鎮等，且不計。如春秋末之吳，秦代統一後之廣州，漢興以下之廣陵即揚州，以及如四川之成都，此等大城市，皆緜亙兩千年以上。唐人詩：「腰纏十萬貫，騎鶴上揚州。」黃巢之亂，廣州大食商人被難死者達十萬人。金兀朮渡江南下，蘇州一城死者五十萬人。即略讀馬可波羅遊記，亦可見其時中國各地城市遍布之盛況。鈔票始行於南宋，至元而大盛。銀號匯兑制度，亦在清初成立於山西。至如商品遠出國外，如漢絲、唐茶、宋瓷，人人所知，不煩詳舉。故中國社會，兩千年來，即爲一農、工、商並盛之社會。

至於全民兵役制，則確立於漢代。三國以下有屯田兵，唐有府兵，明有衛所兵，雖非「全農皆兵」，亦必求其「全兵皆農」。兵農合一，永爲中國歷史上一傳統制度。對外武力，如漢代對匈奴，唐代對突厥，其征戰輝煌之績，亦彪炳莫盛。憑其富，不產生資本主義。憑其强，不產生帝國主義。歷史上不斷有此機會，而永不邁進此境界，永保此和平安定四民社會之體制。於農、工、商、兵諸色人等之上，尚有士之一品，主持社會與政治之領導中心。

以較西方社會，希臘、羅馬有農奴，而中國無之。中古時期有封建貴族、武裝堡壘與夫教堂大地主，而中國無之。文藝復興城市興起以後，其海外殖民以至於資本主義大企業之興起，而中國亦無之。中國社會有士之一階層，掌握政治教育之領導中心者，西方亦無之。果能平心從歷史演進中尊重具體實例，一一加以比較，則中西方之社會相異，顯然可見。

社會體制既不同，建立於其上之政治，自亦不同。如西方古希臘之市民政權，只建立在每一小城市中，尚不能擴充成為一國家。羅馬帝國之軍人政權，以及中古以後現代國家興起，有所謂神權、君權、民權之演進，在中國史上，皆無其例。秦漢以下，全國大一統之中央政府，非神權，亦非民權，但亦不得目之為君權。

西方現代國家，疆土僅如中國一省區，尚可憑君權統治。中國自秦以下，傳統政治，論位則君最高，論職則百官分治，論權則各有所掌，各自斟酌。如漢之選舉，唐代以下之考試，皆有職司，其權不操於君。朝廷用人，則一依選舉考試之所得。故中國自秦以下之傳統政府，僅可稱之曰「士人政府」，或可稱為「官僚政府」，官僚即由士人為之；而決非貴族、軍人或商人政府。

又且皇帝與政府亦有別，不能即認皇室為政府。百官分職，皆有規定，不由君權，又烏得目此政府為君權專制之政府。君位在政府中為最高，自君以下，卿相百官皆出於士；在四民社會之上，而有士人政府之建立，使政府社會融成一體。而且選舉考試，錄取名額全國皆定量分配。户口衆，賦稅重，則選舉考試之錄取名額亦隨而增。故政府官僚，率平均分配及於全國之各地區。

惟在銓敍制度之升降黜陟中，偏遠地區，文化較低，人才稍次，較難得卿相高位。君位雖世襲，然儲君必與士人受同樣教育。正位爲君，亦時擇羣臣中學問才德勝者進講授業。則君亦士也。君臣上下之能沆瀣一氣，其端在此。故中西社會不同，政府亦不同。暫不論其高下得失，而雙方相異，則歷史具在，可以覆按。近人好據西方歷史來解釋中國，則宜其不相當。

六

近百年來，中國備受西方帝國主義、資本主義之欺凌壓迫，思欲一變傳統，以效法乎彼。於是社會劇變，歷兩三千年來爲社會領導中心之士階層亦日趨没落。至於最近，幾失存在。往日之士精神，已渺不復見。而工商企業之資本家，則尚未成熟，未能確然負起領導社會之責任。於是整個社會乃真如一盤散沙，不得不待政府之排布。而政府又高呼民主，民實無主，何能主政？抑且西方近代資本社會與其民主政府，亦經長時期之禪遞推進而有今日。其所成就，何可一蹴即幾？今日中國社會傳統架構已被毀。而其基礎，則兩三千年來，深埋厚築，急切猶難挖掘淨盡。此下之中國社會，將成何態，非有高見卓識深謀遠慮之士，難窺其彷彿。「盲人騎瞎馬，夜半臨深池」，洵堪爲今日之中國社會詠矣。

抑尤有進者。互觀中西雙方歷史，而論其政府與社會之比重，可謂中國政府乃以社會爲基礎。西方政府則僅以社會爲憑藉。故中國政府自秦以下，實皆由社會士人組成。王室雖在政府體制中占高位，受尊崇，然決不得謂皇室即政府。外戚、宦官預政，政府隨即崩潰，但社會傳統則賡續如舊。所以顧亭林有亡國、亡天下之辨。自宋以下，蒙古、滿清兩度以異族入主，而中國社會傳統則迄未有變。朝代興替，政府更迭，自秦以下屢有之，惟元、清兩代爲大變，然仍必以中國社會爲基礎。故依宋、明兩代言爲亡國，而中國歷史傳統文化精神之建本於社會基層者，則固前後一貫，大本未搖，故可謂仍是中國傳統之天下。

以較西方歷史，希臘未有國，羅馬有國，然其國由政府建立，而非建立於社會。故羅馬帝國非即羅馬人之天下，帝國亡仍若與羅馬人無關。歐洲現代國家興起，最先亦建立於政府。若果以社會建國，則至少葡、西不必分建兩國，比、荷、瑞典、挪威均然。而奧、匈則不得成一國。而且中古時期以下，全部西歐同操拉丁語，同信耶穌教，亦儘可成立爲一國。歐西社會，乃在同一天下中，而始終爲多國。

故中國歷史實可謂「有社會，有國家」，其言盛衰興亡，盛衰乃指社會言，而興亡則指國家言。但亡後復有興，衰後復有盛。以觀西洋史，則實當可謂「有社會，無國家」，故西洋史各地有盛衰而無興亡。如希臘至今仍是一希臘，羅馬至今仍是一羅馬，而其每一地則衰後不復盛。當前之現代國家，如葡、西、荷、比，以至英、法等，葡、西、荷、比已一衰不復盛，英、法恐亦將皆然。此乃西洋史與中國歷史相異一大要端，誠不可不知。

惟其如此，故近代西歐人，好言自由，力爭民主，而屢起革命。此乃對社會言，非可對國家言。而中國歷史則誠如近儒梁任公言，乃無革命。實可稱西方革命，乃限於社會性，非可謂是國家革命。至如中國古代史，堯舜禪讓，湯武革命，中國傳統之所謂「革命」，實屬國際性，而非社會性。依西方史言，則不啻一國對另一國之征伐，又何可言革命？

七

今再深一層言之，亦可謂西方文化，實僅停止在社會財貨生活一階段上，並未能進入更高層，如中國人所謂「治國平天下」大羣集體人生中之政治道義階段上去。故近代西方民主政治，僅尚社會一時多數人意見，而並無超社會以上更高一層之規矩道義可言。以此較之中國文化傳統中之治平大道，其相互間之距離，實甚相遠，未可並論。

再自中國史言之，秦代一統，固可說由秦消滅了六國。深一層言之，乃是當時中國社會新興之士階層代替了古代之封建貴族階層。故秦始皇帝時代之政府，早已具一士人政府之雛形。漢高祖以平民爲天子，至漢武帝則士人政府乃確然正式成立。中國之士階層，乃由社會產生，不由政府產生。故中國史上自封建而改爲郡縣，實可謂乃中國政治史上一大革命，一大進步。下至三國，魏之曹氏，晉之司馬氏，自此以下，除五胡北朝爲外族政權外，南方諸政府，何嘗不由社會中士階層來建立。即五胡北朝，亦必與中國社會中之士階層合作，而始能成立其政府。甚至下迄元、清兩代，亦莫不然。

近代西方之民主政府，議會政黨政治，亦乃是由社會來組織政府，非可謂其政府乃能超出乎其社會之上。故在西方社會中，僅可謂有知識分子，不得謂如中國之有士階層。故西方社會中之獲得預聞政權，乃至掌握政權，皆由其社會中之資產階層發動。其先議會選舉，皆論資產，由納稅人資格而獲選舉權與被選舉權。故近代西方之民主政府，則必然需採取社會中資產階層之意見，於是使其社會迅速成爲一資本主義之社會，而其政府亦迅速成爲一帝國主義之政府，向外獲取工商原料，推銷工商成品，使其本國資本社會可以不斷向榮；而其相因而起之一切毒素，亦可向外發洩，使本國社會暫時見其利不見其害。但自帝國主義崩潰，資本主義之毒素乃轉向內洩，於是其社會乃開始日趨崩潰，而若有汲汲不可終日之勢。亦可謂乃先有其內在資本社會之病痛，而始有帝國主義之崩潰。

任何一社會，經歷某一段時期，無不需變。即論中國社會，如余所陳，自封建而游士、郎吏、門第、白衣，亦已歷多階層之變動。惟均不失仍爲一士傳統。最近百年來，驟與西方帝國主義資本社會相接觸，富强之勢，咄咄逼人。而又歆羨其民主自由之美名，不加深察，惟求一變故常，亦步亦趨以爲快。而不幸西方社會亦已臨於不得不變之邊緣。惟變當有常，萬變不離其宗。當先揭出其大本大源之綱領所在，使一切之變，皆趨向此綱領而勿違，斯其變乃可有常，有其前途。自然科學，物質文明，從西方資本社會之養育中突飛猛進，人人盡以改進物質人生爲目標，爲期嚮。而不知人生趨向，社會結構，則並不盡在物質上。物質日進，反可使人生日退步，社會日解體。

八

姑舉婚姻一項言。西方婚姻制度主要奠定在政府法律上，夫婦關係須得法律承認，而法律則操於政府。中國婚姻制度主要奠定在社會風俗上，夫婦關係之奠定，在「禮」不在法，在「人」不在政。禮定成俗，禮俗起於道義，乃人生社會事；而不可謂其起於制度，乃政治法律事。故西方則刑法之比重超越乎禮義，中國則禮義之比重更超越乎刑法。但今亦可謂西方刑法僅屬社會性，而中國人之禮義則屬政治性。其實西方婚姻制度之得以維持穩定，更要因素則在宗教。宗教則仍屬社會性，非屬政治性。但自科學日興，宗教信仰日衰，而資本社會之日常生活，乃更使婚姻制度易趨解體。

日本爲中國文化之一支，其社會形態亦屬中國型。其男女關係，夫婦制度，更屬保守。乃自最近二十年來，社會經濟飛躍，整體人生隨而生變，婚姻亦失正常。家庭基礎動搖，幼童老年，全受影響。此實以物質繁榮，人情易趨涼薄。羣體渙散，社會組織轉以工商團體之事業經營為主，不以人與人相處感情上之交融互洽為本。財富日增，人生情味日減。繼此以往，不加警惕糾挽，實有人倫道喪、天下將亡之憂。

回憶吾國，自辛亥前迄今百年，人人以慕效西化為自救自存之惟一途徑，唱為文化自譴之高論，羣認為中國人僅知有私德，不知有公德。「各人自掃門前雪，莫管他人瓦上霜」，引此詩句，肆為詬厲。不知門前雪急需掃除，自當由各家各户自掃；瓦上霜在別家屋上，自可不管。夫婦為人倫之始，男女之防一破，性交氾濫，婚姻仳離，此其妨礙人生大道，何止如門前之雪！若求掃除，則需男女人人，各各知恥自好；此非私德而何？私德既喪，何來公德？今日之工廠，規模日大，天空有噪音，地下有污水，上自飛禽，下及游魚，胥不受害。資本主義之為禍人類，其先如非洲販黑奴，廣州賣鴉片；演變至今，乃有共產主義崛起。凡屬資產，盡成罪惡。清算鬥爭，集中勞改。此豈乃為公德？

吾國自宋以下，八百年來，大學成為識字人第一部必讀書。齊家、治國、平天下，一以修身為本。「富潤屋，德潤身」，修身當重德，不重富。民國初年，小學尚有「修身」科，教人如何在社會上做人。此身明明為各人私有，則私德即公德。後遂改為「公民」科，教人如何在政府下做一公民。於是人生重點，轉若不在私而在公。試問每一人之生命，究屬私有，抑公有？無私又何來有公？

今日資本主義社會，一切物質財產資本，不啻盡求納入社會中，實即亦是一種公化。四十、五十層以上之摩天大廈，林立市區，此皆所謂「富潤屋」。而蟄居屋中之每一人，更無德以潤身。是只潤屋，不潤身。集此無德不潤之身，其生命之乾枯燥烈，惟有束之以法律，限之為公民。人生乃為財富所公有，不為此身所私有。因此有關財富，則必彼此相競。不關財富，則各自恣肆，無所底止。美其名曰「自由」，而法律亦無奈之何。今日自由資本社會，顯已羣趨此境。而當前中國社會，則亦順此潮流，奉為榜樣，向之邁進。其最後歸宿，豈不已彰灼在目！

九

今再返觀中國社會全部演變史而綜合言之。儒、墨興起，古代封建社會一變而成此下之四民社會。若為中國社會演變史中之第一大變，實則其變並不大。儒家如孔子，其心中固尚奉古代封建貴族為圭臬，堯、舜、禹、湯、文、武為聖君，伊尹、周公為賢相，「述而不作」，未嘗有近代吾國人所提揭推翻打倒任何革命之意味。即墨家墨子，亦抱同樣態度，稱道詩書，尊崇古人。惟孔子佩服周公，墨子則師法大禹，要之則同重人物。古人今人，同是一人。貴族平民，亦同是一人。爲人必遵人道，守人格。在社會爲一人，始能在政府爲君相，爲官僚。苟其君不行君道，則伊尹放太甲，周公攝成王政。太甲悔過，伊尹自桐宮迎回。成王既長，已知爲君之道，周公亦歸政。堯舜有禪讓，湯武有革命，政府一切制度行爲，惟以人道爲依歸。

孔、墨所唱，仍屬人道。惟其道在下不在上。在上者得其道，斯政府可以領導社會。道而在下，則社會當起而領導政府。儒、墨之意在此。惟孔子論道主「仁」，墨子論道主「兼愛」、尚「義」。所不同者屬第二義，在方法上。其更高第一義，在原則上，則無不同。故孔、墨同若反貴族，而實非反貴族，所反在其人之無道。此下百家迭起，無不皆然。惟韓非主以上御下，以君制民，其道最狹，乃爲後代中國人所弗信。故孔、墨雖同對在上者有譏議，而同受當時在上者之尊崇。所謂游士社會，朝秦暮楚，所至有給養，受重視，絕非貴族、平民間之階級鬥爭，如近人所謂之推翻與打倒。而古代貴族、平民間顯分階級之封建社會，乃亦終於告終，消散於無形。

故封建社會與四民社會之間雖有變，而仍有一不變之大傳統，此乃吾中國文化精神一貫相承之所在。今當統稱之曰「人道社會」，亦即「人心社會」，或稱「人本社會」，即是以人道人心爲本之社會。修明此道以領導社會向前者，在先曰聖君賢相，在後則曰士。「作之君，作之師」，君在上，師在下。政府、社會，自道論之，皆屬一體。自秦以下，中國一統，爲君爲太子亦必有師，亦必同爲一士。而孔子遂爲至聖先師，其在社會之地位，尤高出歷代各朝君主之上。

必明此，乃可覘中國社會之特徵。

希臘有民族，有文化，有社會，但無國家，因亦無政府。各城市有民選議會，處分其各城市之公共事務，如斯而已。羅馬有國家，有政府，乃操縱於軍人集團。向外擴張，而成為一帝國。帝國統治下，可有各色不同之社會。如意大利、希臘、埃及、法蘭西乃及其他地區，在同一政府統治下，但並非同一社會。帝國崩潰，中古時期之封建社會，乃分由貴族武裝堡壘及教會所統治，其情形與中國古代封建社會大不同。中國封建，在社會之上有政府。西方封建，社會之上無政府。社會無一共遵共由之道，政府亦無一共守共由之道。道在教會，權在政府，與中國大不同。

及現代國家興起，規模雖小，實承羅馬傳統來。而文藝復興後之城市興起，則承希臘傳統來。故沿意大利半島之地中海及北歐波羅的海諸城市，其成為國家轉在後。西、葡海外尋金，風聲所播，荷、比、英、法繼起。羅馬、希臘兩傳統漸滙為一，於是遂有民主政府、議會政治之建立。在內為民主，屬希臘型。在外為帝國，屬羅馬型。於是西方現代國家，乃始建基於社會之上，似若走上了中國道路。但其社會乃是一工商社會，進而變成資本主義之社會。與中國人道、人心、人本社會之本質，仍有其大不同處。

中國社會非無工商業，非無城市，其事遠在戰國時已然。惟與希臘不同。希臘有城市工商業，有社會文化，而不能有國家。中國先秦則兩者兼有。逮漢唐一統，其國家與政府，又與羅馬不同。羅馬由軍人政府擴展向外而成爲帝國。漢唐政府乃由全國社會之向心凝結而成。雖曰大一統，而非向外征服，故不得目之曰帝國。漢起豐沛，唐起太原，立國中心則並不在此。

故中國四千年來之社會，實一貫相承爲一「人道」「人心」「人本」之社會。修明此道以爲社會之領導中心者，自孔子以下，其職任全在「士」。孔子曰：「士志於道，而恥惡衣惡食者，未足與議。」西方社會則建本於工商業，如希臘。其國家則建本於軍人武力，如羅馬。故西方傳統重視富强，惡衣惡食乃其所恥。近代之帝國主義與資本主義淵源胥由此。中國傳統，向不重富强。今則一慕富强，而近百年來之中國社會，乃由此而變質。士之一階層，已在社會中急劇消失。社會失所領導，領導者乃在國外，不在國內。姑無論西方社會亦已臨必變之際，而邯鄲學步，一變故常，外襲他人，事亦不易。即謂有成，亦不啻亡天下以求存國。皮之不存，毛將焉附。其或終有理想之新士出，以領導吾國人，從四千年舊傳統中，獲得一適應當前之新出路，則誠所馨香以禱矣。

（民國六十六年作，七十六年五月動象月刊革新一號載。）

中國歷史上社會的時代劃分

一

中國歷史如同一篇詩歌，在穩定平靜中發展；西方的歷史如同一幕劇，一幕一幕緊湊不斷的在變換。這並不是說，中國的社會無變換；而是這種變化的過程和目標，很難加以指明。因此歷史時代的劃分，更比較感到困難。

我們首先僅就中國歷史中所見之中國文化傳統之緜延，以及中國人所理想的社會這一觀念分別加以說明。中國的傳統思想，自古希望以學術來領導政治，再由政治來支配經濟，而創造出一個合理的、以達到完美的人生爲目的的社會。這一種傳統精神，在一方面講，固然像近是在誇耀中國文化傳統之可誇耀的一面；但在相反方面講，它也有「安而不强，足而不富」的相隨弊害。而與此相對的西方社會，卻是「强而不安，富而不足」。因此我此刻所指出者，乃僅是中西雙方之異同比較，而並不意在對中國文化作誇耀。

其次，我們再從這一觀點來考察中國社會所獨有的特徵。首先中國社會，當可稱爲「四民社會」，是由所謂士、農、工、商四行業不同的四民所組成。此一社會，同時也可稱爲「士中心社會」。因此在中國社會裏，雖然也有流品分別，然而並未意識到四民之間有階級之存在。在此四民中，「士」之一流品，爲中國社會所獨有。士的身分，既非貴族，又非軍人和官僚；不但不是豪富階級和宗教信徒，同時也不是指的一輩專門的學者；而同時卻也不與一般的庶民相同。這一點，在西方人士是不易理解的。如果我們不能將「士」的一流品之實態，及其對中國社會所負的責任，徹底認識清楚，則對於中國歷史便將無從著手探究。

二

中國社會既是以士爲中心的社會，而中國自秦以下的傳統政府也可說是士人的政府，則所謂「士」者，到底是什麼樣的一類人呢？我們也可說，中國社會中之所謂士，該是一羣立志達道的人。如宋時范仲淹在得秀才之後，他便立志稱將「以天下爲己任」，將「先天下之憂而憂，後天下之樂而樂」。這一例，已十分明顯地表明了中國文化傳統中所謂士的性格了。

因此，我們在思考中國歷史中之社會變遷時，實應以各時期的動態作爲探求的中心。在某一個時期中，士在何等地位中產生和佔有何等地位，士以何種方式而滲入政權、操握政權，這都是非常重要的問題。現在若依此觀點來作爲中國社會分期的基準，來說明中國歷史中社會的任何演變，將覺比較容易。

下面所指的中國歷史上的社會分期，是以前者的觀點而試分的。

一、封建社會　西周，春秋。

二、游士社會　戰國。

三、郎吏社會　兩漢。

四、門第社會　魏晉南北朝。

五、科舉社會　唐以後。

㈠前期科舉社會　宋以前。

㈡後期科舉社會　明清。

其次就各時代而簡略說明之。

三

我是將西周和春秋時代稱爲是中國的「封建時代」。這和西方中世所謂的封建制（Feudalism）不相同的。主要差別有以下五點：

一、在中國稱封建制度，主要是政治性的。西方稱封建，則是一個安放在社會組織形態上的名稱，主要是社會性的。

二、中國的封建制度，是在西周王室完成其大一統之後，所產生的一種政治制度。而西方的封建，則是由羅馬帝國的統一政府滅亡後，農民、小地主無可依靠，要求地方强有力者之庇護，而產生的一種社會形態。因此，所謂中國歷史上的封建制度之擴張，乃是由上而下的。而西方社會的封建則不然，乃是由下而上，逐層依附而形成的。

三、中國的封建制度，乃以城廓作中心，向外墾殖。而西方的封建，則是從鄉村凝結，逐漸建起政治關係。

四、中國的封建制度，乃由平民社會中產生了大批的自由學者後而崩潰。西方的封建社會，則由於自由城市的工商業勃興，中產階級得到勢力後而崩潰。

五、西方的封建社會崩潰，遂誕生了近代型的國家。但是在中國的封建制度崩潰的同時，大一統的統治權也隨之覆滅，乃進一步轉向爲羣雄割據的時代。

以上所舉出的數點，在中國歷史中所稱的「封建制度」，和西方歷史上的「封建」，意義完全相異，不可相提並論。

四

西周和東周的貴族王室，賴藉封建制度，而加强其中央統一和政權支配。可是一到戰國時代，便變成爲由貴族政權邁進到士政權的過渡期，此即所稱的「游士活動時代」。

由於貴族階級世襲的政治特權已逐步解散、逐步消失，而在社會中下層不斷出現了許多富農、新地主以及私人的工商企業，因而介在貴族與平民之間，又產生出了「士」。戰國時代各國政權的文武中樞，全被此輩新興的士所掌握。

更須注意者，是此輩平民學者，所謂「士」的，既沒有特定的土地和生業，但也不受國君的嚴格約束。因此當時的他們，都抱有超地域、超職業甚至於超國家的「天下」觀念。這種觀念，不用說，是由周王室封建統一的政權支配下培養而來。但他們已能超越此封建的舊政權，最先從事於組織國際聯盟，進一步而更期「天下一家」的一種嶄新的崇高理想；這就造成了秦漢時代之新統。

五

中國歷史，從春秋封建社會崩潰以後，經常由上層官僚家庭乃及下層農村中的優秀分子的相互交流的結果，而漸漸出現了平民學者，又漸漸成爲掌握政權、指導社會的有力者，於是遂構成了一個「士」的政權。此事須待漢武帝以後，才始是正式建立「士政權」的期間，因此我特將兩漢時代稱爲「郎吏社會」。

當時定制，凡進入國立太學中的優秀青年，可分派到中央政府作爲「郎」。其成績較次者，則派遣到其所從來的地方，作爲「吏」。郎是一種中央皇室的侍衛集團，吏是隸屬於各行政首長下的各門公務人員。在吏之中，其服務成績卓著者，經其所管首長之選拔，仍可以送到中央爲郎。而屬於各級政府長官，則概由郎的階級中遴選。在戰國時游士的本身是自由的，但一到西漢，政府對於士的考選和採用，比較已經有了一個固定的標準和法度。但此也不過是一種政治制度，並不是社會階級。因此西漢社會，仍然是流動的；換言之，並不是在社會中有了固定的士的一階級。這是不可否認的事實。

但不幸的到了東漢末年，中國社會終於出現了一個近乎固定的士階級。一則因於當時的教育，限於爲此少數的知識家庭所獨享。另一則原於當時書籍流通不暢，而增加造成這種學術偏榮的現象。由於學術之世襲，因之而在政治上的從政特權，逐漸成了世襲。於是東漢以後的魏晉南北朝，乃有世家大族，所謂「門第」的出現。

我們也可說，西周乃以宗廟爲中心，因「宗法」和「禮治」爲當時社會秩序的重心；而兩漢則以學校爲中心，「學術」和「吏治」遂成爲當時社會秩序的核心了。這是兩漢時代之特色。

六

東漢中期，是門第勢力的萌芽期。經黃巾之亂以後，漢政權崩潰；平民因無法律上的保護，不得不求庇護於世家大族勢力之下。這些世家大族擁有私户和家兵，足以自衛。於是政府和社會之間，乃成隔離。中間介入了一個「門第」的新勢力。而當時又正是佛教東來，宗教勢力勃起，寺院也漸成爲平民依附而得保護之處所，因亦在社會上佔有一部分實力。這一層，卻和西方中世紀的封建時代頗相似。因此有一部分歷史家，認爲魏晉南北朝是中國歷史上真正的封建時代，而兩漢以前則稱之爲古代的奴隸社會。

然而當時的門第社會，仍和西方的封建貴族社會有不同。門第僅是乘機得勢，在政治上獲得了部分利益。若論在國家制度上，卻並未正式予以承認。他們雖然是大地主，但並非是由政府所賜封的封建貴族。即如當時推行的「九品中正制」，可見他們仍無政府特賜的爵位與官階。這種門第勢力，乃是自然促成。當時政府也曾苦心設法加以制裁。因此門第在當時，並不能和西周時代的封建貴族並論。

總而言之，當時的門第，僅保持有一種獨佔文化和教養的特權，仍不能否認其是基於戰國以來的士的傳統思想。此下因北魏採「均田制」，北周實行「府兵制」，門第時代的私户和家兵統歸國家管制，實行了大改革。因有了此兩種新的制度，遂奠定了以後隋唐兩代的繁榮。然而其根本上的思想，則是出於北朝的經學，尤其是治周禮的學者們，從事研究古籍之所得。

七

唐代的「府兵制」，沿襲了北周。而唐代的「租庸調制」，則是北魏「均田制」的蛻變。但是更重要的，則是唐代的採用「科舉制度」，自此保障每一公民有自由參加科舉的權利。六朝時代的門第勢力，即變相的新貴族世襲，至此已趨向瓦解的階段。唐代可謂是由門第轉到科舉的過渡時期。

然而唐代的科舉，一如漢代，有多種的限制。商人不能應考，並且官吏不得經商。這是中國傳統文化理想中所應特別看重的一點。中國從戰國以來，工商業已逐漸發達；特別是唐代的工商資本，有其顯著的進步。雖然城市已佔社會經濟的重要地位，可是當時的商人，卻仍和政治權力絕緣。而士階級的政權傳統觀念則頗强。中國政治，經常是以田地賦稅爲主，來抗抑商人資本的發展，不斷勵行限制社會自由經濟到達某一個階段爲止的原則。因此，唐代社會，儘管工商資本極活躍，但仍不失爲一個士中心的傳統社會。

魏晉南北朝的門第，是由文官出身的變態貴族；而唐末的藩鎮，則是出身於武官的變態貴族。由於唐末藩鎮的興起，而失去了政治和社會之內部的均衡，遂有外民族的侵入，而形成了長期混亂的局面。直到北宋初年，文化教育雖極度看重，但仍擺脫不了唐末影響而生出了長期衰弱之病徵。

八

宋代以後的中國社會，已踏入中國史之近代化。其中之一的特徵，是「中央集權」之強化。第二是社會各階層的再融和。魏晉以來的門第勢力業已絕跡，特殊的軍閥藩鎮勢力也消滅，社會上再無强有力的特權勢力。而文化教育則漸次普及到全國各鄉村，「耕讀傳家」的觀念逐漸發揮，其效果也非常優良。於是全國中產階級之中，每三年有一度遴選優秀的知識分子進政府成爲官吏。教育散佈全國，各地遍設書院，以個人的品格、學風來扶植後代子弟的風氣，盛極一時。終於造成了書院與政府對立的形勢，而且政府也蓄意禁止書院的發展，如明末東林學黨便是一個顯明的例子。

科舉社會，全盤而論之，是一個缺乏實力的社會。當時所最憂懼的，莫如外患凌迫。而且自從採用八股文爲科舉選拔標準以來，士自身已忘卻其自身的責任，清高的理想已消失。民間書院的崛起，即是針對著士風墮落，反映士的傳統思想之掙扎。

清以後，因滿清政府狹義的部族政權之鎮壓，士的氣節更喪失殆盡，士只有埋頭於「館閣」和考證。至此學術領導政治的傳統精神已失，相反的政治卻達到支配學術的境界。而商人資本之限制，發展到某一階段，則造成了民族經濟的基層薄弱。最後商人藉於外國資本之侵襲，容易轉變成為買辦，又兼農村經濟之枯竭，因此安定國家經濟的中心力量日形衰薄。又加上中國知識分子的新思想，專一注重於出國留學，一意在吸收西方科學，而又無攝取科學之經濟後盾。於是知識分子，自信力日以消失。這是近代中國的悲劇。

以上我僅就中國歷史上「士的使命」一點，概略的加以說明。但最後學術領導政治、政治統制經濟的根本傳統觀念，則直到今天，仍不可抹殺。外來思想，必定能在中國自己的傳統觀念中同化。若在接受方面，無明確的態度，恐將來演變，必會多生波折。同時對於栽培科學所需的社會經濟基礎，更為重要。但促進社會經濟，又如何與中國傳統思想相配合，此均為中國今後之大課題。而其責任，無疑仍將落在中國社會傳統中之士的身上，此是大概可知的。讓我即此作為此次講演的結束吧！

（民國四十四年十一月日本東京大學講演，載日本東方學十二輯、民國四十七年一月香港人生雜誌五卷三期。）

略論中國社會主義

一

大陸鄧小平自稱，求改馬列共產主義爲「中國社會主義」。此言甚有思路。但「社會」一名詞，乃近代自西方傳譯而來，中國自古無之。大學八條目有修身、齊家、治國、平天下。儻以較大言之，則可謂「天下」即指社會，但其地位極廣大，猶在國之上；較小言之，則「家」亦即是社會，其地位乃在國之下。此所謂「家」，非僅指五口、八口之家言。史記載諸侯列國事，皆稱「世家」。宋初有百家姓，鄭樵通志二十略首爲氏族略，中國之「家」乃指「氏族」言。中國一氏族，約略可相當於西方一社會。

中國言社會，每重其「風氣道義」。不如西方言社會，僅言財富經濟。中國重人倫，夫婦爲五倫之首。婦家稱「外家」，婿於外家稱「半子」。如古代姬、姜聯姻，則姬、姜兩氏族不啻如一家。如是推擴言之，則百家亦實如一家。又與異邦，亦以聯姻和親，如漢代之下嫁宮女於匈奴單于，即其例。故中國人言修身、齊家、治國、平天下，其道一以貫之，乃此義。主要在相和相親。其內心之德，即孔子之所謂「仁」。

仁心外見則爲「禮」。孔子言：「人而不仁如禮何！」人與人相交之禮，乃一本之於仁。中國文化自古即主以仁道平天下，亦即所謂「天下治」。近代梁任公則稱之曰「禮治」。西方則尚「法治」。就文字學言，「治」之本義，乃指水流之平。禮有賓主，亦相互平等。西方人言法，則判法者與受法者決不相平等。此亦中西文化之相異。

詩云：「相鼠有體，人而無禮。」「禮」即人羣大生命之體，人類大生命即以羣爲體，財貨則僅爲維持生命之一項工具，亦貴通不貴別。亦可謂中國自古代即已爲一通財或共產之社會。

如言農業，二十而冠，即謂成人，受田百畝，爲其生資，六十歸田。此爲中國古代之井田制度。田屬公，不屬私，實可謂即中國之共產制度。百工亦世襲其職，受俸於公家以爲生。如堯爲陶唐氏，其家即以燒窯爲業，世傳其業，成爲一氏族。一切中國之氏族，大概多由此生。商業通有無，最後起；亦由公家發俸，世襲其業，非由私營，迄於春秋時尚然，左傳有詳證。

故中國春秋以前之封建時期，實不啻一「共產社會」，例證不勝舉。戰國以下，中國社會始大變，主要有「士」階層之興起。管子書中始分士、農、工、商爲四民，管子書出戰國時。孟子曰：「勞力者食人，勞心者食於人。」士不治生業，乃勞其心而食於人者，此即中國古代之「無產階級」，始自儒、墨，此下九流百家無不然。

二

今全世界一百五六十國以上，惟中國社會獨有士，乃均不治生產事業而食於人以爲生。此即中國社會共產一明證，戰國百家開其端。漢武帝表彰五經，罷黜百家，於是獨儒家遂爲政府法定不治生產事業而獲優待之自由民。史記乃有儒林傳，郡國察舉制度亦惟限於儒林。下至東漢，儒林地位益增，先之有太學生黨錮獄之興起，次之乃有世家門第之形成。

若以戰國時期稱之爲「四民社會」，東漢以下亦可稱「門第社會」。其實門第乃是士族中世代相傳不治生產事業而轉成爲上等富有之家庭，故門第社會實可謂乃一無產階級高踞在上之社會。西方社會以勞工爲無產階級，勞工則低居人下。中國門第社會以讀書人爲無產階級，而高出人上。此則中西傳統文化之一大相異處。

東漢後，讀書人爲社會中之無產階級外，尚有自印度東來之佛教，僧侶出家，亦爲無產。但此下禪宗，即以寺僧自治田。別有道家，亦無業爲生。此則仍是中國之世傳。

政府在上，社會在下，社會之得與政府相抗衡者，惟賴此一批不治生產事業之士。漢武帝表彰五經，罷黜百家，乃期將此一批不治生產事業之士，由政府供養，收歸政府管理。但此下王莽受禪，則士勢力終出政府勢力之上。東漢光武中興，亦一王莽時太學生。一時同學羣爲輔佐。東漢太學生乃聲勢大展，成黨錮之獄。魏晉以下，終成門第社會。唐人詩云：「舊時王謝堂前燕，飛入尋常百姓家。」此見當年之門第生活，仍猶長留人心。慨歎之餘，有不勝其嚮往惋惜之情。則非僅堪加責備，亦自有其值得想望之處矣。隋唐以科舉取士，門第勢力遂告衰落。而「文選熟，秀才足。文選爛，秀才半。」文選一書，乃爲士人向政府投進之惟一憑藉。

韓愈起，提倡古文，自謂：「好古之文，乃好古之道。」古之道，即指孔孟儒家之道言。「用則行，舍則藏。」藏道於身，即可不與政府相合作。至如熟讀一部文選，則專爲應試出仕之用。其時門第勢力已全衰，非出仕，又何以爲生。韓愈亦世家子，但早孤，寄養於其兄。兄亦早亡，其嫂有一子，及愈，一家三人。愈之身世孤苦，但既應舉出身，即唱爲古文，又唱爲師道，曰：「師者，所以傳道、授業、解惑。」可見當時韓愈所唱之道，不止爲闢佛，又闢當時之僅以文選爲學而應舉謀仕者。但韓愈之道當時終不暢行。及其卒，其所唱爲之古文亦不流行。直至宋代有歐陽修起，乃始再修韓愈之古文。及其得位於朝廷，即以古文取士。韓柳古文在歐陽以後，即取文選而代之，亦成爲當時一利祿之途。則其文雖古，其道又非古，乃有周濂溪出，以「尋孔顏樂處」教二程，遂有理學之興起。

理學興起，不啻戰國時代儒學之復興，亦即中國社會「士」之一流品之復興。及南宋朱子，編集論、孟、學、庸爲四書，其重要性乃更超於漢博士所掌之五經而上之。朱熹之以四書教，豈不尤勝於韓愈之以古文教？蒙古入主，元代科舉取士，即以朱子四書為標準，則四書豈不又成為唐代之文選？明代王學興起，雖亦重四書，但以不應試不出仕為主要為士之標準。雖陽明屢有告誡，但其門下如王龍溪、王心齋之徒，終以不出仕為講學之主要目標。顧、高東林學派，一反其風，主張為士者亦應出仕預聞政治。但明代終亦以東林黨禍亡國。

明遺民如顧亭林、黃梨洲等，皆終身不仕。亭林言：「有亡國，有亡天下。亡國之事，肉食者謀之。天下之事，則匹夫有責。」當時明遺民皆以天下為一己大任所在。此下則又有文字獄起，而當時學術界乃始有漢、宋之分。其實當時之漢學，其反宋，即反抗清廷之科舉仍以朱子四書取士。故其反宋學，實即為反政府。故吳、皖書院講學，其內心精神，皆為反政府。其風直至清代之末而猶然。

然則中國文化傳統中之所謂「士」，豈不乃一「無產階級」而為下層社會之代表；與上層政治雖不顯居反對地位，而始終有其獨立性，決不為政府一附屬品。

三

自宋以下，士階層中之尤要者，在其仍能推行古代社會通財之共產觀念。即如宋代范仲淹之「義莊」制度，即其一顯例。范仲淹乃一貧寒之士，其父早卒，其母改嫁，范氏就讀僧寺中。及其爲秀才時，即以天下爲己任。「先天下之憂而憂，後天下之樂而樂」，主要可謂即在其具有通財共產之思想。及其爲朝廷之副宰相，遂倡立義莊制。顧亭林言：「仁義充塞，而至於率獸食人。人將相食，謂之亡天下。」范仲淹之創爲義莊制度，豈非即是仁義一表現？此制即推行於此下之氏族中。同氏族中之孤兒寡婦之養與教，皆由義莊公田負其任。

范仲淹創此制，初推行於范、朱兩姓。後乃通行全中國。每一氏族，各有義莊，歷元、明、清三代不衰而益盛。如余家無錫延祥鄉七房橋，錢氏一門七房，而共有義莊三所。余幼孤，讀書蕩口鎮之果育學校，亦華氏一義莊所主辦。義莊非中國宋以後一明顯之社會共產制度而何？

義莊之外，又有「會館」，亦中國後代社會之一種共產制度。如清代戴震，以一窮舉人入京師，即先寄生於其同鄉會館中。各省士人考進士試赴京師，寒士亦可各住其省府之會館中。如湘鄉曾國藩可爲一例。而中國人海外殖民，自明代三保太監下西洋，到處集居經商，亦均設有會館。一窮氓流亡國外，只投身會館中，住宿飲食皆得解決，又可爲介紹職業。此非又一通財共產之制而何？

又如清代嘉、道年間，川楚教匪乃及洪楊之亂，皆由地方團練，鄉里自衛。曾國藩、國荃兄弟，乃以湘軍平洪楊。李鴻章又以淮軍平稔匪。皆地方團練，非政府軍隊。鄉里自衛，武力之共通，亦如其財富產業之共通。中國歷史，遠自古代，即全農皆兵。保衛中央，戍守邊防，亦屬鄉里自衛之外部分任務。而地方自衛，乃中國全農皆兵之主要責任。則全國不僅通財，亦復通力。國家天下，乃如一體。故中國之軍人亦稱「軍士」，又稱「武士」，可見其與農、工、商三階層有不同。中國人之所謂「大同」「太平」，主要乃由文士、武士之通力共財促成之。此皆涵有甚深之政治意味在內。中國古人言經濟，所謂「經國濟世」，亦不專指商業財富言。

晚清之末，震於外侮。全國地方，奮求自新，而江蘇之南通與無錫兩縣爲之首。南通由張謇一人爲之唱。張謇乃晚清科舉中一狀元，即中國傳統所謂士之秀者。惟無錫則由全縣平民共同努力，非有其領袖。其先，乃由無錫西北鄉四五商人遊杭州西湖，晚餐於湖濱之樓外樓餐館。餐畢下樓，乞丐數十人，集門外場上討賞。諸人大感動，念無錫本鄉北門外近京滬路各餐館，亦有羣丐類此。乃協議在上海設立工廠，俾可招收乞丐爲工人，免其行乞。無錫人在上海租界興辦工商業，乃由此肇起。

既得志獲財富，乃返無錫本縣興辦教育，創設私立學校，中學小學皆有。城鄉迭起。余幼年入蕩口果育學校，亦私立。余離大陸前，任教無錫太湖濱之私立江南大學，即由榮家一廠主獨創。余遂得認識榮德生，乃無錫一先興實業巨魁，即上述在西湖樓外樓晚餐人之一。彼亦曾自辦一榮巷中學，余先兄曾於此任教。中日戰爭時，此校已停閉。德生謂大學乃其子事，與彼不相關。彼畢生貢獻於鄉里者，有七十歲時修築一蠡湖長橋，共長有七十橋洞，橋上可四輛汽車並行。由此橋可自無錫城陸地直通黿頭渚。德生面告余，身後猶得地方人士紀念者，惟賴此橋。中國人之人生觀，即抱有「死後傳世」之觀念，又抱有一「大同共通」觀念，其對社會事業之樂於貢獻有如此。

周禮云：「孝、友、睦、婣、任、䘏。」孝友不僅專對一家父母兄弟言，亦對宗族全體言。擴而大之，亦可謂乃對全人類言。「老吾老以及人之老，幼吾幼以及人之幼」是也。而「任䘏」二字，尤富廣大通財之義。此見中國社會通財共產觀念之遠有來歷。實則通財共產皆近代西方語。中國人道德學問皆主通。故財富權力亦主通，中國之通財，與西方之共產，相互間，有其同，更有其異。一抽象，一具體。一重義理，一務實質。此亦當辨。

又無錫人創辦學校，有侯君保三，乃一學校教師，亦自於其家創辦一私立學校。其時興學皆男校，獨侯家乃首創一女校。而保三亦以此馳名全國。其時福建廈門集美村，有村民陳嘉庚兄弟，在新加坡發大財。新加坡華商受國內影響，亦多私立學校。陳嘉庚乃返其家鄉集美村創辦一私立小學，即聘侯保三爲校長。其後集美學校又擴展升級創辦中學，凡分中學、師範等共六所。後有廈門大學，亦由陳嘉庚出資創辦。其他全國私人創學情形，此不一一詳述。猶如山東武訓以乞丐興學，更爲當年轟動全國一大新聞。

中國社會，其更近於西方之共產主義者，則又有「幫會」。元明以來，有南起杭州北達通州之運河，工人羣集，乃有幫會組織。或稱「青幫」，或稱「紅幫」。清末五口通商後，上海一埠，幫會盛起。余鄉有黃某，乃上海之幫會主，爲杜月笙前輩，在上海設有一旅館。余任教於廈門之集美，暑假乘海輪返滬。輪泊黃浦江邊，余雇兩洋車載行李，命赴黃某所開設之旅館，車費由旅館賬房代付。余別他往，不與兩車俱行。兩洋車依余言，交行李於旅館賬房，一無遺失。以兩車夫知余必與此旅館老闆有素，遂不敢誤事。其實余並未詢此兩車夫姓名，亦不記此兩車之車號，亦無其他憑據，而兩車夫之可信乃如此。此一事，乃余親身經驗，可爲中國幫會之勢力與道義作十足之一證。孫中山先生辛亥革命，全國幫會勢力亦預有大貢獻，此不詳述。

以上略陳中國社會自古即主通財。秦漢以下，封建制改爲郡縣制，工商業大盛。但自漢代推行鹽鐵政策，此下中國乃絕不能有資本主義之出現。政府則主「通商惠工」，社會則主「通財共產」，與西方社會由資本主義產生共產主義之反動事態大不同。

四

今若把近代西方社會之種種演變，肯用稍深一層的眼光來觀察，則試問，共產主義的思想根據，固然是唯物的；而資本主義的終極趨向，又何嘗不是唯物的呢？雙方的共同點，豈不都是在物質經濟上？至於個人自由與階級鬥爭，則只是達到物質享受與經濟分配兩種手段技術上之不同而已。正因民主政治的背後，沒有一個更高的理想在指導，則個人自由很直捷便轉落到物質享受上。資本主義的社會是讓人個別地競爭，共產社會則轉向到無產階級集體競爭一面去。這亦可算是人生一進步。但中國人以仁義道德來作人羣集體的指導，尚和平，不尚競爭，比西方的共產主義更進步更高明多了。

毛澤東醉心西化，高捧馬、恩、列、史，提倡共產主義。既得志，中國傳統士人如馬一浮、陳寅恪等諸人，皆若置身局外，絕無正面明白之批評與反對。而毛氏則喪心病狂，終必置此等人於死地。中國文化傳統以仁慈爲中心，豈反文化亦必一反其自己之性情？如毛澤東，此誠大堪警惕矣！

今再深一層言之，余嘗謂歐洲史可謂有社會盛衰，無政治興亡。遠自希臘、羅馬，直迄近世葡、西、荷、比皆然。最近則法、英商業亦趨衰退。苟謂歷史鑑古可以知今，則法、英亦不宜再有復興。美國建立於北美洲新大陸，又混合猶太人、黑人同爲一國，此當與歐洲本土英倫之爲國不同，但建國主人同屬英民族，今亦與其祖國英倫同露衰象。此下演變，似不當輕與歐陸並爲一談。但其亦不能復盛一如往時，宜可預知。

當前全世界最富國家已推日本，而南韓、臺灣、香港、新加坡又以「四小龍」追隨稱盛；則豈不商業盛況已轉入亞洲？而日本、韓國皆深受中國文化薰陶，積一二千年之久。則商業盛況，豈不已轉入中國文化之體系中來？此實一大堪研討之問題。

五

今試妄言之，竊謂中西經商應有一大不同處，歐洲盛行個人主義，而中國文化則盛行家族主義，又為一大家族主義。此為其一最大不同點。

余曾熟識一美國青年，其父乃一油漆商，而其祖父則為一富翁，一人獨居南部，雇傭一女護士侍奉日常生活。余嘗謂其孫，汝今日雖窮窘，他日祖父遺產大可享用。彼謂即其父母亦不作此想。他年祖父遺產，恐多落入其女管家之手。故西方人產業，乃屬個人私產，非一家公財。故有創業，無守成。年壽有限，產業無歸落處。其所傳承乃公司，非私家。中國產業則必世襲家傳。中國宗法，最相親者為高、曾、祖及父、子共五世；以三十年為一世，當可歷一百五十年之久。如其人艱苦創業，其子繼承之，至其孫而大盛，此下至少尚可傳子及孫二世，每世中尚可各有兄弟姐妹；本宗外家，共霑其盛。榮德生兄弟同啟大業，兄先卒，德生子侄輩七、八人傳家立業。共產政權不驟興，榮家之業至少再傳一兩代，當不驟衰，或更盛，則已先後歷三代百年之久。余又曾任教廈門集美學校，創辦人陳嘉庚之父經商新加坡，業敗倒閉，照例子可不償父債。乃陳嘉庚兄弟經營得餘財，一一追償其父生前所欠。信譽大增，乃成巨富。陳嘉庚有一子，在集美學校讀書，有一自行車及一馬，其他生活與諸同學無異。此後毛澤東起，陳嘉庚亦加入共產黨，其商業亦驟衰，不知其子究如何。儻無政治大變動，陳嘉庚事業或仍可由其子繼承。韓國與日本同受中國文化霑溉，同是家族主義，商業亦世代相承，與歐洲個人主義之經商情況自可有大不同。

中國人有創業、有守成；西方則有創無守，有業無承。故中國觀念有「傳統」，而西方則無之。中國五倫，由夫婦得子女成「血統」，君臣爲「政統」，朋友則當屬「道統」，尤在政統上。故師道尤在君道上。西方人無傳統觀，今國人則稱之曰「法統」。法由人造，隨時更改，何得有統？梁任公以西方爲「法治」，中國爲「禮治」。禮則人類之性情，大羣之道義，自可有統。西方之法，由多數人創立，其多數則隨時變易，故法亦無統，惟尚多數。中國道統則本之心性，可以歷久而常存。

中國人言：「黃金滿籯，不如遺子一經。」此屬另一義。黃金滿籯，亦以傳子孫。西方人則個人主義，黃金滿籯，亦不以傳子孫。無傳，故不可久。西方資本家，或有捐獻，或獻上帝教堂，或獻社會其他公共事業，或分贈他人。捐獻分贈與傳授不同。傳則有繼，捐贈非有繼。故西方人僅知有公私之別，乃無先後之傳。心理如此，事業亦然。故西方之資本主義亦當及身而盡，無可傳。

其實西方之共產主義，仍屬個人主義。取之他人，非以公之大羣，亦非傳之子孫。則資本主義既失敗，共産主義亦當消失，同爲不可久。中國人之通財共産，則非個人主義。故如中國自宋以來相傳之「義莊制」，即可永相承傳，益廣大益深厚，而緜延不絕。

六

惟其西方事業無傳統，苟有傳則專在物質上。如一大工廠，其傳統只在其建築及機器上。一大帝國，其傳統亦只在其武力與疆土上。武力倚仗，亦仍在機器上。機器無生命無傳統，久而必弊。故西方人不言久、不言傳，惟言「變」、惟言「新」，垂統繼承則自無可言。此爲中西一大相異。

或疑科學亦由人類智慧所發明。但此種智慧乃從人心之興趣來，興趣則隨時隨地隨人而易變，並易生厭倦。中國人之智慧則從心性之全體來，故重在道義上，乃「天人合一」，不專以隨時隨地個人之興趣爲依歸，並亦不會有厭倦。故「道義」有傳統，而「興趣」則不能有傳統。西方人之科學發明，亦實無傳統可言，因此無持久之希望與把握。此則亦當深思而極論者。

西方社會即屬個人主義，故其父成爲一大資本家，其子女轉易對資本生厭倦心。歷時既久，而人心之厭倦亦益甚。其事業之不能長繼永傳，亦自無疑義。

抑且科學上之高深發明，既供商業資本主義之利用，宜可解淡了科學天才對此方面之繼續新發明。如萬有引力與水蒸汽之發明，豈爲營財致富，而亦竟爲營財致富者所利用。則此一番科學發明之高深興趣，亦當爲之而解淡。此尤難以具體申論者。

故西方人好言變，中國人好言常。科學發明亦只主「變」不主「常」。科學愈發達，其羣乃更無常道可期。此又何止經濟一途爲然。

然則縱使當前之經濟盛況，一時由西方轉移到東方來；而經久變通，則西方近代之科學發明機器利用，其勢仍將變。西方之科學創造，將一變而漸歸入東方傳統之藝術創造中來。此層非本篇所能詳論。考之中西雙方之國民性，與其歷史傳統，而仍可預言以判者。故不憚簡略伸其要端如此，幸讀者之自思之。

或問科學與藝術究何異？曰，兩者皆寄於外物，惟科學以外物爲主，而藝術則終仍以人心爲主。內、外之辨，亦中西文化一大分辨所在。中國人之藝術，則仍可歸入中國人之道義中。余已在他篇論及，此不再詳。

然則今日大陸果有意推行「中國社會主義」，以代替蘇俄所奉行之共產主義，豈不極爲恰當？但惜今日之中國人，已少通知中國以往之歷史，更少保留中國傳統之心情。不知以往中國社會究何真相，即一己天賦之真性情亦不自知，則「中國社會主義」又何從推行？

今再綜合言之，中國之社會經濟，終必歸於通財共產，以大羣一體爲主。而與西方之個人主義，則無論其爲資本主義，或爲共產主義，皆必大相異。此則可一言而定者。

又按孫中山先生三民主義之民生主義，余曾謂亦即中國之社會主義。已詳他篇，茲不贅。

（民國七十六年三月九日聯合報副刊，原題名中國社會主義與學生運動，四月改寫爲此文。）

中國傳統政治

一

西洋政治史學者常說，他們的政治，由「神權」轉進到「王權」，又從「王權」轉進到「民權」。他們又說，政治有立憲或專制之別，或是「君主專制」，或是「君主立憲」，否則是「民主立憲」。近代中國學者專以鈔襲稗販西方為無上之能事，於是也說中國政治由神權轉入到君權。因為中國沒有議會和憲法，中國自然是君主專制，說不上民權。但不知中國自來政治理論，並不以「主權」為重點，因此根本上並沒有主權在上帝抑或在君主那樣的爭辨。若硬把中國政治史也分成神權時代與君權時代，那只是模糊影響，牽強附會，不能貼切歷史客觀事實之真相。至於認為中國以往政治只是君主專制，說不到民權，也一樣是把西洋現成名詞硬裝進中國，並不是實事求是，真要求瞭解中國史。當知西洋近代，又有「法西斯」、「共產極權」兩種政治，完全逃出了他們以前所歸納的君主專制、君主立憲和民主立憲之三範疇。可見這三範疇也只照他們以前歷史來歸納。難道中國傳統政治便一定在此三範疇之內，不會以別一方式出現嗎？我們還得把自己歷史歸納出自己的恰當名稱，來爲自己政治傳統劃分它演進的階段，這纔是尊重客觀實事求是的科學精神。若只知道根據西方成說附會演繹，太隨便，亦太懶惰，決不是學者應取的態度。

尚書上早說了：「天視自我民視，天聽自我民聽。」類此的話，不止一見。直到春秋時代，隨國的季梁說：「民，神之主也，聖王先成民而後致力於神。」虢國的史嚚說：「國將興，聽於民。國將亡，聽於神。神聰明正直而壹者也，依人而行。」邾文公說：「天生民而樹之君，以利之也。」晉師曠說：「天生民而立之君，使司牧之，勿使失性，天之愛民甚矣。豈其使一人肆於民上。以從其淫，而棄天地之性？」這些話，通春秋二百四十年，類似的還多。這決不是代表神權時代的理論，也不是代表君權的理論，但又不能說它是在主張民權。這裏便告訴我們，中國的政治理論，根本不在主權問題上着眼。

孔子論語說得更明顯。季康子問政，孔子對曰：「政者，正也。子帥以正，孰敢不正。」又說：「苟子之不欲，雖賞之不竊。」又說：「君子之德，風。小人之德，草。草，上之風，必偃。」這裏所提出的，並不是政治上的「主權」應該誰屬的問題，而是政治上的「責任」應該誰負的問題。社會上一切不正，照政治責任論，全由行政者之不正所導致，所以應該由行政者完全負其責。孔子又說：「君君、臣臣、父父、子子。」君要像君樣子，盡君的責任，臣纔能像臣樣子，盡臣的責任。臣不臣，還是由於君不君。遠從尚書起，已說「萬方有罪，罪在朕躬」。這是一種「君職論」，絕不是一種「君權論」。

這番意思，到孟子發揮得更透切。孟子曰：「君仁莫不仁，君義莫不義，君正莫不正。」可見社會上，一切不仁不義不正，全該由行政者負責。所以孟子曾親問齊宣王，士師不能治士，該罷免士師；「四境之內不治，則如之何？」又說：「聞誅一夫紂矣，未聞弒君也。」這是說，君不盡君職，便不成一個君。不成一個君又如何呢？孟子說：「君之視臣如手足，則臣視君如腹心。君之視臣如犬馬，則臣視君如國人。君之視臣如土芥，則臣視君如寇讎。」「寇讎，何服之有？」照人道講，不能強人服從他寇讎。臣不服君，有時責任還在君，不在臣。而且臣有臣責，「君有大過則諫，反覆之而不聽則易位。」這也是臣責，臣不能將有大過之君易位，那是臣不盡其責。這些全是政治上的「責任論」，亦可說是「職分論」。中國傳統政治理論，是在官位上認定其職分與責任。皇帝或國君，僅是政治上最高的一個官位，所以說天子一位，公、侯、子、男各一位，共五等。君一位，卿、大夫、上、中、下士各一位，共六等。天子和君，在政治上也各有他應有的職分和責任。天子和君不盡職，不勝任，臣可以把他易位，甚至全國民衆也可以把他誅了。這是中國傳統政治理論之重點。必先明白得這一點，才可以來看中國的傳統政治。

二

所謂中國傳統政治，本文只從秦漢大一統政府成立後說起，更前的則暫略而不論。這幾十年的國內學術界，幾乎無一人不說秦以後的政治是「君主專制」，但作者仍將不憚反覆對此問題作辯護。本文所論中國傳統政治，亦僅在這一點上作發揮。首先要注意者，中國秦以後的傳統政治，顯然常保留一個君職與臣職的劃分；換言之，即是君權與臣權之劃分；亦可說是「王室」與「政府」之劃分。在漢代，內朝指王室言，外朝指政府言。全國財政收入，屬於大司農者歸政府，屬於少府者歸王室。這一劃分，歷代大體保持。宰相是政府領袖，中國傳統政治內宰相之地位和職權，值得我們特別重視。

先就西漢言，皇帝的秘書處「尚書」，最先僅與尚衣、尚冠、尚浴、尚席、尚食同稱「六尚」，而且尚書也只有四員。但宰相秘書處卻有十三個部門，古稱「十三曹」：

西曹：管相府吏屬署用。此是後代吏部事。

東曹：管二千石長官遷除，並軍吏任用。此屬後代吏部、兵部事。

户曹：管祭祀農桑。此屬後代禮部、户部事。

奏曹：管一切奏章。此如唐之樞密使，明之通政司。

詞曹：管詞訟。此是後代刑部事。

法曹：管郵驛傳遞。此後代工部事，清代有郵傳部。

尉曹：管運輸。此後代工部事，清代有漕運總督。

賊曹：管盜賊。

決曹：管罪法判決。此後代刑部事。

詞曹所管屬民事，賊曹、決曹所管屬刑事。

兵曹：管兵事。此後代兵部事。

金曹：管貨幣鹽鐵。此後代户部事。

倉曹：主倉穀。此後代户部事，清代有倉場總督。

黃閤：管十三曹之總務，此乃宰相府之秘書長與總辦公處。

由其組織龐大，即可見全國一切行政，在宰相府無所不關。後代尚書六部二十四司，在此十三曹中早已包括。每一曹的職權，幾乎可像後代一專部大臣。但他們俸祿很低，只有百石，還不及個小縣長。此因縣長由政府正式任命，而公曹則由宰相私人辟署。公曹的職權，由法理論，全是宰相的職權。公曹並不是政府的正式官，此種職位身分，相當於封建時代之所謂「陪臣」，但他們在當時的位望則極高。上自退職的九卿二千石，相等於近代各部部長及省主席之位；下及草澤大儒，相類於今之所謂社會賢達；都可由宰相自由聘任。他們也很多願意擔當宰相府公曹的職務。這在後代幾乎是一件不可想像的事。此因官職、吏職，在當時觀念上，並無像後世般的高下清濁之分。而相權之重，也由此可想見。

據說漢代宰相府，照例不設闌，即門限和門鈴門鼓之類，表示相府對社會開放的意思，人人有事，人人可逕到相府去關白。相傳有某宰相，他曾用一掌門蒼頭，名叫宜祿；後代積習相沿，人民到相府，只呼「宜祿」，便得引進，事見通典。這真可算是中國傳統政治裏的一番嘉話，著在史籍。近代學者只知痛罵中國傳統政治是帝王專制黑暗高壓，對於此等記載，決然全不會理會到。

直到唐代，宰相職權，更是劃分得明白。全國最高政令，名義上由皇帝頒發，唐人謂之「敕」。在法理上，則有些敕書，全由宰相擬定。漢代宰相是首長制。唐代宰相是委員制。最高議事機關稱「政事堂」。一切政府法令，須用皇帝詔書名義頒布者，事先由政事堂開會議決，送進皇宮劃一「敕」字，然後由政事堂蓋印「中書門下」之章發下。沒有政事堂蓋印，即算不得詔書，在法律上沒有合法地位。

宋太祖乾德二年時，三位宰相同時去職了，皇帝要下詔任趙普爲新宰相。宰相則是一副皇帝。照唐代舊制，皇帝不能逕自發出沒有宰相副署的詔令，因此宋太祖遂召集羣臣來商討這一問題的處理。有人主張，唐代在甘露事變後數日間，也曾有類此困難，當時由尚書僕射（即如今之行政院長）奉行詔書。但有人反對，因尚書省長官只有政事上之執行權，而無出令權，認爲此乃變亂時故事，承平之世不得援例。結果由當時開封府尹帶有「同平章事」官銜者，即出席政事堂會議者書敕。即此可見，至少在唐代和宋初，皇帝並不能隨便下詔，頒布命令。若必要說中國傳統政治是君主專制，該對這些歷史事實，有更進一步的解說。

但宋代相權，較之唐代，確是降抑了。唐代是先由宰相在政事堂擬定詔稿，用書面送皇帝用印，皇帝所有的只是一種同意權。宋代則由宰相開具意見，當面先呈請皇帝意旨，再退下正式起草；因此皇帝在頒布詔敕上，事前獲得了更大的發言權。但這並不是說宋代皇帝便可獨裁專制。當時皇帝要立一個后妃，被宰相李沆把詔書燒了。皇帝不根據宰相「劄子」（即建議書），由內降出命令，被宰相杜衍退還了。這些故事，在宋代並不止少數的幾次。直到蔡京當宰相，他纔開始「奉行御筆」，這是說，宰相只為皇帝副署，不再自己出主意。這是中國史上典型的權臣與奸相，但他只是不盡宰相之職。從外面說，他把宰相的出命權自己放棄。從內裏說，他把一切責任推卸到皇帝身上去。但我們仍不能說，在當時法理上宰相無權；因為皇帝的命令，依然須由蔡京蓋上宰相印始得行下。

但我們也不能由此說政府一切命令，宰相可以全權作主。在唐代，凡遇軍國大事，照例先由中書省屬官中書舍人各擬意見，稱為「五花判事」，再由中書令即宰相審核裁定；送經皇帝畫敕後，再須送經門下省，由其屬官給事中一番覆審，若門下省不同意，還得退回重擬。因此必得中書、門下兩省共同認可，那道詔書纔算合法。故唐代詔令，都經中書、門下兩省聯席會議決定。宋代大體情形也差不多。王安石當宰相，要擢用一新官，負責起草命令的人不同意，把宰相手條退回。當時稱爲「詞頭」的退回了，自請辭職。宰相答應他辭職。第二第三個負責人照樣把宰相手條退回。王安石固執己見，繼續把這些負責起草人罷免。前後七八個，沒有人肯爲宰相正式起草。終於臨時覓得一個代理官把此手續完成了。這並不是王安石不能自己下筆起這草，此乃中國傳統政治在法理上的職權規定。當時人都反對安石「無作宰相體」，王安石新政，多半失敗在他的獨裁姿態上。

中國傳統政治，皇帝不能獨裁，宰相同樣的不能獨裁。而近代的中國學者，偏要說中國的傳統政治是專制、是獨裁。而這些堅決主張的人，同時卻對中國傳統政治，對中國歷史上明白記載的制度與事蹟，從不肯細心研究一番。他們也許又會說，不許任何一人專制，是最高明的專制。不許任何一人獨裁，是最深刻的獨裁。總之，他們必要替中國傳統政治裝上「專制」二字，正如必要爲中國社會安上「封建」二字一般。這只是近代中國人的偏見和固執，決不能說這是中國已往歷史之真相。

宋代政制之所以不如唐，原因在宋初開國，中國正經歷了長時期的軍閥統治，真讀書人少，傳統歷史文化無人瞭解與理會。待過七八十年，社會學術文化復興，而政治上一切設施，有些已經積習難反。但宋代政治，畢竟還有一規模。中國歷史上的政治黑暗，宜莫過於元代。若說中國真有一段政治專制黑暗時期，元代似可當之。

明太祖革命，驅除胡元，復興漢唐規模，成爲當時政治上共同的理想。但明太祖終是一粗人，歷史文化修養不深。他首先反對尊孟子爲聖人。他在中國傳統政治史上，做了一件創古未有的大翻案，即是正式下令廢止宰相，改用內閣大學士。照法理講，內閣只是皇帝的私人辦公廳，不是政府正式的政事堂。內閣大學士也只是皇帝的內廷秘書，不是外朝正式宰相之職。於是皇帝在法理上，便變成在政府裏的真正領袖。一切最高命令，全由皇帝發佈。但這也不是說即由皇帝一人獨裁專制。皇帝的命令，因於傳統政治習慣之束縛，依然必先經過內閣。照法理論，內閣大學士的身分決非真宰相；但就當時實際情形論，內閣大學士卻漸漸變形站到以往傳統宰相的地位上去了。但有人若以大學士身份而真正執行宰相職權，那在明代的政治法理上講是越權的，張居正便吃了這個虧。

在當時人心目中，張居正只算一權臣，不算一大臣，因他乃憑藉當時政治領袖皇帝的秘書即大學士身份，而實際掌握了領袖之大權。在中國傳統政治的法理觀點上，王安石迹近獨裁，張居正則迹近弄權，所以招致同時及後世絕大多數的反對。他兩人的政治事業，也終於當身失敗了。

近代中國人，一面高倡要模倣西方法治精神，一面又崇拜要像似西方的所謂「變法」事業，於是高捧王安石、張居正，認爲是中國第一流的大政治家，而把當時反對方面則全罵爲黑暗守舊頑固。但若真能細讀歷史，這又何嘗是平心之論呢？

要說中國歷史上真正的專制政治，清代是第二個。但滿洲人比蒙古人高明，他們懂得接受中國傳統政治裏面許多的好處，而又能把中國傳統政治轉變成爲他們所要的君主獨裁制。內閣大學士閒置了，把皇帝辦公廳改移到皇宮內部所謂「南書房軍機處」。大學士走不進南書房，便預聞不到軍國要務。皇帝重要命令直接由南書房軍機處發出。而且可以直接發給中央及地方各機關各行政首長。這在明代是不可能的，是違法的。明代皇帝命令必先分別發與六部尚書，這相當於今之行政院的各部部長，不過明代皇帝像是自兼了行政院長而已。明代又在每一部尚書之下都設有專門的諮議顧問之類，謂之「六部給事中」，他們有權反駁皇帝命令；只要他們不同意，可以把皇帝上諭原封退回。這是沿襲唐、宋舊制而來的。清代又把這封駁權取消了。而且清代皇帝命令也不必一定經過尚書。關於兵事，可以直接發送於前方統帥，不經兵部。關於財務，可以直接發送於某一地方之行政首長，不經戶部。而且皇帝命令可以秘密送出，此之謂「廷寄上諭」，密封，由兵部加封發驛。這又是破天荒未有之創制。

在明代以前，皇帝正式命令不公佈，亦算是違法的，而且也不可能。皇帝的秘密信件，絕不算是政府的正式公文，絕不能取得政治上法理的地位。但在清代是取得了。因此我們可以說，清代政治才真是一種「君主專制」的政治。但中國傳統的政治觀念以及政治習慣，還是在當時龐大的政治組織中存在，而發生絕大的力量；即使滿清政權，也不能把以往傳統全部推翻了。因此滿清政治，也還有許多不能由皇帝專制來推動行使的。

三

無疑的，在中國傳統政治裏，即使除卻蒙古、滿州兩代狹義的部族政權不論，皇帝終是站在政治上最高的一位。而且皇帝是終身的，不比宰相以下一切官員，最長不過在某一職位上繼續一二十年的時期。而且皇位又是世襲的。中國社會自秦以下，既已沒有了世襲特權的貴族階級，於是只有皇帝和皇室，相形之下，更見高高在上，尊貴無比了。而且中國傳統政治，不能不說它含有許多合理的穩定性，於是一個皇室，往往隨著政府穩定而傳襲到兩三百年以上。這些都不斷地造成而且增加了皇帝和皇室在中國傳統政治裏面的比重。皇帝不能皆賢；縱賢，而使長時期高踞尊位，總不免要在政治上橫添許多不良的影響。但這是人事問題，不關政治體制。我們不能專據這些人事來衡定整個的政治體制，來抹殺那整個政治體制背後所有的理想，及其一切規制法理之用心所在。古今中外，人類歷史尚無發現一種絕對有利無弊的政制，亦沒有一種可以推行數百年之久而不出毛病的制度。不僅以往如此，將來亦必還如此。若我們只專意來搜羅中國歷史上皇帝皇室種種罪惡，存心憑藉它來批評中國的傳統政治，這也依然是偏見。

中國傳統政治，既主「選賢與能」，爲何不想出一種「皇帝公選」的制度來呢？這亦有它外在客觀條件之限制。在貴族政治下，皇位容易公選。小國寡民城市國家的皇帝，也易公選。中國自秦以後，卻是一個大一統的國家，社會上又沒有特權貴族存在；散漫的一千幾百個縣行政單位，居民多數在農村，皇帝公選無法推行。有一個舉國共戴長期世襲的元首，國家易趨安定。只求他不太作惡，利害兩權，而容許一個世襲皇室之存在；這不能說是全由於皇帝方面之壓力，也不能說是全由於人民方面之奴性。這儘可有一個較近光明的看法，較近情理的說法。

但中國古人亦未嘗不知世襲皇室可能有壞處，皇室傳統終必要更易。中國人向來便很少信有萬世一統迹近神權的觀念。遠在尚書裏早說：「天命不於常。」西周皇室卜世三十，卜年八百。即使這故事是由春秋時人所僞造，也可證明春秋時人也並不信有萬世不絕的皇室傳統。可見中國傳統的皇室世襲，乃是一種權宜之計。只有秦始皇帝，始說一世二世乃至萬世。這是他一時的興奮心理，但已爲後世國人所詬厲。因那時中國初次創出大一統政府，以前封建時代列國分爭的局面打破了；當時認爲天下一家，從此將不再見兵革，世界永久和平，皇室傳統自可萬世不輟了。即在近代，自稱最前進的共產主義者，何嘗不認爲社會發展到共產階段，政權發展到無產階級專政，從此即與天地同其長久，永遠不會再有新形態出現嗎？即就相信民主政治的人，豈不也認爲此後政治，將永遠是政黨選舉，不再有變動嗎？以今例昔，又何必對古人多肆抨擊呢？

但秦始皇帝的迷夢，頃刻消失了。西漢學者更不信有萬世一統的皇室。皇室變動，在中國人腦裏，只有兩途，一是堯舜禪讓，一是湯武革命。禪讓是主動的，你好，讓你做。革命是被動的，你不好，讓我做。與其革命，不如禪讓。彌漫在戰國游士圈中的「禪國讓賢論」，到漢代復活了。尤其是漢武帝以後，一輩知識分子，屢勸漢皇室及早讓賢，甚至像蓋寬饒、眭弘，繼續因此招受殺身之禍；但那種理論依然繼續擴大，繼續普遍。連漢宗室大儒劉向也說：「自古無不亡之國。」到他兒子劉歆，便公開贊助王莽來接受漢帝之讓位。不幸新政權短命，漢光武自稱「光復舊物」，禪讓理想遭遇了極大的波折。但一到東漢皇室腐敗，禪讓論又抬頭。更不幸的是曹丕、司馬炎、劉裕直到楊堅那批人，憑藉僞裝來糟蹋此「禪讓」二字，把禪讓思想的來源攪髒了。唐代李淵父子，在隋朝覆亡後，崛起用兵，蕩平羣雄，這正可說是與湯武革命同樣性質的新事件。但李淵父子仍然不敢正式提出「革命」二字，不肯老實說出：「你不好，讓我做。」卻仍舊要僞裝魏晉以來禪讓之惡套。後來的知識分子，都說唐代得天下以正，可惜多此僞裝禪讓之一舉，爲唐代開國留下了污點。這些全有史書、文集記載，那能說中國士大夫一向全是傳統奴性，是帝王家奴，是封建頭腦呢？

但中國帝皇新統，由東漢以下，不論禪讓也好，革命也好，永遠落在權相或軍人的手裏，很少能由社會下層平地拔起而登皇帝寶位的。有之，以前只是漢高祖，以後只是明太祖。近儒梁任公曾說，中國歷史缺乏真正的革命。此亦有種種外在客觀條件可爲說明。

第一是中國傳統政治比較富於合理性，毛病多出在人事上，與整個制度無關。來一個壞宰相，可以希望換一個好的。出一個壞皇帝，可以希望有好宰相彌縫，也可希望後面來一個好皇帝。人事變動，留與人以許多希望，何必把整個制度徹底推翻呢？

而且中國傳統政治，容許全國知識分子按年考試選舉，不斷參加。對政治有抱負的，總想一旦加入政府親自來改革，遂不想站在政治外面來革命。社會上由此失卻革命的領導。

而且中國傳統政治職權分配特別的細密，各部門各單位都寓有一種獨立性與衡平性，一面互相牽制，一面互相補救，政府全局很難普遍腐敗；因此留給人以在政治內部自身扭轉之希望。

中國又是一個大農國，各地農村收穫，豐歉不等；這一地區活不下，別一地區還能安居樂業。天時轉變，很少長期荒歉，繼續三五年以上的。農民稍可生活，寧願和平忍耐，並無興趣來進行全國性的大破壞。

因此種種條件，中國歷史上極難引起全國普遍性的長期革命。這正與在中國歷史上不易發展出一種民眾選舉制度，同樣有它本身客觀條件之限制，不能憑空說是專制壓力所造成。社會在下面不易起革命，政府在上面也同樣的不易有專制。若說這是中國政治的缺點，則這一缺點，毛病是在中國國家規模太大。但我們究竟不能責備中國古人為何建立起這樣一個大規模的國家呀！漢高祖何以能以平民身分一躍而爲天子呢？第一是當時東方民衆普遍反對秦政權，第二是戰國以來社會大變動，貴族階級崩潰，平民勢力崛起；漢高祖正憑此兩大潮流之會合而成功。明太祖又何以能以一平民身分而躍登天子大位呢？這因元朝末年，全國普遍反對蒙古人，而蒙古政府裏又極少漢人勢力，因此漢人的新政權，自然只有從社會下層躍起了。其餘的王朝改易，大體全在政府內部，憑藉社會叛亂自生變化。而這些叛亂，則多半爲權奸與大軍人造機會，否則引進了外來勢力。黃巾引出了董卓與曹操，五胡亂華由此栽根。黃巢引出了朱全忠與李克用，五代十國長期黑暗由此開始。李闖、張獻忠引進了滿洲二百四十年的部族專制。洪、楊以天國爲號召，以耶穌爲天兄，洪秀全爲天弟，所至焚燒孔廟，擾攘十多年，割據半個中國，而終於失敗了。

孫中山先生開始依民族傳統精神對滿清政府革命。其所提倡「三民主義」與「五權憲法」之深義，國人極少明白瞭解，仍以與西方民主革命同等相視。一面是排滿，別一面是推翻中國二千年傳統的專制黑暗政治。前一事成功了，後一事卻撲了一個空。自己的傳統，不易徹底打倒，別人的新花樣，不易徹底學得，於是中山先生乃不得不自己說「革命尚未成功」了。

先之有袁世凱與北洋軍閥，繼之有毛澤東共產黨於抗日勝利後趁機得勢。今天的中共還在繼續革命，還是刻意要把中國傳統社會傳統歷史痛快斬絕，徹底推翻。孫中山先生民族主義理想之完成，其前途尚屬渺茫；而中共政權顯然已引進了蘇俄勢力，而決心「一面倒」；同時也收容了不少爲他們革命對象裏的貪污官僚與萬惡軍閥，而姑認之爲民主人士了。

正因對整個社會、整個文化不妥協，自然要感到自己力量微弱，於是轉對外來勢力與內在黑暗勢力妥協了。這可證明，一個國家不瞭解自己國情，不從歷史傳統源頭認識，專門一意模倣外國，總得有危險。即使一意模倣別人家建設工作，也可有危險存在，更何況是專在一意模倣別人家的破壞工作呢？

四

上面粗略地提出了中國傳統政治裏，政府組織與職權分配的利弊得失之大綱。下面將提出一更重要節目，即中國傳統政治裏的「選舉與考試制度」，來再加以一番簡約的敘述。

中國傳統政治觀念與政治理論，自始即偏重在政府之職分與責任，而不注重在政府之權利上。這一層已在上文提揭。惟其要求政府之盡職勝任，「選賢與能」的理論自然連帶而起。戰國時代，游士得勢，貴族政權和平移轉。秦代統一政府出現，宰相以下多是平民。漢高祖初得天下，即下令招賢。直到漢武帝，這一趨勢達到正式的法制化，全國優秀青年受國家大學教育，憑其成績，補郎補吏，加入政府。不到一百年，西漢政府早已完全是一個「士人政府」了。

所謂「士人政府」者，即整個政府由全國各地之知識分子即讀書人所組成。東漢時此一制度更加嚴密，按全國各個行政地域單位，憑其户口統計，每二十萬人按年得選舉一人入政府。又防選舉不實，有權門請託及徇私舞弊諸現象，再由政府在各地選舉後加一番考試。這樣由「教育」與「行政服務」之實地觀察，與「選舉」與「考試」四項手續，而始獲正式進入政府。像這樣的一種法律規定，其用意不能不說是在開放政權與選拔人才。魏晉時代的「九品中正制」，乃因當時地方騷亂，交通阻梗，中央政府行使職權能力有限，全國選舉難於推行；乃由中央指定各地域服務中央政府官吏中之性行中正者，採訪同鄉輿論，開列各地區人才，造成表册，送政府作爲錄用之根據。其用意仍似漢代之地方察舉，特因實際困難，不得不演變出這一種新規定，新制度。但此一制度，在當時即不斷遭受反對，一到隋唐統一政府重建，公開考試制度即代之而興。唐代定制，學校生徒是一出身，禮部（相當於今之教育部）考試又是一出身。獲得此兩途出身者，再須經吏部（相當於今之内政部）考試，始獲正式入仕。但禮部考試乃一種公開競選，較之學校按年資出身者更爲社會所重視，於是被認爲政治上之正軌出路，人才終於逐漸集中到科舉制度之一項目。這一制度，雖在考試技術上不斷有種種之改變，但在法制大體上，則一直沿用到晚清。

這實在是中國傳統政治裏最值得注意的一制度。遠從兩漢以下，即一向以地方察舉及公開考試，定爲人民參加政治惟一的正途。因於有此制度，而使政府與社會緊密聯繫，融成一體。政府即由民衆所組成，用不著另有代表民意機關來監督政府之行爲。近代西方政府民衆對立，由民衆代表來監督政府，此只可說是一種「間接民權」。若由民間代表自組政府，使政府與民衆融成一體，乃始可稱爲是一種「直接民權」。而此種民間代表，又並不來自社會中某一特殊身分或特殊階級，像古代的貴族政權與軍人政權，像近代的「富人政權」即資本主義社會的政權與「窮人政權」即無產階級專政的政權，而實係一種中性的政權。即全國各地，包括貴族軍人富人窮人一切在內，而只以德性與學問爲標準的「士人政權」。此一政權很早即產生在中國，何以故？因西方政治觀念注重在「主權」上，故其政治重心，始終脫離不了「强力與財富」。而中國傳統政治觀念則注重在政治之「職能」上，因此也始終脫離不了「知識與學養」。

這一制度之惟一可疵議者，則爲察舉與考試權之操於政府，而不操於社會。但若認定政府即是社會中一機構，而並非超出於社會外之另一敵對體，則此層實亦並無大可疵議之理據。而且掌握察舉與考試實權者，並不是皇帝，亦不是宰相，而係地方長官，及禮部即今教育部，與吏部即今內政部。而且亦並不是禮部與吏部之長官，而係由此兩部中的較低級的官員所主管。普通是由相當於近代之部次長及司長身分者，來司理其職。所以在唐代即有韋貫之說：「禮部侍郎重於宰相。」因宰相即由禮部侍郎所職掌的考試中揀出。我們無論如何，不能不承認此一制度，爲中國傳統政治一至要的特點。

其與察舉及考試制度連帶相關者，則爲銓敘制度。初入仕途，必經由察舉與考試；而進入仕途後之升遷降黜，則全憑其實際服務成績而銓敘之。此項銓敘權亦不操於皇帝，不操於宰相，而操之於吏部。亦不操於吏部之長官，而操之於其屬員。這一種考功課績的法規，也遠從漢代始，而發展到唐代則最臻精善。在歷史上的一般評論，對唐代選舉考試制，仍還有非議；而對唐代考功制度，則無不稱譽。唐代官位分九品，四品以下，全由「考功郎中」相當於今司長以下官校定。三品以上，始由政府臨時派特任官「知考使」任考核。但亦有由一個考功郎中李渤而居然來考核宰相、御史大夫的成績等第的。此雖逾越了法制規定，但在當時卻傳爲嘉話，不認之爲犯法。直到明代，政府全部文武官的升黜任用，還是操在吏、兵兩部，而吏部掌握文官的任用權，因此當時說吏部權重逾宰相。張居正在內閣，首先要把銓敘權即選官權由吏部手裏奪來。但不久此權仍歸吏部。可見照中國傳統法制，即宰相也不該總攬大權於一身，又何論是皇帝。

五

依照上述，中國傳統政治，注重在政府之職能。故設一官，必有一官之職；而有一職，即有一種稱職與不稱職之責。然則，管理和監察此種責任者又是誰？在中國傳統政治裏，特設有「御史」和「諫官」。御史本是代替皇帝和宰相來負責監察政府下面官員之稱職勝任與否，而諫官則是負責來監察皇帝的。

依照歷史演變講，宰相在封建時代，論其名義，只是一個管家，故稱「宰」。或副官，故稱「相」。但一到秦漢以後郡縣時代，大一統政府產生，皇帝化家爲國，於是管家的變成管理全國行政，封建家庭中的私職變成了大一統政府裏的公職。宰相原先只是一個皇帝的總管家，亦可說是皇帝的代理人，但又可說是一個副皇帝。宰相在漢代也稱「丞相」，「丞」字同樣是一種副官之稱。副皇帝代表皇帝來管理國事，同時也代表皇帝來負其不稱職的責任。

這一轉變，意義卻甚深甚大，但在中國史上，此種大變化，也只是一種潛移默運，和緩地變了，並沒有急劇明顯的革命鬥爭爲之判然劃分。這最是中國史之難讀處，同時又是對中國史之必先瞭解處。

御史大夫在漢代是一個副宰相。副宰相又有兩個副官，一是負責代宰相管理監察政府，不論中央與地方的下屬官吏；另一副官則代宰相負責管理監察皇帝及皇室。一個叫「御史丞」，一個叫「御史中丞」，中丞是處內廷的。換言之，御史丞監察外朝，即政府。御史中丞監察內朝，即皇室。由此觀之，皇帝也該受監察，監察皇帝的也該是宰相。但宰相不便直接監察皇帝，而且宰相總攬全國行政大權於一身，已是不勝其重。纔把監察之職分給副宰相，即御史大夫。而御史大夫要監察全國上下，仍嫌職責太重，纔把監察之職再分給兩丞。一負監察中央及地方政府之責，一負監察皇帝並及皇帝之家及宮廷之責。若把皇帝作爲第一級官，宰相是第二級，御史大夫是第三級，則御史中丞最高已屬第四級。但第四級官有權監察第一級。這一點又是中國傳統政治裏一種最寓精義的編配。

當知大職負大任，小職負小任。皇帝的大任，專在任用宰相；能用得到好宰相，皇帝責任已盡。宰相權任太重，發號施令，決定萬機，這是更重大的；纔把監察之責交與副宰相御史大夫。副宰相只綜握監察大權，至於專責監察皇帝與皇室，那又比較職小而任輕，易於擔當了，纔把此職責交與御史中丞。我們若明白這一層意義，則由第四級官來監察第一級官，自是毫不足怪。同樣的道理，在漢代六百石俸的「州刺史」，可以監察二千石俸的郡太守。因郡太守負責一郡行政，自屬職高任重；州刺史只負責察看郡太守做差了事沒有，自屬職小任輕。這些全該從中國傳統政治偏重職能的理論來觀察。你若只說中國傳統政治只是君權專制，只是高壓黑暗，你雖可欺騙現代不讀書的中國人，但若使古人復起，他到底要喊冤枉。

上述制度逐步演變，到唐代遂有臺、諫分職。「臺官」指的御史臺，專負糾察百官之責。「諫官」則專對天子諫諍過失而設。論其職位，諫官還是宰相之屬官，而御史臺則成一獨立機關，不再是宰相的直轄部屬了。任用宰相，權在皇帝。任用諫官，則權在宰相。諫官之職在諫皇帝，不諫宰相，也不得彈劾朝廷百官。彈劾朝廷百官是御史臺的職分。照唐代習慣，宰相見皇帝討論政事，常隨帶諫官同去，遇皇帝有不是處，諫官即可直言規正。如此則宰相與皇帝雙方有一緩衝。可免直接衝突。而諫官職分，本來又是要他來諫諍的，所以他儘直言也不會得罪。即使得罪了，宰相可以把他免職降黜，一面顧全了皇帝面子，一面不致牽動到宰相之自身。至於那諫官呢？他也不怕罷免，橫豎一小官，罷免值不得什麼，而他可博得直言敢諫之譽，對他將來政治地位，反而有益。這些全是中國傳統政治裏面運用技術的苦心處。惜乎現代人只把舊傳統一口罵盡，再也無心來體味。

宋代這方面，又遠不如唐代。那時規定臺官、諫官均不得由宰相推薦，於是諫官也不屬於宰相。他們的職分，變成不是與皇帝爲難，而轉移鋒鋩來和宰相爲難了。於是宰相無法糾繩皇帝，除非是和皇帝直接衝突。而宰相身旁，卻多了一個掣肘的機關。因御史只限於彈劾違法和不盡職，而諫官則職在評論是非，兩職顯有分別。在唐代是諫官幫助宰相，在皇帝前面評論皇帝之是非。在宋代是諫官在宰相旁邊，來評論宰相的是非了。照理，政府各部分職務上的是非得失，各部分負責人都有發言權，諫官則專用來對皇帝諫諍的，那是宰相的一分職。本來用意，該是用相權來限制君權的，而現在則轉成君權用來限制相權了。這一制度之轉變，顯見是出於皇帝之私心。而且諫官職分本來在評論是非，評論錯了也不算違職，也不算犯法。如是則政府中橫生了一部分專持異見不負實責的分子，形成了諫官與政府之對立，即諫官與宰相之對立。但相權究竟即是君權之化身，後來宋神宗信用了宰相王安石，竭力想推行新法，而一輩諫官横起反對，連神宗也無奈之何。這是皇帝自食其果了。再到後來，因諫官習氣太横，太多是非，激起政治上反動，大家不再理會他們的胡鬧；終於臺官、諫官在政府裏全不發生作用了。這又是諫官之自食其果。可見一種政治，果是太不合理，它自己會失敗，行不通。若說中國自秦以來傳統政治，老是專制黑暗，居然得維持了兩千年，那顯然是不通人類歷史公例的一種無知妄說了。

到明代，又索性把諫官廢了，只留「給事中」，而給事中的職權也獨立了。它的職權還是在審核皇帝詔旨，若給事中認爲不合，可以把皇帝詔旨退還。在唐代，給事中本是宰相屬員，不過幫助宰相把所擬詔旨再加一番審核，審核有不是處，那道詔旨可以重擬。擬詔是宰相之權，審核依然是宰相之權；把一個權分兩番手續來行使，這是審慎，不是衝突。但在明代則不然。一切政令從六部尚書發下，都須經給事中審核。給事中是分科的，吏部有吏部的給事中，兵部有兵部的給事中，户部有户部的給事中，這都是專門分職的。在職位上，他們是下級官。在名義上，他們只是參加意見。給事中的駁議，在當時名叫「科參」，是分類參加意見之義。但因他們是獨立機關，只負發表意見之責，不負實際上行政利害成敗之責；於是實際負責的長官，反而不得不接受他們的意見。萬一不聽科參意見，而闖出亂子，豈不是更長科參氣燄，更增自己罪戾嗎？於是不負責任的下級官，反而陰握了暗中的決定權。那不能不說是明代政制一失敗。但明太祖廢了宰相，也幸得有此一職，遂使皇帝和內閣大學士的詔令，也有行不下的阻礙，還是得失參半。

到清代，連給事中的職權也廢止了，於是真成爲皇帝專制，皇帝的命令真可無阻礙的一直行下。在清代叫做「臺諫合一」。在這時，政府裏只有彈劾百官違法與不盡職的，再沒有對政事發表意見，評論是非得失的；那豈不是政制上一大大的失敗嗎？就便利皇帝專制言，那也可算是勝利，非失敗，但到頭則落得一個大失敗。滿清一代的皇帝專制，終於是完全失敗了。

六

現在把中國傳統政治，扼要再加以一番綜括的敘述。

一、中國傳統政治，論其主要用意，可說全從政治的職分上著眼，因此第一注重的是選賢與能，第二注重的是設官分職。

二、因中國是一個大國，求便於統一，故不得不保留一舉國共戴的政治領袖即皇帝。又因無法運用民意來公選，因此皇位不得不世襲。

三、要避免世襲皇帝之弊害，最好是採用虛君制，由一個副皇帝即宰相來代替皇帝負責實際的職務及責任。明、清兩代則由皇帝來親任宰相之職，只不負不稱職之責。

四、政府與皇室劃分。此直至清代皆然。

五、政府與社會融合，即由社會選拔賢才來組織政府。
六、宰相負一切政治上最高而綜合的職任。
七、選拔人才的責任，自漢至唐之辟舉，交付與各級行政首長自行擇用其屬員。考試權交付與禮部與吏部，宋代以後則專在禮部。
八、考課成績升黜官吏權則交與吏部。
九、監察彈劾權交付與特設的獨立機關。唐代有御史臺，下至明代有都察院。
十、對於皇帝之諫諍責任及最高命令之覆審與駁正權，交付與給事中與諫官。此兩官職，唐代隸屬於宰相，宋以後至明漸成獨立機關，清代則廢止不復設。
十一、職權既定，分層負責，下級官各有獨立地位。幾乎政府中許多重要職權都分配在下級，而由上級官綜其成。宰相則總百官之成。

現在再值得一提的，則爲漢代「九卿」到唐代「尚書六部」之演變。近代中國學者，常認自秦以後的中國傳統政治，總是專制黑暗，好像老没有什麼變動似的。實則人類歷史，絕不能有經歷數百年千年不變的事情，政治制度也不能例外。中國傳統政治，縱使儘合理，儘進步，也不能保持千年而不變。現在只顧痛罵中國傳統政治兩千年守舊不變，其實轉像是過獎了。漢代中央政府的組織，皇帝以下有「三公」，宰相、御史大夫與太尉，太尉是全國武官長。三公以下有「九卿」。九卿全屬宰相，有時亦分屬三公。照理應該都是政府的政務官，但顧名思義，實際上只能說漢代九卿只是皇帝的家務官：

太常：是管宗廟的，常是「嘗」字聲借，指祭祀言。

光祿勳：是大門房，勳把「閽」字聲借，管門户與侍衛的。

衛尉：是武裝侍衛。

太僕：是車夫頭，管輿馬與出行的。

廷尉：是司法官，但在這一行列中，只能說是皇家之私法庭。

大鴻臚：是管交際賓客的。

宗正：是管皇帝家族和親戚的。

大司農：是大賬房。

少府：是小賬房。

如是則不說他們是皇室的家務官是什麼呢？然而全國一切行政，卻又分配到他們職掌，如學校教育歸太常、工程建築歸少府之類，可見那時的政府，究竟不脱封建氣味。皇帝化家爲國，宰相是皇帝管家，因而兼管到全國政務。九卿是皇帝家務官，因而也兼管到全國政務之各部門。我們只看漢代九卿職名，便知那時政府初由皇室中漸漸蜕化的痕蹟。

但到唐代便不同了。九卿變成了「九寺」，「寺」是衙門名稱，全成爲閒職。全國政務盡隸尚書省，「省」亦衙門之名稱。分六部：一吏部，二户部，三禮部，四兵部，五刑部，六工部。照名義論，那些全是政府的政務官，再不與皇室私務相關了。這不能不說是中國傳統政治裏一絕大的演變。這一演變，正足說明中國傳統政治在努力把政府與皇室劃分的一個大趨勢。這一趨勢，正可說明中國傳統政治並非建立在王權專制上的一大見證。

唐代的尚書省，絕似近代西方的内閣與行政院，這是管理全國行政部門的最高機關。唐代尚書六部的規模，直到清代末年，大體上没有變。唐代制度，在下有科舉制，爲政府公開選拔人才；在上有尚書省，綜合管理全國行政事務。這兩制度，奠定了中國傳統政治後一千年的穩固基礎。在唐玄宗時，又曾寫定了一部唐六典，這是中國傳統政治裏留下的一部最大最有價值的行政法典。整個中央政府以及尚書六部一切行政，大體都包括在這書裏，亦大體爲後代所遵守。從世界歷史論，這也是一部最古最偉大最有價值的行政法典了。那時全國一切政務，都集中到尚書省；上面的命令，也全由尚書省分發執行。尚書省在唐代是合署辦公的，全省一首長即尚書令，兩次長爲左、右僕射，各分領三部：左僕射領吏、户、禮，右僕射領兵、刑、工。尚書省建築，成一三合形。左廊十二司，吏、户、禮各四司。右廊十二司，兵、刑、工各四司。正中向南是總辦公廳，即都堂。上午各部長官在總辦公廳集合辦公，下午各歸本部本司。但尚書省只管行政，沒有最高出令權。最高出令權在中書省，審覈在門下省。三省同爲政府最高中樞。除非尚書省長官或次長獲得出席政事堂兼銜，在當時不算是宰相。

直到宋代，尚書省規模還是極龐大。據宋人筆記，那時尚書省六曹二十四司，有一百六十個辦公桌，辦公吏員計有一千零四十三人。某年五六兩月，文書統計達十二萬三千五百餘件。神宗時建造尚書新省，凡三千一百餘間。都省在前，總五百四十二間。其後分列六曹，每曹四百二十間，廚房也佔一百間。唐代的尚書省，則有四千楹。到明代，尚書分部辦公，直轄皇帝權下，不再有首長與總辦公處。明太祖親自獨裁，在某月八天之內，便批閱了中外奏劄一千一百六十件，計三千二百九十一事。中國傳統政府裏的政務叢脞，即此可想。

但中國傳統政治畢竟總有一規模，一法制。即就傳遞文書一事說，唐代中央在長安，明代在北京。那時到全國各地交通，全靠驛站。緊要文書限幾天到，次要限幾天。全國驛站都由兵部管，幾百年相傳，沒有說一件公文可以失時誤限的。否則若使各種公文都可失時誤限，試問這樣一個大國家，又用何法來處理？近代中國學者，只知道說中國傳統政治是由皇帝一人專制黑暗。試問他皇帝一人，如何來專制這樣一個廣土衆民的大國？即在政治技術上，也值得我們細心研究。不能儘罵中國人從來是奴性，不遇到西洋人，老不懂革命，便儘由那皇帝一人來放肆專制了。

七

但我並不曾說中國傳統政治有利而無弊。目下人類知識，也尚未能發展出一個永遠有利而無弊的政府。或恐人類知識，會永不能發展出一個有利而無弊的政府來。科舉制度固是唐以下傳統政治一最重要的奠基石，但在考試技術上，不知經過了多少次爭論與改變，而終於到明中葉以後，仍不免有「八股文」出現。這可說在最近幾百年內的學術與人才方面，投下了最大的毒菌。此事人人能說，不煩再論。

君權、相權不斷摩擦，東漢與北宋，相權被其屬下羣臣所抑，流禍已甚深。及明、清兩代廢去宰相，更與傳統精神相違背。這亦已在上文提到。現在且撇開不談人事上那些愚昧與波折，讓我們進一步來討論中國傳統政治本質上的幾個缺點吧！

第一，是它太注重於職權分配之細密化。好處在人人有職，每一職有它的獨立性與相互間的平衡性，因此造成政治上之長期穩定。而其缺點，則使政事不能活潑推進，易於停頓而麻痺化。

第二，是太看重法制之凝固性與同一性。此層與前弊相引而起。全國在同一制度之規定下，往往長期維持到一百、兩百年，此固不能不說是政治上一種的成功；但遇應興應革，總不能大刀闊斧，徹底改進，而僅求修補彌縫，逐漸趨於敷衍文飾虛僞而腐化，終於到達不可收拾之境界。

職分與法制，本就偏重在限制束縛人。中國傳統政治一切制度之最要宗旨，即在反抗此等病害。而在其長治久安之下，終不免仍在此等病害中敷衍度過，乃終至於一衰不起，無可救藥。重法過於重人，重職過於重權，重安定過於重動進，重限制過於重放任，此在一大一統政府之龐大機構來適應農業國家之平穩步驟上，正常容易陷於此等病害而不自覺悟，乃終至陷於大病，不可自拔。

至於西方政治，乃從工商都市中心與各自分別的小地面上建立發展，根本與中國不同。因此他們的政治傳統，特別重在掌政者。重人較過於重法，重權較過於重職。於是較利於動進，而較不利於安定。兩者之間，本是各就所適，而亦各有利弊。西方在十七、八世紀，忽然接觸到東方，一時對中國政治大生欽羨，刻意推尊效法，康熙在當時居然成為西方政治理想中的模範皇帝。但他們終於能在合適於他們自己歷史的線索中尋出頭緒，自成條貫，產生出近代西方的政黨政治與代議制度。英國從中國學去了文官考試制度，但他們能把它配合在他們自己體系的政黨政治下而融洽無忤。這是一件極值得我們反省的教訓。

中國自晚清以下，亦極端羨慕西方的分權制與法治精神。卻不知中國傳統政治的大毛病，正在過分注重此等分權與法治。晚清末期，中國要效法西方創行選舉代議制，應該改變傳統演變下的內在流弊，看重活的人超過於看重死的法，隨時好讓多數的意見來更改向來規定的法制，讓人心在法外多留活動之餘地。而中國近代政治積弊，則仍在紙面文字上用力，一切要求制度化，認爲制度可以移植，不必從活的人事上栽根。又認爲制度可以用來束縛限制人。不知一切政治上的變化，正是活的人要求從死制度中解放。這一根本精神差了，於是從西方所抄襲的，只得仍成爲一種敷衍文飾虛僞與腐化，始終没有把社會人心要求變化的内在活力引上正路。這一現象衆所周見，而其病根所在，則始終無人能指出。

近代中國人一面羨慕西方歷史裏的革命，一面則又羨慕西方近代政治裏的政黨。但中國歷史，既很少有像西洋式之革命；而政黨之在中國，也永遠受人指摘，總没有好發展。當知政黨政治，重多數輕少數，實在是重法不重人。中國傳統政治，一向是重職權分劃，重人不重法。人人有職可循，有道可守，用不到結黨。政治之最高層，仍當在創法立法者。較下層，則乃爲守法護法者。故曰：「上無道規，下無法守。」可見中國傳統政治，道在上，法在下，非可以惟道而無法。太史公史記謂「申韓之學源於老莊」。申韓乃法家，而莊老道家則主無爲，是則申韓尚法，其本乃在無爲；史公之意誠爲深遠矣。論語又言：「君子羣而不黨。」。東漢黨錮，唐代朋黨，北宋新舊黨爭，此等在中國，皆以召致衰頽，不足法。

若論西方政府，在先並無像中國般詳明的職權劃分與法制細規之建立。政治變動性太大，遂產生近代政黨政治之要求。西方政黨政治，最先乃由政府要求人民納稅漫無準則而引起。但在中國，自秦到清，一向有規定的稅目與稅額。而收稅職權漢代交與大司農與户部，連皇帝宰相也不得輕加改動。往往沿襲數百年，要等朝代變了，始有一次大更訂。那樣的守法相因，自然用不到時時召集多數人來討論了。只有漢武帝當時，因推行鹽鐵政策，他死後，對此政策，政府曾召集民間代表和政府雙方討論過。但此是偶然事，非經常事。即遇政府無端增稅，或稅制改革，在政府內部便易引起爭端。但仍只憑法制爭，非憑多數爭。即算是多數意見，亦常是多數在爭持此法制。中國傳統政治裏尊重法制的觀念，已成爲歷史上一種惰性。累積一二千年，遺傳到中國人不知不覺的意識之最深層。我們須能因勢利導，病在那裏，即針對病處下藥。今天硬要由革命來痛快剷除一切，再痛快建立一切，犧牲了活的人，來爭死的制度，無論是太看重守法，或太看重變法，一樣是太看重了法，實際還是中國的傳統病在作梗。

當知制度因人而立，也該隨人事而活化。徹底改革與一成不變，同樣不可能。若真要徹底改革，實無異要把歷史一刀切斷。此種奇蹟在人類歷史上，尚無先例。我們的政治理想，也不該希望有違反人性的奇蹟來完成。因於徹底改革之不可能，於是專對舊的咒詛憤慨，一切痛罵；此乃意氣，非理智。用意氣來創造新政治，也決不是理想的政治。而不幸最近中國政黨，則多在要求徹底改制更法的盛氣下出現。如是則只有革命，卻不能有像西方政黨雍容揖讓、平心商榷的雅度。

八

近代中國人尤所最醉心者，厥推近代西方政治上之主權論，即政府主權誰屬，一切主權在民眾的理論。在西方，首先是由民眾選舉代表來監督政府，繼之則由民眾代表中之多數黨來實際的掌握政權，組織政府。這一演變在西方，也有他們一段很長的過程，並非一蹴即幾。但在中國傳統政治裏，則很早便另走了一條路。一向注意政府責任何在？它的職權該如何分配？及選拔何等人來擔當此責任？卻不注意到它最後的主權在誰的理論上。因此中國社會，一向也只注意如何培養出一輩參加到政府中去而能盡職勝任的人才，卻不教人如何爭取政權。因政權在中國傳統政治裏早已開放了，任何人只要符合法制上的規定條件與標準，都可進入政府。整個政府，即由此等人組成。

由於中西雙方歷史演進不同，而形成的政治心理，雙方也不同。西方的政治意識，可說是一種「外傾型」的，中國則比較屬於「內傾型」。中國人心理，較偏重於從政以後如何稱職勝任之內在條件上，而不注重於如何去爭取與獲得之外在活動上。與上述觀念相連帶，中國社會民眾對政府常抱一種信託與期待的態度，而非對立與監視的態度。若我們說西方政權是「契約的」，則中國政權乃是「信託的」。契約政權，時時帶有監督性。而信託政權，則是放任與期待。因此中國政治精神，不重在主權上爭持，而重在「道義上互勉」。這又已成爲一種歷史惰性，並不因辛亥革命而消失。

革命後的社會民衆，並不曾有一種積極興趣來監視政府。其受傳統文化陶冶較深的知識分子，還都想束身自好，在期待狀態下準備獻身於政治。這些在其內心肯自動作負責準備的，但多失敗了。受傳統文化陶冶較淺的人，反而較易於接受新潮流。他們投入政黨，全部積極興趣轉移在如何爭攫政權上，卻沒有如何負責的內心準備。此在西方，並不成爲是毛病。因在西方，政府與民衆本來是敵體，不斷由民衆中間跑出人來，爭持政權是我們的；他們結著黨來監督政府，至少好使政府不敢不負責。在中國，傳統心理上，政府與民衆是上下一體的。民衆中間，本來不斷有人去參加進政府了，問題是在如何盡職與勝任。

現在則整個理論及政治體制都變了，但歷史惰性依然存在。一輩富於外傾性格的人，競求躍登政治舞臺；而偏於內傾性格者則陸續淘汰。理論上、精神上都成了外傾型的政治，應該有一個超政府的外在力量來監視而控制它，而實際上則並無此力量。於是中國政治遂急速腐化，即不負責任。而這一種腐化，又在一種惡化姿態即爭取政權中表出。所謂革命與組黨，全只是一種政治性的「活動」，卻並未觸及政治的「本質」。中國的外傾政治，則只是抄襲膚淺，老在如何活動上注意，而且仍還是全從社會中層階級知識分子中，一輩接受傳統文化陶冶較淺而富於外傾性格者來活動。此一活動，上不在天，下不在地。在理論上，他們說是對民衆負責，爲民衆服務。而民衆本身，並不曾密切注視他們，來强迫他們真的負責與服務。

本來中國傳統文化教育，要一輩從事政治活動者，先在其內心具有一種自動負責服務的道德修養；而現在則付之缺如。中國傳統政治在制度本身，本也有要政府自身能自動負責服務的一套措施與法規；現在則又全認爲黑暗陳舊而被忽視被棄置。於是那輩乘機攫取政權的人，在此真空圈中，陷入權力慾與財富慾之無限發展，而政治遂愈變愈混亂。這固是新舊過渡中，很難避免之一階程；然其主要責任，則仍應由此輩中層階級知識分子，實際從事政治或接近政治者負擔。而他們卻轉移論鋒，認爲是社會民衆之不率職。譬如一店主雇用店員，疏於防範，店員營私舞弊，卻回頭罵店主無能。營私舞弊者是店員，詬厲譴責店主無能者也是那些店員。若使那些人不先洗淨他們營私舞弊的內在動機，而仍由他們指揮店主，試問那無能的店主，如何會忽然有能來裁判這一批店員呢？

在近代中國，能巨眼先矚，瞭解中國傳統政治，而求能把它逐步啣接上世界新潮流的，算只有孫中山先生一人。他的三民主義，實能採納世界政治新潮流之各趨勢，而使其會歸一致。民族主義裏，有德、意納粹與法西斯精神之優點，而無其缺失。民生主義裏，有蘇俄共產政權嚮往之長處，而無其偏病。民權主義又把英、美政黨代議制度之理論釋回增美。政治上之權能分職，最能擷取中國傳統政治如我所謂「信託政權」的內在精神，而發揮出它的真意義。在西方所倡三權分立的理論下，再加添中國傳統考試、監察兩權，使在政府內部自身，有一套能爲社會自動負責之法制；而一面又減輕了近代西方政治之對立性與外傾性，把來符合中國自己的國情。在他理想中，那一個權能分職的五權政府，實不與社會相對立，而與社會爲一體，依然是一種「信託政權」，而酌取了西方「契約政權」之長處來補偏救弊。而在新政初期，又設有一段「訓政時期」，爲到達其理想新政權之過渡。大體上，在他總是有意參酌中外古今而自創一新格。惜乎他的意見與理想，不易爲國人所接受。人人只把一套自己所懂得於外國的來衡量，來批評，則孫先生的主張，既不合英、美，又不合蘇聯，亦不合德、意，將見爲一無是處。無怪他要特別申說「知難」之嘆了。

推敲孫先生政治意見的最大用心處，實與中國傳統政治精義無大差違。他只把社會最下層的民衆，來正式替換了以往最上層的皇室。從前是希望政府時時尊重民意，現在則民意已有自己確切表達之機構與機會。而一面仍承認政府與民衆之一體，而偏重到政權與民權之劃分。只求如何能使賢者在職，能者在位；而已在職位者，則求其能暢遂表達他的賢與能，而不受不必需要的牽制。又在政府自身，則仍注重其內在職權之分配與平衡，而不失其「穩定性」。這一種穩定性，實與一較廣大的國家，而又有較長久的歷史傳統性者，爲較更適合。能穩定並不比能動進一定壞。此當斟酌國情，自求所適。此一理想，自然並不即是完滿無缺，儘可容國人之繼續研求與修改。但他的大體意見，則不失為已給中國將來新政治出路一較渾括的指示。比較完全抹殺中國自己傳統，只知在外國現成政制中擇一而從的態度，總已是高出萬倍。

我們也可說，孫中山的政治理想，還是較偏於內傾型的，以其注意到國情。而目下其他意見，無論是主張英、美民權自由與主張蘇俄共產極權，都是外傾型的，以其目光只在向外看，而沒有肯回頭一看我們自己的。我們當知孫中山的「三民主義」與「五權憲法」，並不是確經試驗而失敗了。他的那番理想與意見，實從未在中國試驗過，而且也未經近代中國的知識分子細心考慮與研索過。

中國近代政治潮流，依然只側重在革命與組黨兩條路。組黨為的是要革命，革命後仍還只重在組黨。黨是一種力量，可以用來革命。黨又是一種力量，可以用來把握革命後所取得的政權。所以有了這一黨，便不許有那一黨。那一黨之爭取出路，依然有待於再革命。而中國近代政黨的組成，顯然不由社會下層的真正民眾，而仍是社會中層的知識分子，在活動、在主持。他們只想把民眾投歸黨，沒有想把黨來回向民眾。於是變成了由黨來革民眾的命。這樣的組黨革命，將永不會有成功之前途。

若說孫中山失敗了，他是失敗在一面是個政治思想家，而同時又是實際革命的領導者，終不免因爲領導實際革命之需要，而損害及其思想與理論之純潔與超越性。又失敗在他的黨徒，只知追隨孫中山革命與組黨，沒有能進一步來瞭解孫中山的政治理想。其他僅知抄襲外國一套現成政治理論與政治形式來組黨與革命的，他們的精神實力，自然更未曾用在建立自己的政治理想上，而只用在如何組黨與如何革命上。於是西方政治的「主權論」，一到中國，卻變成了「權力論」。革命與組黨，只注重在如何憑藉權力而活動。若論政治本質，在近代中國，始終是一張空白，待向外國去套板印刷。始終是用外國的理論，來打破自己的現實。現實重重破壞，而外國理論則始終安放不妥貼。

將來中國政治若有出路，我敢斷言，決不僅就在活動上，決不僅是在革命與組黨上，也決不僅是在抄襲外國一套現成方式上，而必須觸及政治的本質。必須有像孫中山式的，爲自己而創設的一套政治理想與政治意見出現。縱使這些意見與理想，並不必是孫中山的「三民主義」與「五權憲法」；而孫中山的「三民主義」與「五權憲法」，也仍還有留待國人繼續研求與實行試驗之價值。這是我窮究了中國二千年傳統政治，所得的結論。

（民國三十九年十二月香港民主評論二卷十一、十二兩期。）

中國歷史上的傳統政治

一

關於中國與西方，由於民族不同，文化不同，而歷史進程亦不同。上自政治組織，下至社會體制，雙方莫不有其重大之相異點。主要者，如宗教一項。西方自羅馬帝國崩潰，基督教即爲彼方上下所共同信仰，形成爲西方社會一指導中心。直至最近一世紀，基督教信仰雖漸趨微，但仍有其一分潛勢力存在。然在中國的文化傳統下，並未產生出像其他民族一般的宗教。此是一大可注意之事。

遠在三千年以前，西周王朝興起，刷新加强封建制度。在那時，中國已形成一統一局面，但只可稱爲「封建的統一」，與秦漢以下之「郡縣統一」有所不同。其時有周公制禮作樂，用爲西周王朝指導統治封建諸侯之最高規範。下到春秋時代，先則王室衰微，繼之則齊、晉霸業亦復不振，禮崩樂壞，西周封建制度遂汲汲不可終日。但在春秋二百四十年中，列國賢君卿大夫接迹而興，那時的貴族階級，尚受西周初年周公所定的禮樂薰陶，表現出一種極深的文化修養。換言之，乃是有一種教育力量在指導政治。只一讀春秋左氏傳，即可詳知。

在當時，社會上已逐漸有一種「士」階層興起。此一士階層，在上不成爲貴族，在下有異於平民，乃由貴族中之疏親遠裔，以及平民間之俊秀子弟，學習了當時貴族階層所奉行的種種禮樂，而進身到當時的封建政體下服務。所以士之興起，在當時，乃是社會一種新行業與新流品。

二

孔子亦由士階層中崛起。惟孔子主張以「道義士」來替代「職業士」。爲士者，不僅爲謀求職業，更貴在職業上盡其「行道守義」之更高精神。孔子乃遠承周公以學術領導政治之理想，來扶植起新興的士階層。墨家繼孔子儒家而起，此後戰國時代百家爭鳴，新興的士階層，已替代了春秋以前之封建貴族，而成爲此下中國社會一領導的新中心。

在戰國時代人所完成之管子書中，已明白提出了士、農、工、商之四流品。封建時代之平民，由封建貴族以井田制度授地爲農。但到戰國時代，自由工商業興起，封建貴族掌握土地與經濟實權之舊社會，已徹底改變。而更重大的改變，則爲新起了社會領導中心之士階層。他們向上可以領導政府，向下可以領導民衆。在論語書中，孔子已把爲士者之應有理想應有抱負，以及其應有修養與應有品德，一一具體指示出來。因其出而在上，後世連稱之曰「士大夫」。因其處而在下，後世連稱之曰「士君子」。在士的身上，政治事業與教育事業綰合爲一，他們都不以私人經濟爲急務。孟子稱士爲「勞心者」，農工商爲「勞力者」。「勞力者食人，勞心者食於人」。此一分別，乃成爲中國社會一傳統形態，直經二千年未變。

秦滅六國，天下復歸一統。但那時的政府體制，已遠非古代貴族政府可比。如爲相者，前有呂不韋，乃趙國人。後有李斯，乃楚國人。爲將者有蒙恬，其祖父驁，爲齊國人。自驁至恬，已三世爲秦將。當時東方列國游士，在秦政府中服務者，尚不計其數。而秦廷亦不再封建。此乃自孔子以下，由士來領導政治的一項理想，至是已確切完成。

故在中國歷史上，自秦以下之傳統政府，既不能稱之曰貴族政府，亦不能稱之曰軍人政府或商人政府。若必爲特立一名稱，則應稱之曰「士人政府」。士人政府之正式確立，則在漢武帝以後。在漢武帝時，已確立了幾項制度。一是教育制度。一是考試制度。一是選舉制度。每一士人，皆須經過此三項制度之提拔與升遷，自社會下層而進達於政府之最高層。皇帝雖是政府中之最高領袖，但亦得遵循此幾項制度，而行使其職權。此下兩千年來，此三項制度雖遞有改變，但大體上，絕大多數政府人員，必經此三項制度之審覈與通過，則並無有變。

三

西漢時代，經長期之統一，國內安定。而其時幅員之廣，已與後代中國相埒。自由工商業，自戰國以來已積有基礎，乘時躍起，大可有走上資本主義社會之趨勢。但漢政府嚴密管制，創爲鹽鐵政策及其他種種措施，使凡屬有關民間日常普遍的必需消費品，不致操在專爲私人營利的工商界手裏。此種用意，亦永爲後代取法。因此使中國社會，雖在長期安定繁榮中，自由工商業對於國內國外皆不斷有進步，而永不致有資本主義之發生。

又其時，中國已制定了全國國民的義務兵役制。土地之廣大，人口之眾多，其戰鬥力超出其四鄰甚遠。但當時政府，制定國策，只重在保境安民；對外縱獲勝利，皆能適可而止，絕不走上開疆拓土，侵略兼併的帝國主義路線。

近人多說，中國是一封建社會，或說是農業社會。但工商業大都市之興起，遠在兩千年以前，緜亘迄於清末。如蘇州，乃春秋吳國之都城，歷代皆爲名城。至北宋末，金兵渡長江，蘇州一城居民死者達五十萬人。廣州自秦迄清，爲中國南方海外通商要埠。唐末黃巢之亂，廣州有大食商户死者達十萬人。揚州自漢代迄清末，其地繁華，屢見文人稱道。自長安、洛陽以外，其他都市，成爲工商中心的，見之史籍，屈指難數。其國外貿易，單就絲綢、瓷器、茶葉等幾種，無不獲大利如拾芥。中國非無盛大之工商業，只不從工商業中展演出資本主義。

近人亦多知中國愛和平，但在中國歷史上，武功輝赫的時代亦屢見。漢代匈奴一支西遁，引起了歐洲方面之大紛擾。唐代突厥一支西遁，又在西方歷史上引起大波動。蒙古帝國震爍亞、歐兩洲，但其入侵中國，最後始獲逞志。其最先失敗，亦在中國。明代朝廷航海使節，屢次遠航，達於非洲之東岸。隨之華僑遍佈東南亞，但絕未在海外營建殖民地。

推厥原因，實以中國兩千年來，有一傳統的士人政府。政府力量，不在貴族，不在軍人，不在商人，而在一輩有特殊教育與特殊理想的士人手裏。而此輩士人之教育，則操在社會下層之士羣，不操在政府。即如漢武帝時代，興起國立大學，掌教者爲五經博士，皆由民間來，自有其客觀標準。

不僅政府卿相高職，皆由士人出身，皆在士人羣中選拔任用；即儲君皇太子，及其他皇室親貴子弟，皆與士人受同樣教育。有幾個朝代，如宋如明，即在皇帝本人，亦同時受教。内廷設經筵講官，選朝廷名儒爲之。故中國儒家，雖不成一宗教，而其爲中國人信崇，上自政府，下達民間，一致不異。在唐以前則稱周公孔子，在宋以後則稱孔子孟子。仁義道德，修身、齊家、治國、平天下，有一共同理想，共同規範，皆從教育中展出達成之。近言之，可說是自漢以下之兩千年；遠言之，可說由西周以來之三千年，中國人早知標舉一人生共同理想，無上無下，自政府至民間，皆須爲此共同理想受教育。此事由周公開其端，至孔子而大成，又得孟子之闡揚。中國歷史上之政府與民衆，同樣由此教育所栽培而領導。士人政府之大體制，亦賴此維持而不變。

四

在中國歷史上，士人政府之貢獻，不僅如上述，使中國不走上資本主義與帝國主義之兩路線。而在政治制度上，如上述教育制度、選舉制度、考試制度，爲傳統的士人政府特所重視外；其他如賦稅制度，在每一朝代開始，必先規定一賦稅標準，全國一律遵守，而以輕徭薄賦爲主。非經絶大事變，不得輕易更革。又如每朝刑律，多經名儒集體討論規定，爲上下所共守。而職官之分配與敍用，皆有規定。凡屬皇室戚屬，亦得封王封侯，然僅止於衣租食稅，不預政府實際政事。武臣得軍功，亦僅酬以爵位與勳級，不復有官職。軍隊則先採全農皆兵制，如兩漢。後改全兵皆農制，如唐之府兵與明之衛府。軍隊解甲歸田，均爲生產分子，可不費國家之給養。平常只有中央政府少數衛兵，及遇需要處之邊防戍卒。全國各地既無警察，亦幾乎無軍隊。工商業全屬自由，惟只許其爲有限度的私家謀利，不許其經歷選舉考試而參政。士人之經選舉考試而參政者，皆從農村中來。又全國參酌人口額與賦稅額之多寡，而定各地錄取之標準，務使全國士人，皆獲參政機會；政府中全部官員，使全國各地均有霑及。其選舉考試以及銓敍升降，權在政府，各有專職；皇帝只在任用高位官職如宰相等，始獲參加意見。政府中又特設有監察與諫諍各職，監察徧及中央及地方各級政府，諫諍則更要在專對皇帝以及宮廷之內部。又皆用中下級官員，鼓勵其直言無顧忌。政府遇大事，並常採集議制，聽取多方意見，民間亦得上書發言。政府並設置極多職位之學官，僅從事於學術事業，如校書、編書等，如唐代編唐六典，宋代編太平御覽，元代編元典章，明代編永樂大典，清代編四庫全書，皆由政府網羅羣士爲之。其他編纂不勝舉。

總之，中國傳統的士人政府，乃使政府成爲一士人集團，學術與政治並無嚴格劃分，而政治常受學術領導。學術命脈則寄託在教育上，教育精神則寄放於自由民間。即如漢武帝表章六經，罷斥百家，此一動議，便自民間來，在其太學中之五經博士，亦都自民間來。又如宋代，採納胡瑗在蘇州、湖州的講學制度，來重訂國立太學制度，又延聘其主持太學之行政及教授事務。舉此兩例，可見中國歷史上士人政府傳統下的教育制度，在外貌上，像是一套完整的，由上而下的公立教育；但在實際上，在其內在的精神上，則全由在下民間社會私家講學所主持，所領導。而中國民間私家講學，則兩千年來，一依孔孟儒家思想爲主幹，爲依歸。所以中國人兩千年來的傳統觀念，儒即是士，士即是儒。儒家教義，乃成爲中國歷史上士人政府一最高領導。

五

當然在長期的歷史進程中，可有種種曲折反復與變動。如在兩晉南北朝時代，中國社會上新產生了一種士族大門第，幾近於變相的封建貴族。但亦只是在秦漢以下士、農、工、商四民社會中，士階層的地位過分提高；而上面政府體制，依然沿襲秦漢規模，不能說那時又回復了古代的封建政治。

與此同時，佛教傳入中國，在中國社會上開始有外來宗教之盛行。但亦只有一部分影響。同時如士族大門第，並不曾爲佛家思想所搖動。信仰佛教、宏揚佛學的，反而多出自門第人物中。而秦漢以下之傳統政治，亦一樣無大變動。下至隋唐，中國重歸一統，秦漢以來的傳統政府規模又大大恢宏，而士族門第勢力，則漸衰落而至於消滅。可見儒家思想，依然爲其時指導中國歷史進程一大動力。佛教在中國，雖亦繼長增高，日有發展，但搖動不了中國歷史進程之大趨向。於是而有中國佛學之出現。當時在佛學中之新支派，如天台、華嚴、禪三宗，皆融化成爲中國思想之一部分。在中國文化中，只是新添進了宗教一支，而宗教思想在中國文化中始終不佔最高領導地位。

又如下面元、清兩代，蒙古、滿洲異族入主，亦爲中國歷史上一大變。但上面的政府體制，下面的民間學術，依然能在中國文化的大傳統下支撐維持，保有其原有的歷史進程而不變。

亦有人說，中國歷史上的政治傳統，自秦以下，永遠是帝王世襲，永遠由一個帝王高踞政府之最上地位，民間只有造反，沒有革命，永遠是一種君權政治，不能形成出像近代西方般的民主政治來。其實此一說法，亦屬似是而非。近代西方由政黨競選的所謂民主政治，亦由其歷史演變種種因素長期積累而成。中國廣土衆民，山區僻壤，交通不便。若求政府民選，徒滋紛擾分裂。抑且中國傳統政府，選舉考試，漢唐一年一次，宋以後三年一次。政府人員，不斷新陳代謝。雖非民選政府，政府成員，卻都從民間來。又如租稅法、兵役法等，凡涉民間事，政府皆有規制，非出皇帝宰相之私意。政府中之皇位世襲，亦可以表示此一政府長時期的和平與安定。在中國歷史上，固亦不斷有專制皇帝出現，但不得謂中國傳統政治，即爲一種專制政體。在長時期的和平安定中，人事不免腐化，政體不免懈弛；只要一次改朝易代，與民更始，在舊有政制上略加整頓振作，仍可再來一次長時期的和平與安定。又皇帝養自深宮，在中國歷史上，皇帝而英明傑出者甚少，多數都是平庸軟弱，亦多青年、童年皇帝；試問他們如何能專制得此一廣土衆民的大國？故在中國歷史上，自不需有如西方式的革命。

六

但到現代中國，則情勢大變。內憂外患，紛起迭乘，民國以來六十餘年，變動迄無寧日，至今乃有與中國歷史文化傳統絕相違反的共産主義極權政治之出現。若推論其所以然之故，其種種外來因緣，暫置不論。專就在中國歷史上的傳統政治言，此中卻出現一大難題。此一難題，並不是在傳統政治下缺少了一個皇位世襲。乃在中國社會上缺少了一個足以領導全社會前進的中間階層。即我上文所指出的「士」階層。中國社會因有此一士階層，乃得有傳統的士人政府之成立與持續，亦使政府與社會沆瀣一氣，呼吸相通。

中國社會傳統上之所謂「士」，並不如近代人所說的「知識分子」。中國舊傳統之所謂「士」，乃是不從事於生產事業的，所謂「士謀道而不謀食」。其所謂「道」，上則從事政治，下則從事教育。應該是只為大羣著想，不為一己著想。實附隨有一種宗教精神。實是一種不出家的，又沒有教會組織的一項教徒。若說有此項宗教，當稱為「儒教」。孔子則為其教主。周公傳下的詩書古經典，等於耶教中之舊約。孔門弟子所傳下的論語，則如耶教中之新約。只是無名義，無組織，無特定的種種崇奉儀式。因此與其他宗教相比，則若不成為一宗教。正如我上文所說，由于民族不同、文化不同、歷史不同，而遂有此相異。若定要把西方觀念來衡量中國事實，則中國民族像似一無宗教無信仰的民族，或說是僅有些低級迷信的民族。試問偌大一民族，只有些低級迷信，更無一崇高的共同信仰，如何可以使此民族不渙散，不分裂，日滋日大，共同向一歷史文化之大目標而前進，又緜延如此之久，而不停不輟？豈果是中國歷代皇帝專制，能使其達於此境？只細讀中國史，便知其絕非如此。

但自西化東漸，一則不斷受帝國主義之欺凌，一則不斷受資本主義之壓迫。富國强兵，本非中國士人向來的興趣所在，近一百年來，乃亦不得不轉向此目標。急切間成效未覩，而其本有信仰，則不免逐步轉移。士階層在社會的地位，亦不免逐步消失。空喚一「全民政治」，但全民大衆則已各爲其私，不可控摶。舊政治急速崩潰，新政治驟難確立。

西方歷史，從其中古時期的封建社會，逐漸轉移到現代的資本主義社會的一段路程中，尚有他們一番耶教精神從中彌縫，使他們的社會，不致立刻陷入純功利觀點的深潭。而且他們的帝國主義殖民政策，亦隨同他們的資本主義齊步向前，使他們資本主義的內涵毒素向外發洩，一時社會欣欣向榮，不覺病痛。但自兩次世界大戰以來，情形大不同。宗教信仰急劇衰落，而有「上帝迷失」之嘆。帝國主義殖民政策，一蹶不可復振，資本主義之內涵毒素乃轉向社會內部放射。不僅共產主義是唯物的，資本主義也同樣是唯物的。指導政治的，完全是功利與唯物，更無道義與理想。此下的西方社會，顯然將不得不變。

中國社會，論其大傳統，一向重道義，輕功利；所以資本主義與帝國主義，從不在中國歷史上表演過。但近代中國，急劇轉變，爭慕西化，競求富强。在政治大動盪之下面，資本主義不易成長，共產主義遂乘虛得勢。固然近代中國政治、社會種種變動，仍操縱在社會中層一輩知識分子的手裏；但此輩知識分子，已然失卻了中國舊傳統「士」的精神，沒有了共同的崇高理想，只雜取了幾許西方的新理論、新知識，但又拼湊不成一整體。在其後面，既無文化傳統的深厚背景，因亦不能得社會大衆的親切支持，亦無新興的資產勢力作其後盾。所以此一種政治力量只是懸空的，無法安定穩固。目前中國大陸的共產政權，無疑將會急速崩潰。但此後的新政權，如何能獲安定穩固，仍是一問題。至少此政權，應以自己民族的傳統文化作根源，至少應有一可以領導全社會前進的中階層；而此一階層，必具有共同的崇高信仰與崇高理想，由此發出力量，上面從事政治，下面從事教育，不使全社會各自在私的純功利上作打算。此正是中國傳統文化所當著意經營的一課題。

孫中山先生的三民主義，一面保留了中國文化舊傳統，一面採納了世界新潮流，調和折衷，揭示出一大綱領。但此下如何配合現實，不斷充實其具體內容；又如何使此一主義，能成為中國社會新的士階層之共同信仰，共同理想，不落入西方圈套，只成為一個政黨的政治號召；此是中國人此下所待努力的一件事。

七

中、韓兩國，遠自殷末周初，即有極深密的文化關係。三千年來，此一關係，從未間斷。因此中、韓兩國的歷史進程亦大體相同。現代兩國，亦同樣受到西方文化勢力的衝擊，同受到分裂。此下立國大道，在中、韓兩國間，還應有一共同道路。摒棄自己舊文化，一意追隨其他民族的一套異文化，求有成功，事大不易。而況西方文化，目前亦正在轉變中，不僅端倪已見，抑且迹象甚著。西方既已非有一番轉變不可，而我們永追隨在他們後面跟著跑，決不是一好辦法。此事有待於兩國社會中層的知識分子共同努力，來重創社會上新的士階層。而孔子與儒教，無疑在韓國一如在中國，有其深厚基礎與深厚影響。此下兩國的新的士階層，若能在此上重建起相互間的共同信仰與共同理想，在兩國的政治上、教育上、全社會的前進方向上有一共同目標，使兩國同趨於安定與穩固。此不僅是中、韓兩國之福，亦將使當前全世界人類同在文化迷惘中，獲得一新光明，開出一道路。此事言之似遠，但我們中、韓兩國之知識分子，應該有此覺醒，有此努力。

尾語

關於「中國歷史上的傳統政治」這個題目，我特別喜歡「傳統」二字。因這「傳統」二字，極端重要。

任何一個民族，任何一個國家，必然有它的傳統。並沒有平地拔起，憑空產生，來一個無傳統的民族與國家。

西方人極看重他們自己的傳統，如法國有法國的傳統，英國有英國的傳統，美國有美國的傳統；所以英國不全像法國，美國也不全像英國。

我們東方人，也有我們的東方傳統；如中國、韓國、日本，豈不亦各有傳統。若我們要學西方人，便也該學他們尊傳統的精神，來尊我們東方自己的傳統。尊傳統並非守舊，在各自傳統之下，不妨有各自的新。

說到政治方面，我們今天要推行我們的新政治，但不該忘卻自己的舊傳統。換言之，在中國該推行中國的新政治，在韓國該推行韓國的新政治。不該也不能，在中國、韓國來推行美國或英國、法國的新政治。

如今天的中國大陸以及北韓，則正是在推行別人家的新政治。

今再約略言之，推行新政治有三個要點：

一、自己的歷史文化傳統與民族個性。此即是一民族一國家之傳統所在。

二、自己社會的現實情況。此因時代而變。

三、世界趨勢。

因有前一項，所以必要尊傳統。因有後二項，所以傳統雖要尊，但必需隨時變。但無論如何變，不能喪失了自己的傳統。如漢城只能變成一新漢城，不能把漢城變成巴黎、倫敦，和紐約、華盛頓。

但以上所言，說來似易，行之則難。所以在每一民族中，每一國家，必應有先知先覺的知識分子來研究，來倡導。

此項研究，主要須向自己研究，不貴向別一民族別一國家去鈔襲。此項研究，也非短時期急切可待，亦非一兩人的智慧聰明所能完成。

所以政治上層，乃至全社會，須知尊重自己的知識分子，讓他們去自由研究，並隨時預備接受他們之指導。

而我們的知識分子也該自尊自重，以達自覺自發的階段，纔可有真的救民族、救國家的新政治之出現。

（民國六十三年九月三日韓國延世大學講演，載九月二十一——二十四日臺北中央日報副刊。）

中國智識分子

一

我在前提到中國智識分子，此乃中國歷史一條有力的動脈，該特別加以敘說。中國智識分子，並非自古迄今，一成不變。但有一共同特點，厥爲其始終以「人文精神」爲指導之核心。因此一面不陷入宗教，一面也並不向自然科學深入。其知識對象集中在現實人生政治、社會、教育、文藝諸方面。其長處在精光凝聚，短處則若無橫溢四射之趣。

姑置邃古以來，從春秋說起。其時文化已開，列國卿大夫如魯之柳下惠、臧文仲、季文子、叔孫穆子；齊之管仲、晏嬰；衛之蘧伯玉、史鰌；宋之公子魚、子罕、向戌；晉之趙衰、叔向、韓宣子；楚之孫叔敖、令尹子文；鄭子產，吳季札；秦之百里奚、由余；其人雖都是當時的貴族，但已成爲將來中國典型學者之原始模樣。他們的智識對象，已能超出天鬼神道之迷信，擺脫傳統宗教氣，而轉重人文精神，以歷史性、世界性，在當時爲國際性、社會性爲出發點。專在人生本位上講求普遍的道德倫理規範，而推演到政治設施，決不純粹以當時貴族階級自身之狹隘觀念自限。但他們亦決不撇開人事，一往的向廣大宇宙探索自然物理。因此他們既無西方宗教性格，亦缺乏西方科學精神；而在人文本位上，則已漸漸到達一融通開明之境界。此後戰國平民學者興起，貴族階級突然陵替，其間並無貴族、平民兩階級之劇烈鬥爭，而列國封建經兩三百年的過渡，即造成秦漢大一統。此等歷史業績，推溯根源，春秋時代貴族學者之氣度心胸，與其學識修養之造詣，亦與有大功。不是戰國推翻了春秋，乃是春秋孕育了戰國。

戰國學者多從平民階級崛起，但當時距春秋不遠，他們在生活上，意識上，幾乎都沾染有濃厚的貴族氣。他們的學術路向，依然沿襲春秋，以歷史性、世界性、社會性的人文精神爲出發，同時都對政治活動抱絕大興趣。在上的貴族階級，也多爲他們開路，肯盡力吸引他們上進。他們亦幾乎多以參入政治界，爲發展其對人生社會之理想與抱負之當然途徑。而講學著書，乃成爲其在政治上不獲施展後之次一工作。孔子專意講學著書，乃屬晚年事。墨子亦畢生在列國間奔跑，所謂「孔席不暇煖，墨突不得黔」，都是忙於希求參加政治活動。孔、墨以下，此風益甚。總之，他們的精神興趣，離不了政治。

即如莊周、老聃，最稱隱淪人物，但他們著書講學，亦對政治抱甚大注意。即算是在消極性的抨擊政治，亦證明他們抛不掉政治意念。此亦在中國歷史傳統人文精神之陶冶下所應有。我們姑稱此種意態爲「上傾性」，因其偏向政治；而非「下傾性」，因其不刻意從社會下層努力。在當時，列國交通，已形成一世界型的文化氛圍。如陳仲子之類，即使埋頭在小區域裏，終身不顧問政事，但風氣所趨，大家注意他，依然使他脫不掉政治性。政治的大門已敞開，躍登政治舞臺，即可對整個世界即全中國全人類作文化上之大貢獻，那得不使這一批專重人文精神的智識分子躍躍欲試？

他們的生活與意氣亦甚豪放。孟子在當時，最號稱不得意，但他「後車數十乘，從者數百人，傳食諸侯」。所見如梁惠王、齊宣王，都是當時最大最有權勢的王者。若肯稍稍遷就，不在理論上高懸標格，何嘗不是立談便可至卿相。在百萬大軍國運存亡的大戰爭中，一布衣學者發表一番意見，可以影響整個國際向背，如魯仲連之「義不帝秦」。此種人物與意氣，使後代感爲可望而不可即。無怪戰國一代，在中國史上，最爲後代學者所想慕而樂於稱道之。

我們明白了這一點，可知中國學者何以始終不走西方自然科學的道路，何以看輕了像天文、算數、醫學、音樂這一類知識，只當是一技一藝，不肯潛心深究。這些，在中國學者間，只當是一種博聞之學；只在其從事更大的活動，預計對社會人生可有更廣泛貢獻之外，聰明心力偶有餘裕，泛濫旁及。此在整個人生中，只當是一角落，一枝節。若專精於此，譬如鑽牛角尖，羣認爲是不急之務。國家治平，經濟繁榮，教化昌明，一切人文圈內事，在中國學者觀念中，較之治天文、算數、醫藥、音樂之類，輕重緩急不啻霄壤。因此治天文、治算數的，只轉入曆法方面，俾其有裨農事。如陰陽家鄒衍一輩人，則把當時僅有的天文知識强挽到實際政治上應用，講天文還是在講政治原理，講仁義道德，講人文精神。至如音樂之類，在中國學者亦只當作一種人文修養，期求達到一種內心與人格上理想境界之一種工具。孔子最看重音樂，他對音樂看法即如此。放開一步，則用在人與人交際上，社會風俗陶鑄上，還是一種工具，一種以人文精神爲中心嚮往之工具。因此在中國知識界，自然科學不能成爲一種獨立學問。若脫離人文中心而獨立，則只當是一技一藝，受人輕視，自不能有深造遠至之望。

不僅自然科學爲然，即論政治，在中國智識分子的理想中，亦決不該爲政治而政治。政治若脫離人文中心，連一技一藝都不如。張儀、公孫衍之徒，所以爲孟子極端鄙視，其意義即在此。而孔、墨、孟、荀，又將爲荷蓧丈人及莊周之徒所誹笑，其意義也在此。當知莊周等看不起儒、墨政治活動，亦由人文中心著眼。只在其對人文整體看法與儒、墨不同，其實是仍站在人文圈內，並非站在人文圈外，根據超人文的眼光來批評。如是則級級提高，一切知識與活動，全就其對人文整體之看法，而衡量其意義與價值。因此在中國傳統智識界，不僅無從事專精自然科學上一事一物之理想，並亦無對人文界專門探求某一種知識與專門從事某一種事業之理想。因任何知識與事業，仍不過爲達到整個人文理想之一工具，一途徑。若專一努力於某一特殊局部，將是執偏不足以概全，舉一隅不知三隅反，仍落於一技一藝。而且屬於自然科學之一技一藝，尚對人文整體有效用。若在人文事業中，割裂一部分專門研求，以一偏之見孤往直前，有時反更對人文整體有害無益。

孔門弟子，如子路治兵，冉求理財，公西華辦外交，皆有專長；但孔子所特別欣賞者，則爲顏淵。顏淵不像是一個專才。墨家對機械製造，聲光力學，都有相當造就；但墨子及墨家後起領袖，仍不專一注重在這些上。戰國很有些專長人才，如白圭治水、孫吳治兵、李悝盡地力之類；但爲知識界共同推尊蔚成風氣者，也不是他們。當是知識界所追求，仍是關涉整個人文社會之全體性。若看準這一點，則戰國知識界，雖其活動目標是上傾的，指向政治；但他們的根本動機還是社會性的，著眼在下層之全體民衆。他們抱此一態度，使他們不僅爲政治而政治，而是爲社會而政治，爲整個人文之全體性的理想而政治。因此他們都有一超越政治的立場，使他們和現實政治有時合不攏。縱使「孔席不暇煖，墨突不得黔」，孔子、墨子始終沒有陷入政治圈內，常以不合自己理想條件，而從實際政治中抽身退出，再來從事講學著書。但他們在內心想望中，仍不放棄政治，仍盼望終有一天他們的理想能在政治上實現。此種態度，即莊周、老聃亦不免。他們一樣熱望有一個理想政府與理想的政治領袖出現。因此戰國學者，對政治理想總是積極向前，而對現實政治則常是消極不妥協，帶有一種退嬰性。這一意識形態直傳到後代，成爲中國標準智識分子一特點。

政治不是遷就現實，應付現實，而在爲整個人文體系之一種積極理想作手段、作工具。此一人文理想，則從人生大羣世界性、社會性、歷史性中推闡尋求得來。此一精神，在春秋時代尚是朦朧不自覺的，直要到戰國，始達成一種自覺境界。他們的政治理想，乃從文化理想、人生理想中演出，政治只成爲文化人生之一支。這一理想，縱然不能在實際政治上展布，依然可在人生文化的其他領域中表達。主要則歸本於他們的個人生活，乃及家庭生活。孔子論語中已說：「孝乎唯孝，友於兄弟，施於有政，是亦爲政，奚其爲爲政。」這是說，家庭生活亦就是政治生活，家庭理想亦就是政治理想，以其同屬文化人生之一支。因此期求完成一理想人，亦可即是完成了一理想政治家。這是把政治事業融化到整個人生中而言。若單把政治從整個人生中抽出而獨立化，即失卻政治的本原意義。要專意做一個政治家，不一定即成爲一理想人。大學直從誠意、正心、修身、齊家、治國、平天下一以貫之，而歸宿到「壹是皆以修身爲本」。莊周亦說「內聖外王」之道。內聖即是誠意、正心、修身、齊家，外王即是治國、平天下。治國、平天下，亦只在實現人生文化理想。此種理想，必先能在各個人身上實現，始可在大羣人身上實現。若這一套文化理想，並不能在各個人身上實現，那有能在大羣人身上實現之理？因爲大羣人只是各個人之集合，沒有各個人，即不會有大羣人。

人生本來平等，人人都可是聖人。治國平天下之最高理想，在使人人能成聖人。換言之，在使人人到達一種理想的文化人生之最高境界。這一工夫，先從各個人自身做起，此即所謂「修身」，所謂「挈矩之道」。大方小方一切方，總是一個方，一切人總是一個人。認識一方形，可以認識一切方形。一個人的理想境界，可以是每個人的理想境界。政治事業不過在助人促成這件事，修身則是自己先完成這件事。此理論由儒家特別提出，實則墨家、道家在此點上並不與儒家相違異。此是中國傳統思想一普通大規範。個人人格必先在普通人格中規定其範疇。「聖人」只是一個共通範疇，一個共通典型，只是理想中的普通人格在特殊人格上之實踐與表現。「聖人」人格即是最富共通性的人格。

根據此一觀念，凡屬特殊人格，凡屬自成一範疇、自成一典型的人格，其所含普通性愈小，即其人格之理想價值亦愈降。孔子、墨子、莊子，他們所理想的普通人格之實際內容有不同，但他們都主張尋求一理想的普通人格來實踐表達特殊人格之這一根本觀念，則並無二致。而此種理想的普通人格，則仍從世界性、社會性、歷史性中，即人文精神中，籀繹歸納而來。此層在儒、墨、道三家亦無二致。如是，則我們要做一個理想人，並不在做一理想的特殊人，而在做一理想之普通人。理想上一最普通的人格，即是一最高人格。「聖人」只是人人皆可企及的一個最普通的人。因此他們從政治興趣落實到人生興趣上，而此一種人生興趣，實極濃厚的帶有一種宗教性。所謂宗教性者，指其認定人生價值不屬於個人，而屬於全體大羣。經此認定，而肯把自己個人沒入在大羣中，爲大羣而完成其個人。

至於特殊性的人格，超越大羣而完成他的特殊性的個人主義，始終不爲中國學者所看重。這又成爲中國此下標準智識分子一特色。戰國學者在理論上，自覺的爲中國此下智識分子，描繪出此兩特色，遂指導出中國歷史文化走上一特殊的路向。

二

西漢學者，在其傳統精神上，並不能違離戰國。但就當時社會形勢所影響於智識分子之意趣與性格上者，則顯然與戰國不同。戰國是在列國紛爭中，智識分子參加政治，無一定法制、一定軌轍的束縛。穿草鞋戴草笠，亦得面謁國王。立談之頃，攫取相印如虞卿。那時不僅國王禮士，一輩貴族公子亦聞風響慕，刻意下士。當時知識分子，成千累萬，冒昧走進王公大人門下作客，可以要求衣絲乘車帶劍閒遊的待遇。戰國學者在理論上是嚴肅的，已是自覺性的超越了春秋時代的一輩貴族；但在生活上是放縱的，浪漫的，豁達而無拘束的，轉不像春秋時的貴族們有一傳統典型。但他們雖意氣高張，他們的實際生活，卻依存於上層貴族，以寄生的形態而存在。他們總脫不了周遊天下，朝秦暮楚，一縱一橫的時代習氣與時代風格。

秦漢大一統政府成立，封建貴族逐步削滅，入仕的途徑只剩一條，而且有法定的順序，誰也不得踰越違犯。於是學者氣餒，無形中抑低了。此種形勢，到漢武帝時代而大定。首先對此發慨嘆者是東方朔。他的答客難說：「彼一時，此一時。」時代變了，我們的身分和機會，那能與戰國人相比？其次有揚雄，他的解嘲說：「當今縣令不請士，郡守不迎師，羣卿不揖客，將相不俛眉。」叫戰國學者生在這時，他們也將感無可活動之餘地。再次是班固，他的答賓戲說：「讓我們學顏淵的簞食瓢飲與孔子的獲麟絕筆吧！至於魯仲連、虞卿之徒，那是偶然時會，那能效法呢？」他們在心情中，尚記憶著戰國的一套，但在時勢上則知道學不得了。他們的生活，多半是回到農村，半耕半讀。公孫弘牧豕，朱買臣樵柴，西漢人讀書大抵在農作餘暇中。一年三個月的冬季，聰穎特達的，自己說三冬九個月的時間就夠用了。一般說來，從十五歲能識字讀書到三十歲，經歷十五個冬季四十五個月的長期累積，必待到三十歲始成得一通才。他們再也不想裹著糧，肩著行李，像戰國游士般到處瞎闖。時代變了，他們從縣學升送到國立大學。畢業後回到本鄉，埋頭在地方行政衙門當一小職。有成績的，再獲選拔升送中央，在王宮當一侍衛；平時在殿廷中執戟鵠立，遇皇帝出遊，結隊騎馬隨從，然後再由此轉入仕途。所以西漢學者的出身，是鄉村的純樸農民，是循謹的大學生，是安分守法的公務員，是察言觀色的侍衛隊。如此循循娖娖，再說不上奇偉非常特達之遇。而因此卻造成西漢一代敦篤、穩重、謙退、平實的風氣。

但歷史上的戰國遺風，終於在他們腦子裏忘不了。戰國學者常把自己當聖人，做了聖人便該做明王。那時的國王，也真會三推四讓，把至尊的寶位讓給他；他亦敢老實坐下不客氣。至於當王者師，做大國相，那已是等而下之了。西漢學者不然，自己地位低了，專把孔子捧得天般高，把孔子神聖化。孔子是他們的教主，他們因此也要求王者同樣尊奉他們的教主，如此來把王者地位和他們拉平。學術定於一尊，亦是學術界自身要求，不是皇帝力量所能强。一到漢業中衰，皇室威信墮落，他們終於擁戴出一位學者身份的貴族來，迫漢朝把皇位禪讓給王莽。那是學者氣燄重張的機會。不幸其人及身而敗，漢王室再起，西漢學者終於對戰國士運徒作了一番憧憬。

東漢士風，又與西漢不同。王莽是太學生，漢光武還是一個太學生，這已使東漢學者在內心上發生了異常的影像。而且從西漢中晚以來，社會學風急速發展，到處結集數十乃至幾百學者麕聚在一大師門下從學，是極平常事。一個大師畢生擁有上千門徒的不算奇。學者在下層社會漸漸佔有地位。有些偃蹇不仕，再不想入宦途。王莽末年的龔勝，光武初年的嚴光，更是後代中國智識分子另成一格的兩種典型人物。高尚不仕，是東漢士風一特色。

在漢武帝初興太學時，太學生員額只定五十名。後來逐漸增加，自一百二百乃至三千人，到東漢末增到三萬人。太學本身成一個大社會，近在中央政府肘腋之下，自成一個集團，自有一種勢力，來學的多半是中年人，他們並不志在急於畢業謀一出路，他們只以學校當徊翔之地，遨遊其間，有十年八年不離去的。太學裏的言談漸成舉國輿論嚮導，左右影響政治。人多了，一言一動招惹注目，風流標致，在私人生活的日常風格上，也變成觀摩欣賞的集中點。

東漢學風，漸漸從宗教意識轉變到藝術趣味。每一個私人生活，當作一藝術品來觀摩，來欣賞。郭泰、徐穉、黃憲，舉世風靡，備受傾倒。東漢學者的基本情調，還是農村的，而渲染上大都市集團社交色彩。他們沒有西漢人那樣醇樸厚重，也不像戰國人那樣飛揚活躍，他們卻有春秋時代人之雍容大雅。只春秋是貴族式，或官僚式的，而東漢則成爲平民式，書生式了。書生的潛勢力，已在社會植根甚深，他們內心有一種高自位置、不同凡俗的直覺。他們成爲書生貴族，不像戰國時代平民學者之劍拔弩張，也不像西漢時代鄉村學者之卑躬折節。他們的社會地位，使他們蔑視政治權力，淡置一旁。那時是名勝於爵，政府的爵祿，敵不過社會的名望。君臣關係遠遜於朋友。他們的人生，成爲一件藝術品，卻經不起風浪，耐不起戰鬥。政治急速腐敗黑暗，社會上還有清名高節；相形之下，激成大衝突。黨錮之獄，名士斲喪殆盡，而東漢也隨踵滅亡。

其實那種書生貴族，不僅在學者們意識形態下養成，也在社會經濟地位上平行向前。東漢末年，門第世家已露頭角。因世代書生而變成了世代官宦，經過大擾亂的磨練，書生都轉變成了豪傑。於是三國時代又成一種特殊風格。三國儼然是一段小春秋，曹操、諸葛亮、魯肅、周瑜，都從書生在大亂中躍登政治舞臺。他們雖身踞國君、丞相、元帥、外交大使之高職，依然儒雅風流，不脫書生面目。諸葛亮、司馬懿在五丈原，及陸遜、羊祜的荆襄對壘，成爲歷史嘉話。以前只有春秋時代有此高風雅趣。整個三國人物，都不脫書生氣，同時也不脫豪傑氣。東漢傳統的名士氣，像孔融、管寧，那是名士之兩型，爲時勢壓迫，掩抑不彰。西晉局勢漸定，名士傳統抬頭復起。此下東晉南朝，偏安江東，沿襲東漢名士一派，五胡北朝，陷落在異族統治下的智識分子，則上越三國而遠接西漢，在醇樸中帶豪傑氣。但雙方同在大門第背景下，而與兩漢、三國異致。

三

門第逼窄了人的胸襟。一面使其脫離社會，覺得自己在社會上佔了特殊地位。一面又使其看輕政府，覺得國不如家之重要。此種風氣在東晉南朝尤爲顯著。北朝則處境艱困，爲求保全門第，一面不得不接近下層民衆擴大力量，一面不得不在政治上努力奮鬥，爭取安全。南方門第在優越感中帶有退嬰保守性，北方門第在艱危感中帶有掙扎進取性。然而雙方同爲有門第勢力之依憑，而在大動亂中，得以維護歷史傳統人文遺產，作成一種守先待後之强固壁壘。中國文化因南方門第之播遷，而開闢了長江以南的一片新園地。又因北方門第之困守，而保存了大河流域之舊生命。這是門第勢力在歷史大激盪中，作中流砥柱，所不可磨滅之功績。

遠在戰國時代，中國學者對人文理想，已顯然劃出兩大分野。儒、墨比較更富上傾性，而道家莊周、老聃之一脈則轉向下傾。他們想像中的歸真返樸，挽回結集城市的智識分子重歸農村，挽回歷史潮流重返淳古。這一意嚮，在西漢農村學者的潛在意識中，早已埋下深根。西漢學者表面是儒家化，內心底層卻有道家味。此種轉換，越後越顯著，東漢更是一轉捩點。東漢士大夫的風義節操，無寧是偏向個人主義，較重於偏向社會大羣。

三國士大夫，重朋友更重於君臣。追隨曹操、劉備、孫權，造成三分鼎立的，不是君臣一倫的名分，而是朋友一倫的道誼私情。諸葛亮肯爲劉先主鞠躬盡瘁，固可說有「漢賊不兩立」的政治觀點，但更主要的，是爲「三顧草廬」一段朋友間的肝膽真誠所激動。否則「苟全性命於亂世，不求聞達於諸侯」，這是道家態度，不是儒家精神。可見三國時代依然是道家作底，儒家作面，依然沿接兩漢舊軌道前進。

到兩晉，此一姿態更顯白了。從個人主義，開門是朋友，關門則是家族。道家思想，在西漢時是標揭黃老，到魏晉之際則標揭莊老。黃老尚帶政治性，莊老則逕走上個人主義。以個人主義之內在精神，渲染上太學大規模的都市社交，便變成東漢型。渲染上黃巾、董卓之大動亂，便變成三國型。渲染上託庇在小朝廷的暫時苟安，門第鼎盛的環境下，便變成魏晉清談與東晉南朝型。當時的朋友，實際內心也是個人主義。門第、家庭，仍是個人主義。個人主義經歷史文化長時期的一番洗禮，更回不到太古淳樸，卻變成在個人恬退上，刻意追求一個圓滿具足、外無所待的藝術性的人生。

儒、墨爲社會大人羣建立理想，懸爲奮鬥目標，明知其不可爲而仍爲之的，一種帶有宗教熱忱的，這是戰國精神。現在則如在波濤洶湧的海上，孤懸起一輪淒清的明月。在荆棘蔓草叢中，澆培出一枝鮮嫩美艷的花朵。把農村情味，帶進繁華都市。把軍國叢脞忍辱負重的艱危政府，來山林恬退化。把華貴堂皇養尊處優的安樂家庭，來自然樸素化。那是當時的大喜劇，亦可說是大悲劇。

北方門第絕無此心情，亦無此可能之環境。藝術人生不可能，逼得他們回頭再轉向於宗教人生。田園人生不可能，逼得他們回頭再轉向於政治人生。莊老避向南方，北地則仍回到孔子。他們吸集社會力量來爭取政治，再憑藉政治力量來爭取社會。他們意想中，不可能有個人，不可能有家庭。除非在大社會中建立起一個合理政府，纔能安定他們的個人與家庭。北方門第形成了另一種淳樸，另一種的天真。南方社會在農村而園林化，北方社會則在磽确不毛的地面上來耕墾播種，在洪荒而田野化。異族統治終於推翻，隋唐盛運終於再臨，撥亂反治，否極泰來，那是北方士族的功績。

這裏有同一契機，卻使南北雙方的智識分子，不約而同地走向新宗教，即對印度佛教之皈依。個人主義者，則希冀一種超世宗教來逃避現實，寄託心神。集團主義者，則希冀一種超世宗教來刺激新生，恢復力量。南方以空寂精神接近佛教，北方以悲苦精神接近佛教。而其間仍有一共同趨嚮。佛教進入中國，依然是上傾勢力勝過下傾。最要是佛教開展，急速的知識化與理論化。換言之，則是宗教而哲學化。小乘佛教在中國並不得勢，而大乘宗派則風起雲湧，羣葩爛漫。佛教來中國，並不是直接向中國下層民衆散播，中間卻先經一轉手，經過中國智識分子之一番沙濾作用。如是則佛教東來，自始即在中國傳統文化之理性的淘煉中移步換形，而使其走上中國化。這一點，卻是那時南北雙方知識分子對中國歷史文化貢獻了一番最偉大的功績。這一點，值得我們特別提起，並該進一步加以更深一層的說明。

上面已說過，中國智識分子遠從春秋時起，已在世界性、社會性、歷史性裏探求一種人文精神，爲其嚮往目標的中心。這一趨嚮，到戰國時代而到達理智的自覺。這一精神之最大特點，即在把個人沒入大羣中而普遍化。智識的功能雖表現在智識分子身上，而智識的對象與其終極目標則早已大衆化。春秋時代的智識分子，雖則盡屬貴族階級，但他們的智識對象，則在普遍大衆，在全人羣，並沒有一個特殊的階級隔閡。

若在西方則不然。西方人對知識，似乎自始即並沒有對普遍全人羣而尋覓之旨趣。此因西方社會，在先本從一個支離破碎各自分開的小局面上發展。埃及、巴比侖、波斯、希臘、印度、羅馬、猶太、阿剌伯，他們有各別的世界，各別的社會，各別的歷史，智識對象亦遂趨於個別化。

換言之，則是個性伸展，而非羣體凝合。他們的人生哲學，亦各自分向各自的道路邁進。流浪詩人、運動家、音樂家、政治演說家、雕刻家、幾何學者，各有各的性格，各有各的嗜好，各向各的天賦特長充分進展。五光十色，八方分馳。

照理，社會乃各個人之集合，各個人分頭並進，無異是社會羣體向前。然而有其不同。每條線上領導前進者，總是少數特殊分子；遺落在後追隨不上的，依然混同一色，那才是社會羣體之真骨幹。結果詩人、運動家、音樂家、演說家、雕刻家、幾何學家，只成爲社會羣衆超越外在的欣賞對象、崇敬對象，並不即是羣衆之自身，並不爲羣衆本身內在所分享，所共有。智識與理想生活成爲超羣體而外在，爲多角形的尖銳放射。在此種社會裏，必然要求一個共通的，爲羣衆內在所公有而共享的智識體與生活理想。而此一種智識體與生活理想，亦用一種超越外在的形式而出現，是即宗教，即上帝與神。羣衆的共同人性，只有在上帝與神的身上反映。羣衆內心之共同要求，只有在上帝與神之身邊獲得。人生理想生活最高發展之可能，不是詩人、音樂家、雕刻家等，而是成爲上帝之子與宗教信徒。必有此一對象，羣衆乃始各得其滿足。羣衆在此上獲得滿足，卻把政治社會的共同要求沖淡了。於是特異的人才，繼續伸展其特殊的個性專長；詩歌、音樂、雕刻、幾何學等，依然可在多角形的尖銳放射中，各自無限向前。

西方文化依從這一條路，政治永遠分崩割裂。直到最近，一個歐洲存在著幾十個國家，社會永遠攘奪鬥爭，封建主義、資本主義、共產主義，後浪逐前浪地此起彼伏。文學、藝術、科學、哲學，成爲一件百衲衣，須待宗教的針線來縫綻。

中國的智識對象與理想生活，很早便集中到人文整體之共同目標上。一切智識，成爲此一智識之分支。一切發展，成爲此一發展之階梯。一切追求，成爲此一追求之工具。成一詩人，一音樂家，只是自己個性伸展，那只是整體之一角落。只有向社會全體服務，纔是人生最高天職。於是形成中國智識界之上傾性而熱心政治。熱心政治未必是中國知識之墮落與羞恥。必先瞭解到一種附有宗教意味的關切大羣體的熱忱，纔可瞭解中國先秦學者之內在動向。由此來一個一百八十度的拐彎，由治國、平天下轉到正心、誠意、修身，仍不是個人主義。「人皆可以爲堯舜」，「滿街都是聖人」，從私人生活中反映出普遍人格，大羣人生。有了聖人，即不需再有上帝。西方是人人可爲上帝之信徒，中國則人人可爲聖人。上帝超越外在，高高站立在人文圈子之外面。聖人則反身而內在，仍在人文圈中做一平常人。

「聖」的嚮往與崇拜，這可說是儒家精神。而道家如莊周，則認爲「聖人」二字，便已容易引人入迷，容易叫人誤想作聖人是高出於人人的一種超越外在。於是他高唱歸真反璞，回於自然。因此中國道家的個人主義，要叫人能「和光同塵」，挫去個性光芒，將個人默化於大衆之深淵，混茫一體，而決不是要求個性在羣體中自露頭角。因此，道家不稱他們的理想人爲聖人，而改稱爲「眞人」。儒家的聖人，人人可爲。而道家的眞人，則自然即是，爲則失之。道家不僅認爲理想政治應「無爲」，即整個理想人生還是一「無爲」。道家所謂「內聖外王」，乃以一理想的無爲人格來領導理想的無爲政治。一切有爲，皆從無爲出，皆須在無爲上建體。以「無爲」之體，發生「有爲」之用。那種多角形的尖銳放射，在道家理想中，不該衝出大圓外線，不該破壞此一大圓形。多角放射，應該迴向此圓形中心，應該包括涵蓋在此大圓形之內。

我們若把握中國傳統人文精神來看道家思想，其實仍超不出儒家規範，仍在儒家立場上補缺救弊，或說是推演引伸。因此莊子心中的理想人物與理想生活，依然常提到孔子與顏淵。

我們必須把握到中國智識分子內在精神之此一最高點，纔可萬變不離其宗地來看中國歷代智識分子之各色變相。在西方多角發展的社會裏，誰也不能否認與拒絕一種關切人羣大共體的宗教精神。在中國，智識對象本就以人羣大共體爲出發點，這在春秋戰國已逐步明朗。西漢的農村學者，不免驟對大一統政府之突然成立而感到其本身之薄弱，使戰國精神失卻其活躍性，漢儒遂只能在各自的分職上循規蹈矩。經過王莽新政權失敗，東漢智識分子對運用政治來創建理想社會、實現理想人生的勇氣與熱忱，更萎縮了，乃回身注意到個人私生活。這是由儒轉道，由孔墨轉莊老，陷入個人主義；而又爲門第與書生社會所封閉，在個人主義下逐漸昧失了對大羣體之關切。

佛教東來，又是一番新刺激。對大羣體共相之舊傳統，因新宗教之侵入而復甦。起先用莊老會通佛教，其次再用孔孟會通佛教。衰弱的心臟，打進新血清，重得活力。其先如支道林、僧肇，緊接着的是慧遠與竺道生。尤其是後兩人指出了人人皆具佛性、人人皆可成佛之根本義。在慧遠時，中國所譯佛經，根本尚無此義。在生公時，先出六卷泥洹經，所論與此義根本相反。生公因堅持此義，致爲僧界守文同人所驅斥。其後大涅槃經全部譯出，始證生公主張之是。可見慧遠、竺道生兩人，根本在他們能就中國傳統文化精神來讀佛經，故能從佛經中籀出中國傳統精神之最要義。

魏晉南北朝佛學上之大貢獻，不僅在能把印度佛教盡量吸收；更重要的，在能加以徹底消化，接上中國傳統文化，使逐漸轉爲我有，使在老根上發新葩。這是此一時代智識分子之絕大貢獻。他們具有一番堅貞卓越，勇猛精進，悲天憫人的絕大宗教精神，而又兼之以中國傳統人文中心理智的清明性，遂造成了中國智識界前古未有之另一新典型。我們要窮究上下四千年中國知識分子之諸變態，千萬不該不注意到那時幾部高僧傳中所搜羅的人物。

四

隋唐時代，一面還是大門第，一面還是寺廟裏的高僧們，來作智識界最高代表。漢、唐雖同樣是統一昌明的大時代，但唐代智識分子的氣魄意境，卻顯然與西漢不同。西漢智識分子從農村中來，孤寒拔起。唐代則從門第中來，都帶有貴族氣分。他們的家族，在政治上、社會上，遠的從東漢以上，竟可推溯到五六百年，近的也百年前後，大體上聯緜不絕。各有有名的家史家譜，各有緜延不絕的簪纓與紱冕與爵位光榮。而且這些地位，並不憑藉政府所給的特權，如古代封建貴族般，依法世襲。他們則由各自家門的禮教，子弟的修養，每一代在政治上、社會上、學術上、文藝上、人格操守上、事業功績上，依其自身表現，而繼續獲得此光榮。當然也有許多特殊憑藉，但在他們，總覺得這不是外在的身分，而確係內在薰陶。因此門第的自傲，有時可以更勝過古代的貴族。皇帝的家庭，就這一點論，是遠遜於許多門第的。單憑這一點門第的自尊心，使唐代智識分子遠與西漢相異，亦復與東漢以下不同。

東漢名士，藉社會交際朋輩名譽來與朝廷爵祿抗衡。魏晉以下，藉政權轉移來鞏固自身門第的地位。當時門第內心，還不免時時感到自媿。現在是門第的傳襲久了，自尊掩蓋過了自媿。而且門第與門第間的相互推尊，比東漢名士的孤寒地位更堅實了。不僅門第自身感到如此，即在王室亦有同感。那時王室對門第轉抱有一種自卑心，即在英偉超卓的唐太宗也還不能免。他屢次和別人斤斤計較當時社會上所定門閥高下之不平。他又曾屢議封建。有一次，正式令諸功臣世襲刺史，經長孫無忌等十四人以大義駁正而止。這不僅是唐太宗的慕古好名，實在唐太宗內心，正也感到門第有其外在客觀之尊嚴。他直覺上感到，李家並不是獨出羣閥的一家，因此遂屢想到封建。我們也可說，在當時，只有經過了一番封建制度之正名定義，才可使李家皇室，再確然高出於舉世尊視的那羣大門第之上。這形勢自然與漢高祖不同。

漢高祖在平民社會中崛起爲皇帝，當時爭說他是膺受天命，他也自居爲天命所鍾了。唐代則在門閥社會中興起，因此只想把門閥勢力稍稍就他的政權系統來加以調整。而當時諸功臣也非虛爲謙抑。長孫無忌的論據，正是根據中國傳統文化精神，說：「政治大原則在求賢共治，縱使我們一時立了功，我們子孫不必皆賢；賞了他們，害了百姓。百姓何罪？若他們還以不稱職獲咎，豈非自招誅戮？」這是何等開明的意見！我們縱可說門第是當時變相的新封建，卻不能說那時門第中人全抱封建意識。即在春秋時，那些名卿賢大夫，如上所舉，也早就不能說他們只有封建意識了。因此東漢以下的新興門第，常對政治抱消極固閉的態度。而唐代門第，則對政治轉抱積極合作的態度。他們並不感到政府將會削弱門第，他們寧願翼戴政府，擁護政府，天下清平，門第亦同享安泰之樂。這是一種大氣度。這正因當時的門第，乃從社會醞釀來，不是由政治培植來。因此他們在政治上，反而常抱一種領先的姿態。他們常覺得，他們是在扶翼政府，不是在仰賴政府。

因此，西漢政治是淳樸的，循謹的，最好表現在於地方行政與下級幹部。而唐代政治，則是恢宏的，闊大的，最好表現在於中央與上級大僚。唐代智識分子，在其門第的耳濡目染中，早已諳習世故，練達政事。所以一出來擔當大事，都是有氣有才，能實幹像西漢，而局度恢偉則遠勝。西漢只多賢良的地方長官，沒有像樣的大宰相與高級大僚，這一層比不上唐代。唐代智識分子，好發大議論，好作大計劃，好擺大場面，好有大組織。漢人厚，唐人大；漢人土，唐人闊。那是他們的出身不同，背景不同，心胸氣度不同，因此在政治社會上的表現也不同。

但唐代智識分子，在中國歷史文化上的更大貢獻，還不在政治，而轉更在宗教上。要考察衡量唐代的智識分子，還應該著眼到一輩佛門弟子。人人盡知如玄奘，可不提。更要的是天台、禪、華嚴三宗。我們儘可說，他們已創造完成了中國文化傳統下的新佛教。尤其自六祖慧能以下的禪宗，在精神上，在意態上，實可算得是一番顯明的宗教革命。「我若遇如來，一棒打死，與狗子吃。」那是何等話！在後代被目爲「狂禪」，在當時非有絕大理解，絕大膽量，不敢出此語。魏晉以下的中國佛教徒，證明了中國智識分子，其內心實在並不是沒有一番宗教的熱忱。但難能可貴者，在其宗教熱忱中，仍不喪失其清明之理智。而二者間又能調和得當，並行不悖。若細細分說，六朝僧徒熱忱尤勝過理智，隋唐則理智更勝過熱忱。但若在其理智背後沒有那一番熱忱，也說不出「打死如來給狗子吃」。

我們若一讀西方宗教史，尤其馬丁路德宗教革命以下一段不容忍的長期大流血，回頭來看中國，驚天動地翻天覆地的宗教大革命，只在寂天寞地、清天寧地中輕鬆滑溜地進行，那是何等偉大的成績！中國智識界，精神氣魄最活躍的時代，第一自推戰國諸子，第二便該輪到唐代禪門諸祖師。那是中國智識分子之又一新典型，值得後代仔細研摩，竭誠崇敬。直到宋代人還說：「儒門澹泊，豪傑多爲方外收盡。」這是不錯的。唐代第一流豪傑，全走進禪寺中去了。他們在文化、思想上的貢獻，較之同時門第在俗中人，在政治、文藝諸方面的成績，深刻偉大得多。我們若細籀禪門諸祖師的言論風采，講堂故事，我們可以說他們實在當得起「豪傑」二字。唐代知識分子，全帶有豪傑氣。

若我們真瞭解佛學在唐代的風聲力量，再回頭看韓愈，他自比孟子，昌言闢佛，也實在真夠得儒門一豪傑。那些都該在其精神氣魄上來衡量，來領略。戰國學者有豪傑氣，三國有豪傑氣，那些都是亂世豪傑，唐代則是盛世之豪傑。盛世豪傑難認，而隱藏在深山和尚寺裏的豪傑更難認。慧能、馬祖之類，真都是不世豪傑。沒有他們，下半部中國史必然走樣。那些人都有決定歷史的力量，而自己卻躲藏在山門裏。

下半段的唐朝，在門第與禪寺之外，進士得勢了。唐初門第人物，一面反對封建，一面卻推行公開考試制度。誰都知道，魏晉南北朝的「九品中正制」是門第護符，但在門第得勢時卻廢棄了。有人說，唐太宗曾有「天下英雄盡入彀中」之語；那是後代想當然之言，既不瞭解中國傳統政治精神，又不瞭解中國知識分子傳統的人文觀點。拈上一句兩句莫須有之話，來談上下古今，概括歷史，則真歷史只有束之高閣。

進士制度在政治史上，是政權的開放。門第勢力退讓，引起了許多新的智識分子加進政府。那些人並不出身門第，他們事先並不瞭解政治，也未經傳統人文深細陶冶。又不像兩漢書生，在農村中過半耕半讀的淳樸生活。他們又多未受國家官立學校正式教育。有些則在和尚寺寄食，準備應考。王播的「飯後鐘」，只是其中之一例而已。

當時考試項目，又側重詩賦浮華，最要的是讀一部文選，所以說：「文選爛，秀才半。文選熟，秀才足。」考試制度許多手續，又折損了應考人的自尊心。他們事先要呈驗履歷，查勘身分。臨考自備脂燭水炭，朝餔餐器，肩荷手攜，聽候點名。擠進蘆棚，草席鋪地。種種手續，免不了衙門吏胥之輕慢。他們還得奔走達官貴人之門，求取聲譽。一旦名列金榜，便覺富貴在望，又不免大開宴會，招妓侑酒，歡呼若狂。如此人才，待他掌握政權，他仍只記得「灞橋風雪在驢子背上尋覓詩句」的舊習氣，那已算得好進士。所以進士輕薄成為晚唐社會及政治上一大惡態。

他們有西漢人的自卑心理，而沒有西漢人的淳樸。有東漢人結黨聚朋的交遊聲勢，而不像東漢人那樣尊尚名節。有像南北朝以下門第子弟的富貴機會，卻又沒有門第子弟的一番禮教素養與政治常識。有像戰國游士平地登青雲的夢境，又沒有戰國游士藐大人賤王侯的氣魄。他們黃卷青燈，嘗過和尚般的清苦生活，但又沒有和尚們的宗教精神與哲學思想。這一風氣，直傳下來，實在是引起了中國智識界一大墮落。科舉制度，就政治制度論，未可厚非；但流弊所至，實是大堪詬病。在唐代，不斷有人反對此制度，不斷有人策劃改變。但大體論，此一制度總在求開放政權，選拔賢才。一時改不了，而唐代政府則在這一輩輕薄進士的手裏斷送了。

五

北宋開始，門第已不存在，和尚寺也衰落了，搜羅不到人才。禪宗的新宗教，不啻叫人回頭，由真返俗。而進士輕薄，終於擔當不了天下大事。在這情形下，須待北宋智識分子再來打開新風氣，尋覓新生命。書院講學，由此醞釀。他們要把和尚寺裏的宗教精神，正式轉移到現實社會。要把清淨寂滅究竟涅槃的最高出世觀念，正式轉變成修身、齊家、治國、平天下的中國傳統人文中心的舊理想。唐代禪宗諸祖師，只在佛教教理方面翻一身，先為宋人開路。至於正式離開和尚寺，回頭再走進政治社會現實人生的圈子，而仍須不放棄那一段對大羣關切的宗教熱忱，又須在理論上徹底破壞他們的，建立我們的，拔趙幟，立漢赤幟，那是宋儒當前第一工作。那是一番夠艱鉅，夠深細的工作呀！

其次，他們要把社會自由教育來代替南北朝、隋唐的門第教育，一面又督促政府公家來興辦學校。一時各地書院學校風起雲湧。但重要的不在經費之籌措，房舍之興建，書籍之置備，而更要的是師資。須在人格上作榜樣，風度上作薰陶，學術思想上作具體的領導。這樣，則公立學校到底不如書院，私人講學遂變成宋代一大運動。那些私人，不能憑藉政府，免得受牽制而官僚化。社會上又沒有大貴族大門第大資力之援助。他們又要脫化宗教形式，不像寺廟僧侶可以一呼而集，上得政府下獲社會羣衆之合力撐持。他們著眼在文化上，對上面總帶有反政府的姿態，對下面又走了反宗教的道路，置身夾縫裏；這又是一件絕大艱苦事。

當時考試制度繼續存在，而且在繼續發展。一輩知識分子，還是一心一意學詩賦，博官祿。清高的鄙棄那些，則仍想走進和尚寺去尋求究竟人生。宋儒八方爲敵，要在政治的、宗教的引誘中，帶人走上一新路。他們排斥佛教，但仍要有佛教普渡衆生的犧牲精神。他們反抗政治，但仍要自己走進政治來完成他們治國平天下的大抱負。范仲淹爲秀才時，即以天下爲己任，「先天下之憂而憂，後天下之樂而樂」。他是開這一時代新風氣的標準人物。他們總想運用新政治來完成新宗教，這顯然是戰國儒家精神之復活。

但社會背景逼得他們有一些像東漢，他們依仗的是書生們的社交團體，要把社會名教高駕在朝廷官爵之上。又使他們有一些像魏晉以下的和尚們，皇帝也該學道修德，因此皇帝也該做我們的學生。臣對君有敬禮，學生對先生亦有敬禮。王荆公、程伊川做經筵講官，都曾爲此力爭，要皇帝正式低頭來尊師重道。他們推敬西漢的淳樸，卻看不起西漢人的自卑態度。他們也不肯像西漢般把孔子來神化。他們要高自位置，超越在皇帝政府政治權位之上；但他們沒有門第憑藉，又不肯採取佛教出世態度，爾爲爾，我爲我，嚴格與政治割席分疆。在他們則只想把人文中心的「道理」二字來說服上下。西漢淳樸，東漢清高，唐人闊達，而宋人則成其爲嚴肅。他們的過分嚴肅處，讓後人聽到「道學先生」一稱呼，便想像他們不近人情。但他們畢竟有他們的精神。此後直到清代，七八百年，中國的政治和社會，畢竟端賴此種精神來支撐。

中國列朝尚士之風，最著者，前有東漢，繼爲北宋。光武帝以太學生復興漢業，一時同學多相從開國。北宋則承五代後，君臣跋扈，宋太祖亦以一軍人黃袍加身。及登天子位，即罷免軍權，而竭意提倡尊士之風。但東漢與北宋之士風，均不看重尊王大義。東漢則有黨錮之獄，而北宋則慶曆熙寧兩度新政皆遭羣士反對，造成混亂局面，以至亡國。周濂溪乃參酌佛教提倡新儒學，以「尋孔顏樂處」教導二程兄弟。孔子告顏淵：「用之則行，舍之則藏，惟我與爾有是夫。」而濂溪所謂之「孔顏樂處」，則惟在其「舍之則藏」一面。及後二程乃以書院講學不務仕進。即張橫渠，雖曰：「爲天地立心，爲生民立命，爲往聖繼絕學，爲萬世開太平。」以此作號召；然其所謂往聖之絕學，亦主退隱在野，不主貴達在朝。南宋朱子繼之，亦以一延平縣丞退隱求寺祿，以在野進修爲重，年老始出仕；終亦與伊川同以「僞學」受朝廷之禁錮。但其學風乃得大用於元代。明興，廢宰相，方孝孺受十族之誅，一時士風亦羣趨在野，志不在朝。陽明以犯法朝廷遠貶龍場驛，得悟傳道。其弟子王龍谿、王心齋。二王之學，不考試，不進仕，在野講學，可爲其代表。顧、高東林講學，以士人不應置身政事外，力斥其弊。然明代亦以東林之黨禍而亡。明遺民在清初爲顧亭林、黃梨洲、王船山、李二曲之徒，可謂維繫吾中華民族之文化生命於亡國之餘，其功至今而不絕。亦可謂吾中華民族之命脈，孔子振之於其前，濂溪承之於其後。孔子主進退用藏、執兩用中，而濂溪則退藏乃其常，進用轉爲其變。此則中國兩千五百年以來，士風一趨勢之大體可指者。

蒙古的狂風暴雨捲進中國，書生的道理和他們講不通。對付文化淺演民族，還得靠宗教。佛教復興之外，在北方又新興一種新道教即「全真教」。由於邱長春們七真人的掩護，救了北方中國的萬千生命，亦緜延了傳統文化之一脈生機。當時儒生被看成與丐爲伍，最寬大是把他們當和尚道士看待，躲在社會一角落，預聞不到政治，佔不到社會中心領導的地位。那時的智識分子，在此形勢下，卻獲得意外發展。詩文、戲曲、小說、藝術、字畫、園林堆造、醫藥、算數、曆法、工程、水利、機械製造，多方面的分途邁進。有些走進衙門做書記文案，有些從事田畝商販，改營生產。元代的中國社會實在走上了一變型。若蒙古政權能維持較久，中國或許也像西方般，能演成多角形的尖銳放射；或許能把宗教、文藝、政治、經濟，各作割裂分歧的進趨。幸而是，不到百年，蒙古政權崩潰，民族革命之洪濤，叫中國人重來恢復漢唐衣冠。於是明代的書生，又回到唐宋舊軌。

明代理學家，還是宋人格調，但明代畢竟和宋代不同。第一是社會物力厚，第二是沿接元代以來社會的貧富不均；雖不能像南北朝、隋唐的門第，然明代書生家庭較宋代豪富得多。尤其是江南，家中奴僕成羣，一百兩百不足奇。科舉制度又變了，一成進士，（此非唐宋之進士。唐宋進士，只如明代之舉人。）例不為小官，飛黃騰達，成為政治上的驕子。因此明代智識分子也多帶豪傑氣，與其說像宋代，寧說是更像唐代。影響到當時的學術空氣。若把朱晦菴比釋氏中之慧遠、竺道生，則王陽明是宗門祖師慧能與馬祖。陽明門下龍谿、泰州，更豪放。大江南北，遍立講臺，男女老幼，樵子陶匠，販夫走卒，不識字人，按期集會，一樣聽講。一席話可以點鐵成金，人人是聖人。他們不向上傾，走政治路線，講治國平天下。卻向下傾，走社會路線，專講正心與誠意。「良知」之學，本是一套大衆哲學、平民哲學，泰州、龍谿更進一步，一意致力社會活動；那是大可注意事。那是中國傳統智識分子的又一新形態。

或許戰國墨家一派曾有此姿態。儒家正式走這條路，不得不說到明代王學良知派開始。向上遠溯，則南宋陸象山已見此端倪。這一風格，不從儒家來，實從釋氏來。沖淡了儒家傳統之政治性，滲進了佛教傳統之社會性。此一轉向，值得特別提出。但這一風格，由慧能、馬祖在禪寺講堂上來完成宗教革命，那是一篇反面文章，容易做得出色。現在要從事社會教育，轉成正面文章，而仍用禪宗舊格套，便難免有流弊。流弊所鍾，最先仍在智識分子之自身。於是李卓吾之類，流入狂怪，遭受訢厲，在當時確實不免有許多壞影響。但這一條路，總不失爲是一條新路。自唐以後的中國社會，早和戰國不同；下傾的影響，早比上傾更重要。泰州、龍谿講學縱多歧趨，若能照此精神繼續向前，定可走出一條康莊大道。惜乎明代此後没有人好好地承續走這條路。

明中葉以後，科舉制度裏的「八股文」開始了。那纔是一條死路，可以葬送此下三四百年的學術生命。因於良知狂禪學派之流弊，而激起東林講學。因於八股之流毒，而激起明清之際博學鴻詞的考證學派。「博學鴻詞」一名，乃清政府所倡立。但那些晚明遺老，縱使不受此徽號，他們卻實在當之無愧。中國學風，在東漢，在兩宋，都有以學術凌駕政治的意向；東林則承此統緒。南北朝、隋唐佛學，借宗教來避開政治；良知學派泰州、龍谿兩支則染此遺風。

中國是一個廣土衆民的大國，從下層社會影響到政治，總不如從上層政治影響到社會，更易有效，至少是更應儘先著力。上層政治搖動，理想社會不易產生。東林雖在野講學，但他們精神上，更接近戰國以來傳統的上傾型，不忘政治。然而東漢黨錮，兩宋僞學，晚明黨社，終於扭不轉政治黑暗而失敗。像戰國，像西漢，像唐代門第，都是知識分子直接參加政治，掌握到實際政權，而使時運光昌。

兩漢的缺點，是平民社會知識分子，驟遇到大一統政權之建立而相形見絀，不免帶有內心怯弱的自卑感。那時的對抗形勢，是皇室（包括外戚宦官）與智識分子對抗。唐代之牛李黨爭，則是門第與科舉進士之分朋角逐。兩宋、晚明已無門第，乃是書院講學派與科舉祿利之對抗。換言之，唐、宋、明三代的政治實權，實際都已操在平民社會智識分子手裏。而平民社會的智識分子中，又自分門庭。一派是沿襲傳統精神，期以政治來推進社會的真士。另一派是專注意在憑藉科舉制度，混進政治界，僅圖攫取爵位的假士。在此對抗下，假士可以不擇手段而獲勝，真士則另有一套高尚其事不仕王侯的傳統潛流，反身到社會下層去用力。這在東漢、兩宋、明代都有此傾向。只唐代門第，其自身先已與社會下層有了一層隔膜，失敗了則一無翻身。另一條路，則退身躲入佛教寺廟裏去。元代佛教變質，全真教即在北方廣泛流行，亦是此故。

再總括言之，東漢以下智識分子之躲避藏身處在門第，南北朝以下在佛寺，宋明則在書院。書院最無真實力量，因此蔡京、韓侂胄、張居正、魏忠賢，都能隨便把他們摧殘了。但摧殘智識分子的，還須憑藉另一批智識分子。此因唐代以下，推行科舉制度，政權急劇開放；而作育人才的教育機關，不能相隨並進。如是則開放政權，轉爲引誘了假士，來阻礙真士所理想的前程。若明白了這一大趨勢，則泰州、龍谿一派，正可與東林、復社相得益彰。若此下的智識分子能沿接晚明，仍走這兩條路，未始非中道而立，可進可退的，依然可在政治社會上發生相當的力量；不幸而滿清政權把這兩條路都給堵塞了。

六

清代學風的新趨勢，集中到博學派。他們注意在已往歷史文獻中發掘實學，卻疏忽了在當前現實社會中培植活人。滿清政權不斷高壓，書院講學精神再難復興，而反政府的潛流，則仍隱藏在博學派之內心。晚明遺老都尚注意政治社會一切問題，求在過去歷史中診察利病，定新方案，期待興王。不幸而他們的理想時期遲不出現，漸漸此希望黯澹迷糊，博學派遂轉以古經藉之研索爲對象。校勘、訓詁、考訂，説是「實事求是」。但此實事，已不是現實人生中事，而只轉向故紙堆中作蠹魚生活。他們所標揭的是「反宋尊漢」。但漢儒所重在通經達用，神化孔子，來爭取政治領導地位；清儒則無此興會。朝廷功令，對古經籍根據宋儒解釋；清儒從校勘、訓詁、考訂各方面排擊宋儒，反宋無異在反政府、反功令；但其能事亦到此而止。他們的反政府，已避開了現實政治，最多不曲學阿世，卻不能正學以言。他們的正學以言，則只在校勘、訓詁、考訂上，再不在治國平天下的當前具體事情上。

以前東漢太學生，以清議來反對當時官立博士派的章句之學。現在清儒，則轉用漢博士章句之學，來反對朝廷科舉功令。他們的治學精神，其實有些近似元代，都在鑽牛角尖，走向一角落，遠離人生，逃避政治社會之現實中心。近人推崇清儒治學方法，認爲接近西方科學精神；但他們已遠離中國傳統智識分子之舊路向。看輕了政治、社會、歷史、宗教等實際人生，而偏向於純文字的書本之學。換言之，則是脱離了人文中心，僅限在故紙堆中書本上，爲學術而學術了。他們不想作相與作師，不在現世活人身上打主意，不關切人羣大共體；他們只把興趣集中在幾本遙遠陳古的書籍上。他們遂真成爲一些書生與學者。他們不注意「人人可爲聖人」的活教訓，他們只想教人能讀聖人書。而其讀聖人書，亦不重在通大義，辨真理，而重在其版本字句，聲音訓詁，事物考證。總之是避免了以人文作中心。漢儒把「聖人神化」，清儒則把「聖人書本化」。近人又說清代學術相似於西方之文藝復興。此語絶不得清儒之真相。若强要我們以西方文藝復興相比擬，則該是宋儒，非清儒。這一風氣，到道咸後，清政權將次崩潰時才變。

阮元是清代乾嘉學派博聞考證之學一員押陣的大將。他晚年提出資治通鑑、文獻通考二書，稱之爲「二通」。他說：讀書不讀此兩部，即不得爲「通儒」。學問不學此兩種，即不得爲「通學」。他的眼光從經典轉移到「歷史」，這便轉向政治性、社會性之現實人羣上來了。但大體上，他們依然在反宋，因此不能有中國傳統智識分子向來關切大羣共體之一番宗教精神。從阮元再轉出龔自珍，依次到康有爲，重新想把孔子神化，再要把神化的孔子來爭取政治領導；此一轉才像真接近西漢。但西漢學者來自農村，過的是農村淳樸生活，又多從下層政治實際事務中磨練。清儒則近似明代人，生活多半都市化，一得進士，在政治上即成驕子，根柢不能像漢人之淳樸篤厚。而神化孔子為宗師，於是在學術界形成一新風氣，非怪誕，即狂放。龔自珍成為道咸以下知識分子一驚動慕效的對象，康有為則直率以聖人自居，怪誕狂放，相習成風。只有江忠源、曾國藩、胡林翼、羅澤南，在清代漢學空氣比較不濃厚的湖南出現。他們有意提倡宋學，但又捲入軍事生活。江、胡、羅諸人都早死，只留曾國藩，亦老於軍旅，在學術界又以桐城派古文自限，沉潛不深，影響不大。晚清學術界，實在未能迎接著後來的新時代，而預作一些準備與基礎。

換言之，此下的新時代，實在全都是外面之衝盪，而並不由內在所孕育。因此辛亥革命，只革了清代傳統政權之命。而此二百四十年的清代政權，卻也早已先革了中國傳統智識分子之命。於是辛亥以後，中國知識分子急切從故紙堆中鑽出，又落進狂放怪誕路徑，一時摸不到頭腦；而西方知識新潮流已如狂濤般捲來，沒有大力量，無法引歸己有。於是在此短時期中，因無新學術，遂無新人才。因無新人才，遂亦無法應付此新局面。只想憑空搭起一政治的新架子，無棟樑，無柱石，這架子又如何搭得成？

辛亥以後，一時風氣，人人提倡新學，又人人自期為新人。舊的接不上氣，譬如一老樹，把來腰斬了，生機不續。若要接枝，也須接在老根上。現在是狠心在做掘根工作。政治革命之後，高喊文化革命。文化革命之不足，再接著高喊社會革命。他們想，必要把舊的連根挖盡，纔好另栽新的。這是辛亥以來四十年中國智識界之大嚮向。不幸四十年來的努力，抵不過二千年的潛存文化。這一嚮向，只如披上一件新的外衣，卻沒有換掉那個舊的軀殼。

讓我舉出一個最顯著的例，試問這四十年來的的智識分子，那一個能忘情政治？那一個肯畢生埋頭在學術界？偶一有之，那是鳳毛麟角。如王國維，如歐陽竟无，那仍是乾嘉傳統，都不是站在人羣社會中心，當路而立的，對社會依然説不上有大影響。其他人人慕想西化，卻又很少真實西化的學者。他們先不肯死心塌地做翻譯工作。惟一例外是嚴復，畢生盡瘁譯事，不輕自著作。但到後，還不免被捲入政治漩渦。其次是不肯專就西方學術中一家一派篤信好學，謹守繩尺，不逾規矩。當知創造難，學習亦不易。學習一家一派已難，若要上自希臘，下至近代，綜括西歐古今各國，擷其菁英，攬其會通，那就更不容易了。

若中國真要學西方，誠心求西化，魏晉南北朝、隋唐的高僧們，應該是一好榜樣。須「篤信、好學、守死、善道」纔始是。非「守死」即證其不好學，亦即證其不篤信，如此又何能善道？中國四十年西化無成績，這是智識分子的罪過。高談西化而負時望者，實際都在想做慧能、馬祖，不肯先做道安、僧肇、慧遠、竺道生。先不肯低頭做西方一弟子、一信徒，卻早想昂首做中國一大師、一教主。這依然是道咸以下狂放未盡。龔定菴詩：「但開風氣不爲師。」一百年來，多在想開風氣。他們自負是學習西方的啟蒙運動，卻把中國二千年學術文化，當作一野蠻、一童蒙看。他們不肯真心學佛，只借仗釋迦來罵孔子、老聃。不肯先做一真實的學者，老實退處社會一角落，像西方學人那樣分頭並進，多角放射，卻早自居爲政治社會之領導中心，先自認爲是新道統。道統建立，豈是如此般容易？

若論真肯認定一家一派學西方的，平心而論，則只有今天的共產黨。但他們也只肯學列寧、史太林，並不肯學馬克思、恩格斯。他們所畢生盡力的仍在政治，不在學術思想。

從前中國智識分子，常想用學術來領導政治。這四十年來的新智識分子，則只想憑藉政治來操縱學術。從這一點講，即從其最好處說，今天中國的知識分子，依然未脫中國自己傳統文化之內在束縛；依然是在上傾，非下傾，依然在爭取政治領導權，依然是高唱治國平天下精神。在西方，科學、宗教、哲學、藝術分門別類，各務專長；一到中國，卻混成一大洪流，便成爲推翻舊傳統、推翻舊文化、創造新政治、建立新社會一呼號。如是則一切一切，全成了高談狂論。若不說是高談狂論，則應該是一種偉大的精神之表現。但此一種偉大精神，至少必須含有一種宗教性的熱忱，即對社會大羣體之關切心。而此四十年來，中國智識分子不幸所最缺乏者正在此。沿襲清代，菲薄宋儒，高呼「打倒孔家店」，摹效西方，提倡個人自由，卻不肯誠心接受基督教。竭力想把中國變成一多角形尖銳放射的西方社會，卻留下了一大缺洞，沒有照顧到社會下層之大整體。共產主義即從此缺洞乘虛而入。

近代中國人之崇慕西化，而最後則終止於馬、恩、列、史之共產主義，統一全中國，迄今已達於三十年一世之上。此亦有其理由，可資闡說者。

西方政教分，先自希臘、羅馬，下迄近代，凡屬政治方面，全在分裂爭奪之狀態中，無以自逃。其統一趨勢，則只有宗教方面。但耶穌乃猶太人。西歐諸民族之能分不能合，亦由此可見。馬克思亦猶太人，雖主張唯物，不信耶教，但其共產主義，實亦超乎國界，盈天下人類而歸之一途，不啻一變相之宗教。此惟猶太人有之，而爲西歐人所不能有。列寧用之作革命之號召，但迄今蘇維埃仍不能脫其歐洲人帝國主義之傳統。惟共產主義究有一種世界性，一種萬國一體性，即有其一種人類大羣之共同性，則實遠超於歐洲人近代商業資本性之上，而更見其有廣大共通之一面。此則顯然無足疑者。

近代中國雖競慕西化，有「賽先生」「德先生」之號召，但其風只在北平；而當時南京中央大學，即有學衡雜誌起而反對，乃頗以中國傳統文化自尊自守。此亦斷然不可否認一現象。共產黨則並中西新舊治之一鑪，盡加排斥，又迎合社會多數，遂易一時成功。抑且在當時之西方人，終亦以中國之共產化不失爲西化之一端，乃從旁贊助，美國人即爲其最顯著之一例。蘇俄勢力自西方再度東侵，外蒙古自主獨立，關外三省乃及朝鮮半島之北部全歸蘇俄勢力範圍，此皆出美國人主張。當時美國人雖與中華民國同抗日本，但一則中國兵力弱，不如蘇俄之可恃。再則中國究是東方黃種人，與蘇俄之同爲西方白種人者究有別。美國人不惜用大力引進蘇俄，使得重返東方，史迹鮮明，盡人可知。民主政治與極權政治，資本主義與共產主義，以民族血統之更大分別言，實爲一小分別。而黃色人種與白色人種之相異，則爲一大分別。此以近代美國人心理言，已有顯證。

我們再把最善意的看法來看中國共產黨，可說他們已把馬克思唯物史觀與共產主義當作一種宗教信仰，由此激發了中國近代知識分子對社會大羣體之關切，由此得到隱藏在其內心深微處一種宗教要求之變相滿足。但中國果能繼續此一趨向，則中國自將完全走上蘇維埃化，而非完全西方化。蘇維埃實是近代西方文化一大反動。此四十年來，中國知識分子盡力提倡西化，而結果卻走上了對西化之激劇反動。此一轉變，只可說依然是中國傳統文化之內在要求在背後作梗。我們必先認識此一意義，乃可再進一步來推論中國之是否果能化成蘇維埃。

余嘗謂西方人没有中國傳統之「天下觀」，即人類相處之「道義觀」與「倫理觀」。西方之共產主義則爲「唯物」的，僅重「血氣外向」的人生，不近中國傳統「心性內向」的人生。其間有一大區別，而中國人乃不自知。故中國而共產化，其摧殘中國傳統文化乃益甚。由唯心轉而爲唯物，較「新文化運動」之排斥西方耶教爲更趨於唯物化，此則距中國人自己傳統爲更遠。而中國人苦於不自知。此尤大堪嗟嘆了。

共產主義建基於「唯物史觀」，唯物史觀之主要特徵在抹殺人類個性人格。而中國傳統文化精神，則正在由個性人格中反映出普遍人格，此即人人皆可為堯舜、人人皆可成佛之傳統信仰。此一信仰建基於儒家之「性善論」。道家雖不明白提倡性善論，但其內在傾向依然主張人性善，故以歸真反璞回向自然為理想。從竺道生到慧能的佛學，主張人人皆具佛性，仍是中國傳統變相的性善論。耶穌教在中國不能像佛般廣深傳布，其唯一癥結，即在「性善」「性惡」兩觀念之極端衝突下受阻礙。馬克思唯物史觀與階級鬥爭，則仍由西方傳統「性惡」觀點下演出。否則一切人生，決不致專為物質生活所操縱。一切意識，決不致專為階級立場所決定。一切歷史進步，決不致專由階級鬥爭而完成。

耶教的性惡觀念尚有上帝作調劑，馬克思唯物史觀乃始為徹頭徹尾之性惡論。耶教上帝關切全人類每一個人之整個人生，馬克思共產主義最多只關切到某一個階級的物質生活。馬克思只討論經濟，不討論靈魂。因此共產主義在西方，便斷不能與耶教並存。信仰馬氏，必先推翻耶穌。而中國傳統文化，則正因其不能接受耶穌，而可斷其更不能接受馬克思。若要共產主義在中國生根，則勢非徹底推翻中國傳統文化不為功。此四十年來的中國知識界，正在此一目標下努力，早已為共產主義披荆斬棘，導其先路。所不幸者，則如上文所分析，中國近代之不能徹底西化而轉向蘇聯，其背後仍係中國傳統文化之潛勢力在暗地操縱。則共產主義在中國之前途，其成敗命運，亦不卜可知。

這裏再該提起耶穌教在西方整個文化系統中之地位與功用。西方文化體系，若專就外形看，顯屬一種多角性的尖銳放射。而每一角度之放射指向，都見其世俗欲極强烈，權力追求之意志極執著，個性上之自我肯定極堅決。只有耶穌教教人超越現世，轉向上帝，再回頭來把博愛犧牲精神沖淡實際人生中種種衝突，而作成了那一個多角形的文化體系中之相互融和，與最高調協之核心。若在西方文化中抽去耶穌教，則必然會全體變形，成爲矛戟森然，到處只是唯物與鬥爭之一個人類修羅場。中國人在其自己文化之潛意識下，用另一眼光來看耶穌教，既已把它拒絕；而在其自己傳統文化中本所蘊藏的一種人文中心的宗教熱忱，即對於社會大羣體之關切心，卻又經此三百年來之學術轉向而迹近於遺忘。如是則近代中國知識分子，自外言之，已不能有超越現實而作高一級的嚮往之精神表現。自內言之，又不能超越小我，犧牲個人，對社會大羣體生關切。在此情形下，其先對西方文化，因其對於自己傳統的模糊觀念而存一種鄙夷輕視的心理；其次又迫於現實利害之權衡而轉身接受。無論其拒其受，其對西方文化，總是涉其淺，未歷其深。遇其害，不獲其利。

若西方之宗教信仰，乃始涉及人生之內心深處。中國人所謂仁、義、禮、智、信，禮與信皆指內心言。西方宗教亦可謂別有其一番禮與信。至於科學與民主，則無內心可言。近人如梁任公以中國重「禮治」與西方重「法治」相對，此可謂深得文化分別之大旨所在。法治重外在刑法，其主要在多數意向。而多數人則多重外物，不知重內心。然而人生所遇外物則多變，惟心性乃屬天生，乃有「常」可循。中國文化之相傳五千年以達今日者，主要乃在此。

「五四運動」時所對西方文化之認識，亦只提出「民主政治」與「科學」兩項，並又鮮明揭起反宗教的旗幟。但在西方文化，苟無耶穌教，民主政治只像在對人爭權，科學只像在對物爭利，一切全落在物質與權利上，全成爲一種鬥爭性，全是功利色彩。循是演進，則自然會走向馬克思。而自己傳統文化，又一時急切擺脫不掉。菁華丟了，糟粕還存，於是又從馬克思轉向列寧、史太林。民主政治與科學精神在此潮流下全會變質。於是政治高於一切，一面還是人文中心，而一面走向極端的性惡論。生活一切是唯物，人性一切是唯獸。打倒帝國主義，變成排斥英美，排斥西方傳統。四十年來所積極提倡的西方化，結果轉成激劇的反西方。這一轉變，值得我們回頭反省。上文的一番分析，值得我們平心研討。

中國當前智識分子，論其文化傳統，本已學絕道喪，死生絕續不容一線。經歷了滿清政權兩百四十年的傳襲，中國傳統精神早已紙片化了。而就其所處身的社會立場言，則又單薄得可憐。兩漢有地方察舉，魏晉南北朝有門第，隋唐以下有公開考試，傳統政治下有銓敍與監察制度，都使他們一面有所倚仗，一面有所顧忌。從倚仗中得心安，從顧忌中得使心不放。中人以下也可循此軌轍，幸無大過。而農村經濟之淡泊安定，又是中國傳統智識分子最後一退步。

近百年來，政體急劇轉變，社會經濟亦同時變形。以前智識分子之安身處，現在則一切皆無。於是使其內心空怯，而又無所忌憚。而近代中國知識分子之新出身，則又是古無前例，完全走上以外國留學爲唯一的門徑。一批批的青年，在本國並未受有相當基礎的教育，即便送往國外。試問舉世間，那一個國家，瞭解得中國？又是那一個國家，真肯關心爲中國特地訓練一輩合適中國應用的智識與人才？他們走過每一個國家，選定每一門課程，互不相關地在倉促的三四年五六年間淺嘗速化，四面八方學成歸來。瞭解不同，想像不同，傳統不同，現狀不同，拼湊安排，如何是好？各國間的政俗淵微，本原沿革，在他們是茫然的。本國的傳統大體，利病委曲，在他們則更是茫然的。結果都會感得所學非所用。激進的，增加他們對本國一切的憎厭和仇恨。無所謂的，則留學外國變成變相的科舉。洋翰林，洋八股，雖謔而允，受之不愧。中國傳統智識分子，自唐以下，雖都參加科舉，卻並不從科舉中養出；現在則完全託由在外國代辦新科舉的制度下，來希冀新中國的理想新人才。

理想是一件百衲衣，人才也是一件百衲衣，這須待自己手裏針線來縫綻。那一條針線不在手，一切新風氣、新理論、新知識，正面都會合在對中國自己固有的排斥與咒詛，反面則用來作爲各自私生活私奔競的敲門磚與護身符。中國當前的智識分子，遭遇是艱苦的，職責是重大的，憑藉是單薄的，培養是輕忽的。結果使國內對國外歸來者失望，國外歸來者也同樣對國內的失望。憎厭中國，漸漸會轉變成憎厭西方。

然而我們卻無所用其憤慨，也無所用其悲觀。中國將仍還是一中國，中國的智識分子，將仍還成其爲中國智識分子。有了新的中國智識分子，不怕會沒有新中國。最要關鍵所在，仍在智識分子內在自身一種精神上之覺醒，一種傳統人文中心宗教性的熱忱之復活。此則端在智識分子之自身努力。一切外在環境，全可迎刃而解。若我們肯回溯兩千年來中國傳統智識分子之深厚蘊積與其應變多方，若我們肯承認中國傳統文化有其自身之獨特價值，則這一番精神之復活，似乎已到「山窮水盡疑無路，柳暗花明又一村」的時候了。風雨如晦，鷄鳴不已，新中國的智識分子呀！起舞吧！起舞！

（民國四十年五月香港民主評論二卷二十一、二十二兩期。）

中國文化傳統中之士

一

中國文化有與並世其他民族其他社會絕對相異之一點，即爲中國社會有「士」之一流品，而其他社會無之。夏、商、周三代，中國乃一貴族封建社會，然其時已有士。如夏代之傅說，商代之伊尹，起於版築畎畝之中，而上登政治至高地位。其詳已不可考，其爲後世士人一至高之楷模，則事無可疑。下及周室東遷，春秋時代，爲士者益得勢。其事散見於左氏、公羊、穀梁三傳之所記載。典籍具在，可資詳述。然中國社會之所謂「士」，確然有其在社會上特殊地位，在文化傳統上有特殊意義與特殊價值，則其事實始於孔子。

孔子曰：「士志於道。」孟子曰：「士尚志。」即尚其所志之道。其道始則修於身，繼則齊其家。推而廣之，擴而大之，則有家族，有家鄉。更推而廣之，更擴而大之，則有治國之道。又更推擴，超國家而上，則有平天下之道。其實所謂身、家、國、天下，此諸分別，即古代封建貴族之所傳；如所謂禹、湯、文、武，上溯及於唐堯、虞舜，莫非修身、齊家、治國、平天下一以貫之，以成其爲聖帝明王。惟當時建有修、齊、治、平之禮，而孔子則綜合會通加以闡發，唱爲修、齊、治、平之道，以求廣大奉行，而成爲一完整之體系；如此而已。

孔子又讚顏淵曰：「用之則行，舍之則藏，惟我與爾有是夫。」用者，用其「道」，非指用其身。能用其道，則出身行道。不能用其道，則藏道於身，寧退不仕。不顯身於仕途，以求全其道而傳之後世。故士可以用，可以不用；可以仕，可以不仕。而社會有士，則其道乃得光昌傳播於天地間。

孔門有四科：德行、言語、政事、文學。言語、政事，即仕進後所有事，而言語尤先於政事。因政事僅行於國内，言語則用之國際外交，其事已超乎國而達於天下。故言語之爲用，則猶在政事之上。文學則未及見用，而致力於典籍文章，上述古代，下傳後世。文章之所在，亦即道。而三者之上，又以「德行」爲之首。苟非有此德行，將不得謂之人，而又何三者之足云！孔門又有「先進」「後進」之別。孔子早期傳道，登其門者爲先進；其時則皆有志用世，而於文學則有所不遑詳究者。孔子晚年傳道，登其門者爲後進；時孔子已衰老，有「道之不行，我知之矣」之嘆。故來學者多致力於文章典籍，求道、講道、明道、傳道之心爲切，而用道、行道之志則較緩。孔子則曰：「如用之，則吾從先進。」孔子行道用世之心，固雖老而猶存。

四科中最先一科爲德行。德行中最先一人爲顏淵。顏淵之自述曰：「夫子博我以文，約我以禮。」博我之「文」，即四科中文學之文，爲求道、講道、明道所資。約我以禮之「禮」，則以用世行道者。孔子又曰：「君子不器。」又曰：「古之學者爲己，今之學者爲人。」用則行，則由己以行道；舍則藏，則藏道於己以傳世；求己與道之合爲一體，故曰「爲己」。若僅以己身供人用，則我身僅如一器，無道可言，又何足貴！孔子以子貢爲器，而又曰：「子之器瑚璉也。」瑚璉藏在宗廟，乃貴器，不能隨便使用。如冉有，則孔子曰：「非吾徒也，小子鳴鼓而攻之可也。」以冉有僅爲季孫氏用，則猶器之下矣。

在德行一科中，尚有閔子騫、冉伯牛、仲弓。孔子何以獨稱顏淵？或此三人，「舍之則藏」有其德，而「用之則行」則不能有如顏淵之才。或以此三人皆早死，故孔子獨稱顏淵。要之，藏則較易，行則更難。君子不器，而仍貴其能爲一大器，其義在此。則不當不辨。

二

孔子之卒，孔門弟子普遍蒙受各方之重視，然而無一人獲得上層政治之大用。其再傳弟子以下，如子思、孟子、荀卿，皆獲大名，但亦無一人受上層政治之重用。儒家以下，諸子並興，繼孔子而起者爲墨翟。主「兼愛」，摩頂放踵，利天下爲之。然墨翟亦未受列國政治上層之重用。墨子曾多方介紹其弟子進入仕途，然自禽滑釐以下，墨家弟子亦終無獲重用者。墨家有「鉅子」

組織，如孟勝亦鉅子，爲各國墨徒之領袖。其仕楚，僅爲一家臣，並以三百人之衆死於任上。繼墨翟有揚朱，主「爲我」，拔一毛利天下不爲。其在政治上不受大用，亦無弟子傳名於世。其次有道家，莊周僅爲宋國一漆園吏。楚國聘爲相，莊周辭之，謂寧爲泥中曳尾之龜，不願藏骨於宗廟；則其意偏向於「舍之則藏」，而無意於「用之則行」之一途。老子繼起，僅求爲聖王，則又誰歟用之？著書五千言，亦無一知名弟子聞於世。

其他如名家，首起惠施，與莊周爲友，曾相梁惠王，政績無聞，是亦未見大用。陰陽家首起鄒衍，備受列國尊禮，同亦未見大用。齊威、宣、湣諸代，設有稷下先生之位，享諸子以厚祿，許以自由授徒講學，先後達七十人之多。著書立說，擅盛名者不少，卒亦未見獲政治上之重用。惟縱橫一家，獨獲重用於世。然孟子曰：「公孫衍、張儀，妾婦之道也。」後世亦不再以縱橫家流列入先秦諸子學術之林。

其他如戰國早期，商鞅用於秦，吳起用於楚，申不害用於韓，而商鞅、吳起終皆不得其死。申不害乃韓之諸公子，亦與士流有別。其次如范雎用於秦，經蔡澤之獻議，終亦讓位，薦蔡澤而自退。然蔡澤則未聞有功績。樂毅用於燕，建大功，終被讒間，逃亡於趙，幸以身免。如虞卿於趙，亦嘗被用，未獲顯赫，退而著書。呂不韋用於秦，廣招賓客著書，自張聲氣，而終遭斥罰。韓非入秦，亦遭讒下獄而死。在戰國九流中有法家。實則當時之士，聚徒講學，絕未有專爲一國一君一政府之統治權營謀打算而得成一家派者。「法家」之名，當起於韓非之後。而韓非亦韓之諸公子，雖列荀卿之門，亦與一般士流有別。

由上言之，戰國雖稱爲士勢力之驟張時期，而諸子之聚徒講學，自成一家，如儒、如墨、如道、如名、如陰陽、如農家之許行，凡屬開山宗師及其繼承人物，在當時學術上有大名望大表現者，均不曾在政治上獲大用。其獲用於上層政治者，在學術上僅屬第三四流以下之人物，而亦鮮得安於位。不致身死，已屬大幸。然則所謂「士」之一流，其在中國文化傳統歷史影響上之特有意義與價值究何在？

三

明白言之，中國士流之影響與貢獻，主要在社會。即如許行，親操耒耜，耕於田畝，而陳相之徒聚而從之。士人親其師，尊其師，有過於其君；此不僅孔子、墨翟爲然，下至如許行亦何莫不然。故在中國社會上，最受尊親者，乃師而非君。乃在野之士，而非在朝之卿相。戰國之時，僅七雄爲大國，分別統治了整個全中國。而爲之士爲之師者，乃爲當時全中國人所嚮往所仰慕，爲君者又烏得與之比？乃使政治上層，亦不得不俯心下氣，以尊賢而禮士。如顏斶見齊宣王，明告以「士貴王不貴」，而宣王亦無如之何。又如秦昭王見范睢，乃至長跪以乞言。當年七雄中，齊宣王、秦昭王豈不更巍然為之魁首？而其尊賢下士有如此。如顏蠋、如范睢，豈誠為當時一大賢上士？而齊、秦之君尊禮之如此。其最大之意義與價值，則在政治上層不敢自居為最尊最貴之地位，而自知尚有當尊當貴之過於彼者；其人不在遠，即在其所統治之社會下層。姑舉一例。如秦兵圍趙，趙國存亡在即，不得不屈意帝秦，求獲苟全。時魯仲連在圍城中，乃獨抗議反對，謂苟帝秦，則仲連惟有蹈東海而死。以一白衣窮途之士，蹈海而死，於天下之事，國家興亡，何足輕重？而帝秦之議，竟以作罷。此等事因其千古傳頌，後人視若固常，不復厝懷。而於其對文化傳統歷史影響之大意義大價值所在，今人乃不復存懷。此豈非一大可惋惜之事乎？

魯仲連義不帝秦，雖聲光揚於天下，但仲連身後，秦終為帝，而仲連生前之聲光意氣則依然尚在。故秦一天下，李斯首為之相。李斯乃楚國一小吏，著籍荀卿門下，則亦儼然一士。商湯一天下，伊尹為相。周武王一天下，周公旦為相。秦始皇帝繼湯武一天下，而李斯為之相。則斯亦繼伊周如鼎足之三矣。秦博士議秦政，始皇帝不輕自決斷，下其議於丞相斯。斯主廢封建非不是。然焚書之令起於斯，後世人鄙之，不齒於人數。不知斯之在當時，固亦以士之身份而見大用。

漢初無士，惟叔孫通曾為秦博士，與其弟子為漢制朝儀。然後世人亦恥之，不列為士數。同時如商山四皓，朝廷不能聘，太子羅致之。高祖於太子身傍見四皓，遂罷廢立意，太子終得承位，是爲漢惠帝。是漢之爲漢，此下兩百幾十年之天下，四皓與有力焉。士之影響政治，見功於世，其例有如此。

漢初真得稱士者有賈誼。年二十餘，上治安策，名震朝廷。文帝召見，欲加大用。絳灌之徒羣沮之，放爲長沙王太傅。歸蒙召見，語至夜半。文帝屢前移其坐席，並謂：久不見賈生，自以爲過之；今再見，乃知仍不及也。然賈生終繼爲梁王太傅，仍不獲大用於朝。梁王出獵，墜馬死，賈生以未盡師道，愧恨而卒。然漢自文景以下諸大政，多出賈生原議。賈生之有功於漢，更勝四皓甚遠。

繼賈生而起者有董仲舒。漢武帝尊五經，黜百家，皆由仲舒對策發之。此不僅漢之爲漢，即此下兩千年中國之爲中國，仲舒當時之對策有大影響大作用。而仲舒亦終未大用於當朝。公孫弘乃自東海牧豕，超用爲漢相。未能正學以言，而曲學以阿世，與仲舒有別。然則在中國，真爲士，即不得大用。獲大用者，或多非真士。如公孫弘、董仲舒，又爲其顯例。

東漢光武帝，以王莽時代一太學生，起兵平天下。一時同學之士，馳驅戎馬間，策奇勳，列朝廷高位者何限。故中國史上，以士人得天下，建立一士人政府，則其事起於東漢。而同時一同學嚴光，獨隱避不出。光武爲太學生時，素重之。既得天下，屢念不置。遍訪之全國，得於錢塘江一釣灘上。護送至京，晤談之餘，又同床而寢。然嚴光卒辭歸，以不仕終其生。孔子曰：「用之則行，舍之則藏。」又曰：「不仕無義。」嚴光當非一庸才，但亦非莊周道家之徒。否則亦不出游太學，亦不爲光武及其他諸同學所推敬。竊意嚴光心中，亦並非傲視羣倫，鄙夷光武與其在朝廷諸同學，謂絕不堪同流合污，有損於一己之爲人。但其當王莽之亂，既已隱身垂釣嚴陵灘上，一旦諸同學出，使天下復歸於平治，出諸人，亦如出諸己；人盡其勞，己亦同享其成，豈不轉增其內慚？我行我素，仍以漁釣終年，斯於己亦何所虧憾。竊光當時之存心，亦僅如此而已。然而嚴光其人其事，其影響於後世之士風，則至高至大，至深至厚，有非嚴光當年之所意料者。一則當興王之朝，以帝王至密之友，而有不可寵而安者。二則一江湖釣徒，其尊其貴，乃在一開國帝王卿相之上。中國自秦漢以來，大一統政府凌駕在上，而帝王卿相之尊之貴，舉國共仰，乃更有高出其上者，則轉在社會下層草澤平民中。不僅當代，乃至易世歷代君卿，亦共相尊崇，一若當然。無可疑，無足爭，而視若平常。此則中國傳統文化一特色，而士之爲用，乃莫大於斯矣。

東漢末，鄭玄稱「徵君」，此亦朝廷所召而未赴者。黃巾唱亂，相戒勿入鄭徵君之鄉。則先王之貴有可殺，而死士之鄉之一草一木有不可犯。黃巾不爲後世人稱道，然而此一事則載之史冊，稱道於後世。乃爲當時之一綫光明，上承古代，下啟來茲。此亦可謂乃士之爲用之一例。

黃巾亂後，繼之以魏、蜀、吳三國。曹操、劉備、孫權皆士也。一時羣臣荀彧、諸葛亮、魯肅莫非士。有一諸葛，已可使三國照耀後世，一如兩漢。而猶有一士，曰管寧。始避於遼東，老歸中土，汲井躬耕，曹操召之不出。後世尊之，謂其猶出諸葛之上。諸葛終爲一政治人物，雖曰「鞠躬盡瘁，死而後已」，而終亦無救於世亂。管寧則爲一草野人物，雖亂世，使社會得保留一完人。則此社會終未全壞，尚有將來之後望。孔子欲居九夷，又曰：「道之不行，我知之矣。」是雖至聖如孔子，亦無奈於世之亂。然而孔子又曰：「後生可畏，焉知來者之不如今。」三國之亂，甚於春秋之末，而管寧則孔子所謂之後生可畏矣。舉世之亂，而有一士之屹立。後人欲效諸葛，則難得有如劉先主之三顧於草廬。然欲爲管寧，則可無待於外。司馬遷作史記，創列傳體，後世奉爲正史之首。而七十列傳，首之以伯夷，亦不用於世者。司馬遷以言李陵事獲罪，以宮刑免死。雖爲武帝內朝中書，然不復有意於政事。非有求於當世，乃求表於後人。其報任少卿書暢言之。管寧則能自表顯於文字著作之外。司馬遷亦已陷身於政界，不如管寧之蕭然事外，仍不失爲一社會人物之易於自成其志，自完其身，不餓死而與伯夷相抗衡。然以周武聖朝，可以容首陽山下有伯夷叔齊。以曹操之一世奸雄，亦可容其治下有如管寧之汲井而躬耕，敦聘而不赴。斯亦見中國政治，亦自有其不可及者。即此一端，亦足爲例矣。

兩晉以下，先有五胡之亂，繼有南北朝之對峙，較之兩漢遠遜。然而羣士興起，則視前亦無媿。姑舉一人，曰陶潛。恥爲五斗米折腰。賦歸去來辭，撫孤松以盤桓。其於當時之政事，可謂無所貢獻。然其詩，則膾炙人口，愈後愈普及，愈陳舊愈新鮮，歷千年而不衰益盛。幾於每一中國讀書人，每一士，無不誦其詩慕其爲人。在其前，有古詩三百首，有屈原離騷，然皆富有政治性，惟淵明詩，乃確然見其爲田園詩，爲山林詩，爲草野平民詩。然而其詩雖沉浸於社會之下層，亦終能影響及政治之上層，殆可謂與詩、騷爲鼎足之三。在兩晉南北朝時代，只陶淵明詩一集，已可上繼三代兩漢，下視唐、宋、明、清，成爲中國文化史一新頁，一貫相承，而不待他求矣。則士之大用於世，如淵明，豈不亦其一例乎！

下至唐太宗，其未登天子位，已先有「十八學士」一士人集團，較之漢光武尤過之。然而玄武門之變，兄弟鬩於牆，終爲太宗內心一媿事。不幸其父乃唐代之開國皇帝，乃遭此宮牆之變。魏徵初仕於太子建成，後仕於太宗，此亦不得與管仲之仕齊桓相比。魏徵亦不能內心無愧。故其於太宗，過無不諫，諫無不盡。使魏徵以此而死，亦可明其出仕，初不爲私人祿位，可以表白於天下後世而無憾。然而太宗之於魏徵，亦知遇異常，優渥有加，亦以見其出而爲君，初無絲毫之私。一部貞觀政要，乃得爲後世帝王常讀之教科書。而太宗與魏徵兩人之相處，尤爲政要一書中之主要節目。可見政治乃人羣社會重要不可缺之一大業務，而現實牽涉，則理想每受減損；故欲爲一政治人物則甚不易。如伊尹之五就桀，五就湯，豈盡人可法？其放太甲於桐宮，果使太甲不知悔悟，則伊尹何以善其後？周公誅管叔，放蔡叔，大義滅親，亦豈兄弟相處之道？果使成王長，德不如人，周公又何以善其後？以伊尹周公之聖，尚有其難處。故孔子曰：「用之則行，舍之則藏。」重道而輕仕，此亦涵有一番甚深衡慮，豈率爾而出之一言乎！此下中國政治業務，必求士為之。而為士者，則寧退不進。此諸葛亮之所謂「澹泊明志，寧靜致遠」。而中國政治亦常得保持一次好之地位。其社會人生，乃終得蒸蒸日上。務使為人更上於為政，此誠中國傳統文化一大特徵。即於唐太宗之與魏徵，亦可窺其微矣。倘必奉政治人物為盡善盡美至高無上之人生標準，則此人生亦何多望。惟中國則為人另有一更高標準，更高境界。而政治人物，羣向此境界而趨赴，亦得羣向此標準而崇仰。此中國社會之有士，所以為中國文化所特具之一最有意義與價值之所在。

兩晉南北朝政權雖亂於上，而為士者仍可隱於門第中。下及唐代，科舉制興，門第漸衰。為士者，乃羣趨於應舉從政之一途。就政治言，乃一大進步。其餘為士而不從政者，乃轉趨於釋、道兩家，為異端。而政治人物，亦多信奉釋、道。故唐代社會標準之士，未必多過於兩晉南北朝。前古相傳政治上之崇高理想，反趨於黯淡。此實當為一大退步。中唐之時，乃有韓愈出，提倡古文。愈之言曰：「好古之文，乃好古之道也。」韓愈乃可謂上承中國士之大傳統。幸有昌黎一集，乃可上與晉、宋間之淵明集相比，而猶更勝之。然韓愈亦終未獲大用於上層之政府。其諫迎佛骨表，乃幾陷身死。如韓愈，論其大節，乃可謂唐代標準之一士。即詩聖杜甫，亦當屈居其次。而同時唱爲古文如柳宗元，則更不能與韓愈相比。下及宋代，韓愈乃始見爲唐代特出之第一人。此非深明中國文化大統之意義者不能知。亦豈不得意於政治，專以詩文見長，即得爲士之上乘乎？但專就文集一部分言，則誠如是。儻擴就人生大道言，則韓愈爲人，或許尚有不如陶淵明處。此則猶當別加衡量，此篇恕不詳及。

惟其南北朝社會尚多士，故隋唐繼之爲大盛世。惟其晚唐社會少士，故五代十國繼之，爲中國歷史上最慘淡最黑暗之一時期。其時有一馮道，羣奉以爲士。歷事五朝八姓十一君，自稱「長樂老」。非如馮道，亦無以自全於其世。然使人人如馮道，則一世淪喪，同歸於盡，亦何得以一私人之長樂而自安自慰。宋興，歐陽修爲新五代史，始於馮道有定論，而韓愈亦始受崇拜。於是中國傳統光明乃得再照耀，傳統文化乃得再發揚，而宋代乃更得稱爲一社會多士之時代。

四

宋代多士，已盛於漢。而政府之重士，則更勝於漢。宋代之士於政治上得大用，莫如王安石與司馬光。然而新舊黨爭，北宋亦終陷於淪滅。王安石乃一「理想派」，欲使其君爲唐虞三代之君。司馬光乃一「經驗派」，僅求朝政得如漢唐已足。然理想則必見之於現實。孔子曰：「如有用我者，我其爲東周乎！」今不知孔子當時果見用，其爲東周之具體設施又如何？而依傳統觀念言，則王安石乃「經學派」，故有三經新義之訂定。惟在漢代經學掌於博士官，舉朝以經學爲施政標準，而博士官則不親參政務。今王安石以宰相身分訂定經義，作爲學校教育與政府科舉取士之標準，則幾若道統下隸於政統，顯違於中國文化傳統之大義。司馬光乃「史學派」，著有資治通鑑。漢唐亦有史官，記載歷朝實際行政，供後人作參考。得失成敗，偏近功利，終須有經學道義以爲之歸。史學雖可鑒古知今，然經、史分途，則史學決不足奉爲政治之標準。故當時之新舊黨爭，結果終爲一政治鬥爭。所爭在政權之得失，而不免有乖於道義之是非。於是乃有第三者起，則爲周濂溪。

濂溪乃當時一縣令，而置身當時黨爭氣氛之外。著有易通書。根據經學，主張「志伊尹之所志，學顏子之所學」。伊尹志在天下。顏子之學，用則行，舍則藏。主要尤在「藏」之一面。明道、伊川二程兄弟，少聞其教，雖亦出入於新舊兩黨間，終以退隱講學爲務。橫渠張載，亦與二程爲學侶。於是乃有理學之興起。理學家可稱爲乃中國文化傳統中之「新士」，大體退在野，不競在朝。尊道統，以做政統之領導。政事敗於上，而士風則正於下。北宋覆没，南宋偏安，而理學之風則大盛。有朱熹出而集其成。朱子在當時政治上亦未見大用，然而著爲論語集注、孟子集注，大學章句、中庸章句，定爲四書。下及元代，乃奉爲政府科舉與取士之標準。其功用實已代替了兩漢之五經，而更駕其上。直迄清代之末，此一取士制度，歷七百年而不變。

元代以蒙古異族入主，政統易於上，而道統則仍存於下。中國社會依然是一中國社會，得以無大變。社會之士，相率以不出仕在野講學爲務。亦有出仕者，終被視爲士中之第二流，不能與在野之士同受社會之尊崇。元代不僅以四書義取士，並令全國各縣同設書院；縣令初到職，必出席書院聽講，爲其上任之最先第一事。然元政亦終八十年而亡。明代繼起，中國光復，然元代遺風則依然有存者，爲士者相率以不出仕爲高。先有方孝孺受十族之誅，則以士承道統，其名望每高出於帝王卿相之上，易受忌憚。如王守仁遭龍場驛之貶，九死一生，終以其爲士講學之身分，仍獲起用，得爲江西巡撫，平宸濠之變，卓然建大功。然亦終不得特加重用。其及門弟子，相率不出仕，而以在下講學名震朝野。卒有無錫顧憲成、高攀龍東林講學，力反其風，謂在野講學，不應忘廊廟政事於不顧。但高攀龍亦卒以東林黨名膺重禍，投池自盡，而明祚亦終不救。

清代亦以滿州異族入主，而其時士風益盛。如李塨，如顧炎武，如黃宗羲，清廷百方羅致，皆以不出仕爲一代在野之大宗師。又如呂留良，乃於清廷設科取士之朱子四書義中大張民族主義，罹剮屍之刑。雍正皇帝頒大義覺迷錄一書，昭示天下舉子，盡人必讀。乃不久，其書亦同遭禁錮，舉國無一人能見。直至清之末葉，民間始再印此書，與呂留良書同獲重見於國人。今人多能談清廷文字獄，屢行文字獄者爲雍正，而雍正御著書亦同受禁錮，此誠曠古奇聞。今人又談中國自秦以來乃一帝王專制政治。史籍浩繁，不遑詳辯。雍正乃一異族君王，又肆恣以酷虐稱。專拈此例，豈不見中國傳統政治，縱謂是君主專制，然其專制亦有一限度。此限度即在社會之有「士」。

又且呂留良宣揚民族大義，乃據朱子書。呂留良雖遭剮屍之戮，而朱子書則仍受朝廷崇敬。陸稼書亦以治朱子書爲清代第一人奉旨獲祠於孔廟。其時清廷達官貴人，不少以朱學名。稼書以一縣令之卑，又其生前獲交於呂留良，而竟得首選入孔廟。此見其時帝王一番不可告人之內慚之情，乃更百十倍於唐太宗之不殺田舍翁魏徵矣。中國傳統，士之爲用，猶見於異族專制帝王之心中，有如此。

乾嘉清儒，標幟漢學，反宋學。其實非反宋學，乃反朱子。非反朱子，乃反朝廷科舉之功令。諸儒皆以科舉出身，即羣以反科舉、反朱子自名其學，而清廷亦無奈之何。自道光以下，西力東漸，而中國士風乃大變。洪秀全以科舉不第，起兵廣西山中，奉耶穌爲天兄，自爲天弟，建國號曰「太平天國」。所至焚燒孔子廟。曾國藩以一湘鄉在籍侍郎辦團練，卒平洪楊之亂。其志不在保清，乃在保孔。國藩亦卒未獲清廷之大用。其時則爲同治皇帝。與民同治，即不敢以帝王專制。繼之咸豐皇帝。與民俱豐，即不敢以皇帝獨豐。可知雖異族皇帝，對中國社會，無不心存顧忌。故士之傑出者不獲重用，而又終必與士共天下，不敢安於專制。一部二十五史，社會在野之士，其關係影響及於朝廷上層政治者，本文上述諸例，可見一斑。

五

辛亥革命，民國創建。政統變於上，而道統亦變於下。民初即有「新文化運動」，以批孔、反孔、打倒孔家店爲號召。孔家店中之夥計，即本文所謂社會下層之士。自此以下，社會有民無士，上無君，下無士，此則庶及可謂之全盤西化矣！

西方民主政治，亦非全國獨尊一政統。尚有「財統」，即資本主義。西方選舉權，主要操縱在財統，學統並不佔重要地位。學校教師，乃及報章雜誌，各項刊物，言論自由，此可謂之「學統」。但與結黨競選，仍屬兩事。宗教信仰，政教分離，信仰自由，此之謂「教統」。依中國人觀念言，西方學統轉近教統，政統則轉近財統。政教分離，可謂互不相關。此又與中國政統之附屬於「士統」，即國人之所謂「道統」者，有絕大之不同。近代西方又有「工統」。勞工亦爭平等獨立自由，集團罷工。故西方政治，學統、教統在政治上均不占重要地位，而惟一操之於財統、工統之手。但崇尚多數，則財統亦終必轉歸於工統。最近如英美現狀，已見其端倪。其集黨競選，爭取多數，以成政府，亦可稱之曰「黨統」。但黨統、政統絕不與中國歷古相傳之所謂道統與士統有相干。此爲中西文化一絕大相異處。

孔子曰：「士志於道，而恥惡衣惡食者，未足與議也。」故中國士統，決不成爲一財統。西方之學，分門別類，各成專家，各有其統。中國則修身、齊家、治家、平天下，吾道一以貫之，烏有爲一士而不志於人羣之治平大道者？故西方有各別之系統，而中國則士統即道統。但亦決非宗教組織，不成一教統。孟子曰：「士尚志。」又曰：「勞心者食於人。」士非一職業，則又異於工統。中國人又言：「君子羣而不黨。」「衆人之諾諾，不如一士之諤諤。」一爲士，務求諤諤出衆，豈肯結黨以自附於多數？故亦決不成黨統。中國之士則自有統，即所謂「道統」。此誠中國民族生命文化傳統之獨有特色，爲其他民族之所無。

最近西方，又有不許諸統之分別存在而獨許有一黨統之趨勢，是爲共產黨，在此黨統之下，財統、學統、教統、工統，均不許有其自由，而惟聽此一黨之獨裁。此爲當前之蘇維埃制。中國人亦多慕向於此，而有毛政權之出現。民國七十年來，先有中西文化之爭；西方既得勢，繼之有民主與極權之爭，換言之乃美蘇之爭；而中國自身，則退處於無傳統無地位。

六

今乃有復興文化之號召，則以創建民國之孫中山先生之「三民主義」爲張本。首爲「民族主義」。則應有民族傳統生命與傳統精神之認識。次爲「民權主義」。中山先生言權在民而能在政府。政府有能，則不待一一聽命於民衆。最後爲「民生主義」。中山先生亦曾言民生主義即共產主義。但斷不能謂共產主義即民生主義。大學言：「不患寡，而患不均。」則中國傳統之經濟理想較近社會主義，不近資本主義。而中國傳統之士，亦爲一無產階級。中山先生之意，不許有財統之成立。至於黨統，中山先生謂國民黨乃一「革命黨」。是謂在革命時可有黨，革命成功後是否仍須有黨，則中山先生未之明言。惟中山先生既主政府有能，則更不須聽命於黨。中山先生所倡之「五權憲法」，如考試權、立法權、監察權等，皆屬政統，不屬黨統，又可知。

中山先生之「三民主義」，乃屬長期之建國綱領，而非一時之施政方針。故仍當歸於道統，不屬治統。此爲中山先生之先知先覺，深體中國五千年相因之文化大傳統而發，不得以西方人近代之思想言論相比附。此則闡揚中山先生之三民主義者，必當深切體會之一大前提。而中國此後是否仍須有士之存在？又如何使士統之復興？此則亦我國家民族大生命特有精神之所在，所尤當深切考慮討論者。

中國之士統，既與其他民族有不同，而其所學所信之大綱大目所在，亦獨有異。此則當在他篇詳論之，此不及。

（民國七十年九月二十八日臺灣日報教師節專論。）

再論中國文化傳統中之士

一

中國傳統之士，其對前有崇奉，其對後有創新，二者可以相和合。孔子爲中國兩千五百年來學人所共奉，尊之曰「至聖先師」，但孔子亦有所崇奉，故曰：「甚矣，吾衰也。久矣我不復夢見周公。」而此下儒學傳統中，雖永尊孔子，亦非無創新。性與天道，孔子罕言之，而孟子主性善。孔子極推管仲，嘗曰：「微管仲，我其被髮左衽矣。」而孟子則曰：「子誠齊人也，知管仲、晏子而已矣。」又曰：「仲尼之徒，無道桓文之事者。」孟子言養氣之功，「養氣」兩字不見於論語。其他孟子書中持論，不見於論語者何限。然孟子曰：「乃吾所願，則學孔子。」孟子終無一言疑及孔子，而自有孟子之創新。

繼孟子而起有荀卿，主性惡，持議與孟子相反。然亦同尊孔子。西漢董仲舒唱議罷黜百家，獨尊周孔，乃於孟荀少崇揚。西漢末有揚雄，亦尊孔，然於孟、荀、董三人亦少崇揚。東漢晚年有鄭玄，爲一世儒宗，同尊孔，而於孟、荀、董、揚亦非所崇。隋代有王通，亦尊孔，然於孟、荀、董、揚、鄭諸人亦未見推崇。

唐代有韓愈，以己之闢佛自比於孟子之拒揚墨，又曰：「孟子大醇，荀卿小疵。」於孔門傳統下乃獨推孟子。然又自言：「並世無孔子，則不當在弟子之列。」則其獨尊孔子亦可知。宋初諸儒羣尊孔，但歐陽修尊韓愈，王安石尊孟子，意見亦不同。周濂溪始爲道學開山，宋史於儒林傳外特出道學傳，後人或非之。然道學終是一「新儒學」，與漢唐儒學有不同。宋、元、明三代之道學家羣尊濂溪，而亦立說各不同。清儒又有宋學、漢學之分，然雖重漢學，其爲學又何嘗與漢儒相同！

然則列舉孔子以下兩千五百年之儒學傳統，可謂「時各有變，人各相異。」於同一崇奉中，不害其各有創新；於各自創新中，亦不害同一崇奉。此爲中國學術思想一特點。釋迦創設佛教，然崇奉釋迦亦可人人成佛，並亦人人自創新說；此爲佛學傳統與中國儒學有大體相同處。故佛教在印度雖終衰歇，而仍盛行於中國。耶教爲上帝獨生子，崇奉耶穌，不能同爲上帝之獨生子，而於耶穌教義亦不能多有新創立新發揮；此爲耶教來中國不能如佛教之昌行之一大理由一大原因。此可見文化傳統乃人心向背之所在。

二

故中國學術思想乃由四圍共向一中心，其中心地位愈高，則四圍向之者愈廣，如孔子是已。故其中心之相同，不害四圍之互異，但終見一共同嚮往之大同而已。

西方之學則由四圍各自發展；無一共向之中心，故其爲學乃日趨於相異，而卒不能建一大同處。耶教雖爲一共同信仰，惟究於學術有異。一切有傳統，無創新，此則乃其與自由思想之大相異處。西方學術則惟見其相異，不見其大同。天文學、地質學、生物學，界域各異。自然學如此，人文學亦然。政治學、社會學、經濟學、法律學、分門別類，莫不皆然。學以致用，而所用之途則各異。學以求真，而無一大同之真理。故西方之爲學，可以互不相通，乃無一共尊之對象。

其爲學既各異，其爲人亦各異。羅馬人不同於希臘人，現代歐洲人亦不同於希臘、羅馬人。抑且英國人不同於法國人，美國人又不同於英國人。亦爲西方人爲學終不於同處求，必向異處求，一應有之趨勢。

即如宗教，耶、回不相同，而耶教中又分新舊。宗教信仰亦終難獲其大同。耶穌言：「凱撒事凱撒管。」耶教之所同，則只同於一教皇，是即耶穌之凱撒化。回教則更然。西方宗教之同，惟同在其「世俗化」。而孔子與釋迦，則務以其教來化此世俗。此又一大不同。實則西方人不僅宗教求世俗化，即一切學術思想亦盡求世俗化。而中國人則求世俗之「學術化」。此亦一大不同。

三

今論世俗，西方則重個人主義。如喜科學或哲學與文學，皆由個人自由。甚至宗教信仰亦然。既重個人自由，則宜其惟見互異，不見不同。其大同處則僅在衣、食、住、行物質生活上。於是乃有「唯物論」哲學與「唯物史觀」之出現。若其超於物外，則惟有宗教信仰靈魂天堂。但此乃一種信仰，而非人生實務中之思想自由。即如近代新興之共產主義，亦成一種信仰，亦不許有思想之自由。此二者均與中國傳統有大不同。

中國士傳統並不成爲一宗教，而其在實際人生中，則轉抱有一「大同觀」。何以故？則因中國士傳統，即從孔子説起，兩千五百年來，均已抱一世界生活即天下生活之觀念。其同處在人生，不在物質方面。其論人則在心，不在身。此乃其主要關捩處。

孔子其先乃宋國人，殷民族之後。其祖先自宋遷魯，遂爲魯國人。然孔子一生遊蹤曾至齊，後又去衛、去陳、去楚，在外周遊十四年，老而仍歸魯。其弟子則多自遠方來，不限爲魯國人。故孔門講學在當時即具天下性，世界性。墨翟乃宋人，然其遊蹤亦遍歷各國。其晚年卒地不可考。然墨家弟子亦來自列國，具世界性，天下性。孟子乃鄒人，然其晚年遊蹤則至梁至齊，後車數十乘，從者數百人，傳食諸侯。荀子趙國人，遊齊，爲稷下祭酒。又至秦，而晚年卒於楚之蘭陵。其他先秦諸子百家，大抵皆徧遊列國。惟莊周老聃，道家隱淪，不事周遊，最爲特出。然其意嚮言論，亦具世界性、天下性，不限於其所隱之一鄉。故曰：「父母在，不遠遊，遊必有方。」則其時士之遠遊而無方，亦可知。乃有「一鄉之士、一國之士、天下之士」之分別。

秦漢後，中國統一，而士多輻輳京師，老而不歸其故鄉。前漢一代，不勝指名。東漢益盛。如鄭玄，雖老死鄉土，然其遊學所至，亦徧中國。魏晉以下，門第已興，然東晉南朝諸大門第，大體皆自北方南移。而北朝門第則更多遷徙，不以鄉土爲限。隋唐統一，進士科第，各地士人，必羣赴京師應舉。及其出仕，不能在本鄉，多歷全國，老死不歸。姑舉李、杜、韓、柳爲例。讀其詩文集，凡其一生足跡所履，居住所在，老病所終，皆可稽考。故中國之士傳統，每以天下爲家，流動性極大，極少有固定於一鄉一土者。下及宋代益盛。如歐陽修、王安石皆江西人，仕履所至，徧歷各地，而退老亦不歸故鄉。如三蘇，原籍四川，來汴京皆不歸。東坡所到地最廣，自擇宜興太湖濱爲其安老埋骨之所。讀此諸人之詩文集，其心情所寄，不在鄉土，而在中國，在天下，豈不昭然若揭乎？

其他如周濂溪，乃湘人，而老死於贛之廬山；即以所生地有濂溪，名其終老地之一溪亦曰濂溪。明道、伊川兄弟之父，本亦江西人，仕於江西，獨識濂溪，二程乃得遊濂溪之門，而二程兄弟終老洛陽，亦不歸其故鄉。南宋朱子，父籍皖，生於閩，卒於閩，為閩人。然其足跡亦徧歷南宋各地，不限於閩。同時陸放翁，足跡徧歷長江上下游，老而退居故鄉。及其死，乃為詩告其子曰：「王師北定中原日，家祭毋忘告乃翁。」則其情意所寄，不限於家鄉，仍在國與天下，亦可見矣。

此下元、明、清三代，凡為士，名列史籍，傳誦人口，為中國文化傳統中一士，則莫非國士、天下士，而決不為一鄉一里之士，可不一一指名詳述。姑舉王陽明一人為例。生平足跡所至，東北出山海關，西南貶貴州龍場驛，晚年仕江西巡撫，卒於任上。其到處講學，門人弟子亦屬全國性。其為人不以地域拘，其講學亦不以地域拘，皆屬全國性，即天下性。其弟子如王龍谿之在浙，王心齋之在淮，皆不出仕，老於故鄉。然龍谿足跡徧東南，心齋則在陽明生前即曾以木鐸招搖京師。老歸故里，父子講學。風聲所播，又豈以一鄉一里為限？

晚明東林講學，亦為全國性，非鄉土性。清初諸明末遺老，黃梨洲終老故鄉，然其弟子如萬季野，則北上京師。顏習齋更為一鄉里老儒，然足跡則經歷甚廣，曾北出關外，南遊河洛。而其弟子李恕谷，則遊踪更廣。斷不得謂浙東黃學與河北顏、李學，非全國性，而屬鄉土性。關中李二曲，晚年自拘土窟中，除顧亭林外莫得晤其面。然其先亦曾足跡徧南北。王船山雖不如李二曲之自拘土窟，然隱遯湘之羣山中。二人皆不以講學傳弟子，然其人其學，則皆為全國性，而非鄉土性。如顧亭林，則以江南崑山人去至北方，不再南歸，亦不聚徒講學，不傳弟子，而其人其學則更見其爲全國性，斷無鄉土性。

乾嘉經學諸儒，分吳、皖兩派。然吳派不限於吳，皖派不限於皖。尤其如皖派之戴震，北上至京師，終老不歸。吳派又分有常州派，諸儒蹤跡，更遍國內。而皖派亦分有揚州派，如阮元，仕宦所歷更廣。湘鄉曾氏，上承桐城，唱爲古文，稱湘鄉派。其四大弟子張、吳、黎、薛，亦見爲全國性，非地域性。道、咸以下，如廣東陳澧，以一舉人北上京師應進士試，三年一次，凡八次二十四年，南北跋涉。晚年講學於粵。其人則顯屬全國性，非以粵爲限。而浙人朱一新，晚年講學於粵，亦不以浙爲限。粵學有康有爲，浙學有章炳麟，皆足跡遍海內外。有爲旅死在外，炳麟終老於吳，此兩人或粵或浙，而生平遊蹤不限於粵浙。

康有爲弟子梁啟超，亦粵人，足跡亦遍海內外，老死北平，未歸其故里。同時有王國維，浙人，足跡亦遍海內外，亦死於北平，未歸其故里。凡此皆不失中國士之舊傳統。其人皆全國性，即古人所謂「天下士」。不僅讀萬卷書，亦必行萬里路。則其爲學必屬「通學」，即「人本位」之學，而非分門別類如西方專家之學，亦其宜矣。

今國人則謂農業社會安土重遷，老死故鄉。必進入工商社會後，其人乃脫離農村，進入都市，始有活動性。不知中國傳統於農村社會、工商社會外，乃有「士社會」。其活動性，則遠超於工商社會，乃自古已然。孔子以下歷代士人，其生平行踪見於史籍及其本人之詩文集中者，明證可稽，斷非農村性，但亦非工商性。可謂之乃「人文性」，「天下性」。中國人之所謂「道」，即據自古以來中國「士」之一倫之行踪而可見矣。

四

今國人崇慕西化，每好以中國與西方相擬，如以孔子比希臘之蘇格拉底。不論其爲學，專論其爲人。不論其爲人之種種方面，而專論其一生之行踪。孔子周遊天下，蘇格拉底則爲一雅典人，其足跡或未出雅典一步。則此兩人見聞之廣狹，心胸之寬窄，宜亦即此可推。如柏拉圖，或足跡囿於雅典一市。而中國先秦諸子，則極少終其身只拘於一鄉一里、一城一市之內者。惟道家如莊周，或不喜遠行，然其賓朋往來如惠施，則終爲一天下士。中國先秦時期，即此一節，已顯與西方古希臘相異。故中國得成其爲一中國，而希臘則終爲一希臘。此亦論中西文化一至堪注目亦極易相比之一節。

羅馬人仗其軍力征服外圍，而建立一地兼歐、亞、非三洲之大帝國。然羅馬是否有大批學人活動於其帝國疆域之內，則其事難考，其人亦終必甚少。此則與中國之秦漢一統又大異其趣矣。中古封建時期，則更不聞貴族堡壘之內，有所謂知識分子、學術專家。惟有騎士、武士，則豈能與中國之士相比。不僅不能比之於秦漢，亦不能比之魏晉南北朝時代門第之士。今人亦稱中國爲封建社會，試專就士之一端言，其視西方封建，誠亦如天壤之別矣。

西方繼封建社會後，有意大利半島沿海諸城市之文藝復興。然亦限於各城市，最多如希臘之雅典，豈能與戰國之臨淄相比。要之，一爲地域性，而一爲天下性。相提並論，豈不確然易知。

西方現代國家之興起，則如中國封建時代之有齊、魯、晉、楚諸邦。然在中國有其統一性，而在西方則仍只是地域性。即以學人論，英國、法國亦互有界限。其他各地均然。今國人又好以宋代之朱熹比之西方康德，不論其爲學，不論其爲人，專論其生平行蹤之一端，康德限於一城市一學校。果使朱子亦如康德，固定一鄉一地，終生講學，則其所學所講自宜與朱子當年之所學所講大不同，亦斷可知矣。

今專就英國論，殖民地遍天下，日光所照，莫不有英國之國旗。即如香港，爲英帝國領土已達百年之久。有一香港大學，其教授主要亦來自英倫。退休年齡則較英倫本土爲早，便於返英國本土後尚可有活動。未聞一英國教授終老在港，不返其國者。而其家人子女，亦均不留港。如此則英國文化又何能在香港生根。

余在香港曾交一英國友人林仰山。其父爲一傳教士，來中國，林仰山生於中國。逮其長，返英倫受學。大學畢業後，仍來中國，侍其父母，爲山東濟南齊魯大學教授。日本東侵，林仰山受拘下獄。幽囚中，讀書消遣。余所著先秦諸子繫年，即爲其獄中所讀書之一部。余與初識於香港，時林仰山在港大任中文系主任，得港大同人之重視。實則中國爲其生長地，英倫爲其遊學地。彼非不欲在香港終老，而限於英國之制度法令，港大退休，仍返英倫。

學人如此，即負責行政人員亦莫不如此。余初至港，港督爲葛量洪，久於其任，極得港人愛戴。但退休後亦必離港。不僅行政人員，即軍人來港，任滿亦必離去。余夫婦遊英倫，某次在火車中，偶晤得一退休老軍人，曾駐港多年，極愛港島風景之美，人情之厚；謂能在港終老，豈不畢生一佳事？今則徒付夢寐中。偶遇余夫婦，慨嘆申訴，如晤故鄉人。故英國人統治香港百年之久，乃無一英國人成家成業傳子傳孫留居香港者。

孔子欲居九夷，其門人疑九夷陋。孔子曰：「君子居之，何陋之有。」「陋」即限於地域，固定不化之義。英國人果以其傳統文化自傲，視香港中國人爲夷狄，倘有英國君子來居香港，則庶使香港中國人亦得化而爲英國人。中國古人言：「夷狄而中國則中國之。」則香港而英國亦英國之，可矣。而英國人不此之圖。余遊新加坡、馬來西亞各地，亦無一英國家庭之留居傳子孫於此者。即在印度，更爲英國在亞洲一至爲重要之殖民地，然亦極少英國人留居。英國有名學者如穆勒父子，亦曾來印度，終亦歸老英國。由此乃使英國文化終不能在印度生根，並亦不能在其世界各處之殖民地生根。故知西方之帝國主義殖民政策，乃僅有商業性，而絕無人文性，教育性。

中國人言「人文化成」，西方人斷無此理想，亦即此可證矣。

惟英國人之大量移殖北美洲則不然。其先以宗教齟齬去，故移殖後即不復返故土。又北美土著稀落，易於屠殺，使之滅絕，可以自建新鄉土，與其來印度、香港及南洋諸地情勢大異。自北美十三州創建新國，英自英，美自美。美國人亦可返英留學，但不再在英定居。英國人偶亦有赴美任教，倘不改隸美籍，則仍必歸老於英。惟雙方商業可以緊密往來，而雙方知識界則顯分畛域，不易和合。愛因斯坦在美定居，則因其爲猶太人，與歐人自別。即如加拿大及澳洲，其人既離英倫，畢生不返，乃至世代不返。乃如古希臘之城市相離，終亦分別成國。唐人詩：「少小離家老大回，鄉音無改鬢毛摧。兒童相見不相識，笑問客從何處來。」此乃中國人情況，常此一天下流通和合。此又中西一相異。故西方社會之流動性，主要在其工商業。而中國之士人，其流動性乃遠超於西方之工商社會。自孔子以下兩千五百年，其流動性一脈貫注，遞進遞盛。此一情勢，史迹昭彰，乃爲近代國人所忽略。

此在中西雙方之語言文字間，亦有大關係。中國文字乃全國性，亦可謂乃天下性。古詩三百首，有風有雅。風則有十五國，若稍帶有地域性。雅有大、小雅，西周中央政府所在地爲全國性、天下性之集中點，故稱爲「雅」。春秋末世，魯有魯語，齊有齊語，而「子所雅言，詩書執禮，皆雅言也」。先秦諸子著書皆雅言。至中庸，乃稱「書同文」，各地語言，皆隸屬於文字，而有其統一性。秦漢以下，兩千年遞傳不變。西方如希臘、羅馬，語言文字皆屬地域性，有俗無雅。中古以下，拉丁文僅行於宗教界，而新教則改採各地域之俗文俗語。現代國家興起，語言文字益相分離，遂使西方文化益趨於地域性。

近代國人崇慕西化，喜言通俗，惡稱大雅。惟求分裂，不務和合。各地設立大學，亦務求地域化。如武漢大學、浙江大學、四川大學，其校長必限於當地人。雲南大學亦然。余抗戰時去昆明，曾告雲南人，儻雲南大學能選全國各地有名學人來任校長，而雲南學人亦得遍任全國各地之大學校長，此對雲南人權利孰得孰失，不難分辨。今必爭雲南人爲雲南大學之校長，而使雲南人不能出任其他省分之校長，何爲必求以地域性自限？其他行政人員亦然。雲南省長必由雲南人任之。以前則全國各地有名人物皆得來任雲南省長，而雲南人亦得出任全國各省之省長；今皆失之，轉以自得，又何爲哉！又雲南人必以其祖先爲南京人自豪，自今以後，雲南人以地域自封，宜再無此心情矣。

五

今再就西方人之「文化」一詞論。英國人乃以輪船火車及如紡織機等流傳各地，稱爲文化。德國人謂文化，則必涵有「土生土長」一義。然皆指「物質文明」言。惟中國人言「人文化成」，始指「人文」方面言。故治中國歷史，必兼通人文地理；而西方人則主要在治自然地理。數十年前，中國學校常設有史地課程。今則亦效西方，地理課程改隸理學院，不列文學院。而治史者，不究人文地理，則中國史亦西方化，將茫然不知此廣土衆民大一統之民族國家之所由來，及其所容有之一切意義之所在矣。

馬克斯創爲唯物史觀，分西方社會爲農奴社會、封建社會、資本主義社會、與共產主義社會四階層。而謂共產社會當是世界性。則其前西方社會皆屬地域性、非世界性可知。馬氏之說根據西方歷史，不能謂之無證。而西方之各項學術，則惟自然科學一項可謂最具世界性，不限於地域性。但自然科學亦顯屬唯物。故在馬克斯以前西方人早有石器時代、鐵器時代，乃至電器時代等分別，實亦同是一種唯物史觀。

惟中國乃有士社會，爲農、工、商社會之高層領導。而「士尚志」，不食人，而食於人。不務物質生產，亦不以物質生產之職業自任。中國亦有科學，但亦較少唯物性，又在各項學術中不居領導地位。中國學術之最具領導性，而爲中國士人之所教，乃超於物質生產之上，以大羣相處相安之道爲主。如何立志，如何行道，而又流行活動於全社會之上層。故中國社會決非如西方中古之封建，亦不能產生資本主義。中國之士又必出身農村，故中國亦決不曾有農奴社會。而中國之士並亦決不限於地域性與職業性，而早具有廣大共通之人文性與世界性。中國人對歷史亦決無唯物史一觀念之產生。中國社會獨有士之一階層，超於農、工、商之上。正名定義，當稱為「四民社會」，而為並世古今其他民族所未有。

然中國亦決非一共產社會。農、工、商皆有產，士獨無產，惟受供養。而社會乃富通財性，家族通財，鄉里通財；「孝、友、婣、睦、任、卹」「老吾老以及人之老，幼吾幼以及人之幼」「老有所終，壯有所用，幼有所長」，「不患寡而患不均」，乃主以通財為均，而並不廢私財。惟其尚通財，乃有兩漢以下之門第。唐末門第盡廢，宋以後遂有社倉、義莊。移民遠赴國外，則有會館。皆有通財之誼，而亦皆非政府法令之所規定，全由社會自動成立。政府止於輕徭薄賦，少收租稅。其通其均，則社會自身之責，而由士教導之。

元明以下，社會有幫會，乃一種勞工組織，而亦具通財性。並通行全國，亦不限於地域性。及晚清之末，上海為五口通商一最大商埠，勞工羣集，成為幫會中心。孫中山提倡革命，極重視幫會，其得幫會之力亦甚大。即海外僑民，如在美國，如在南洋各地，其對革命運動之扶翼，隨處有之。雖非幫會，而性質亦相近似。

元明以下，遇社會動亂，又有地方團練，其實亦如幫會。團練雖有地域性，亦可不限於地域。如湖南湘鄉團練，即弭平洪楊之亂。此事盡人皆知。果推溯而上，山林江湖之俠義，自古有之。中國社會特性大可於此求之。而中國古人每兼稱「儒俠」，韓非云：「儒以文亂法，俠以武犯禁。」此即以社會下層上撼政治，又多具全國性與通財性。即從中國古代社會之有俠，與後世之有江湖幫會，細爲闡揚其性質與意義，則士階層之在中國文化傳統下，其在社會之活動性與流行性，亦可思得其半矣。

六

近代國人震於西化，凡所蘄嚮，一如邯鄲之學步，而於自己國家民族社會傳統、歷史傳統，不再細心研尋。無本之木，無源之水，苟有成就，亦必非驢非馬，喪失了自己，亦學不像他人。儻果學像，則中國應可分數十小國，成立數十政府，割裂相爭，庶得近似。否則惟當求美化，不能求歐化。而此後美國猶太人、黑人與歐洲白人成爲鼎足之三，中國又急切難有此希望。但國人又好以中山先生「民族、民權、民生」之三民主義，改爲林肯之「民有、民治、民享」。人心如此，亦誠一無可奈何之事。要之，中國是中國，西方是西方，歷史路綫本屬分歧。不知此下國人究當如何努力，以期徹底西化之完成。則惟有企而待之，急切間恐無意想耳。

（民國七十年十月作）

中國歷史上的傳統教育

一

要談中國歷史上的傳統教育，首先應該提到中國傳統教育中的精神和理想。此項中國傳統教育中的精神和理想，創始於三千年前的周公，完成於兩千五百年前的孔子。此項教育的主要意義，並不專爲傳授知識，更不專爲訓練職業，亦不專爲幼年、青年乃至中年以下人而設。此項教育的主要對象，乃爲全社會，亦可說爲全人類。不論幼年、青年、中年、老年，不論男女，不論任何職業，亦不論種族分別，都包括在此項教育精神與教育理想之內。

在中國的文化體系裏，没有創造出宗教。直到魏晉南北朝以後，始有印度佛教傳入。隋唐時代，乃有回教、耶教等相繼東來。中國社會并不排拒外來宗教，而佛教在中國社會上，尤擁有廣大信徒。亦可説，佛教雖創始於印度，但其終極完成則在中國。但在中國文化體系中，佛教仍不占重要地位。最占重要地位者，仍爲孔子之儒教。

孔子儒教，不成爲一項宗教，而實賦有極深厚的宗教情感與宗教精神。如耶教、佛教等，其教義都不牽涉到實際政治；但孔子儒教，則以「治國平天下」爲其終極理想，故儒教鼓勵人從政。又如耶教、佛教等，其信徒都超然在一般社會之上，來從事其傳教工作；但孔子儒家，其信徒都没入在一般社會中，在下則宏揚師道，在上則服務政治。只求淑世，不求出世，故儒教信徒，並不如一般宗教之另有團體，另成組織。

在中國文化體系中，教育即負起了其他民族所有宗教的責任。儒家教義，主要在教人如何爲人。亦可說儒教乃是一種「人道教」，或說是一種「人文教」，只要是一人，都該受此教。不論男女老幼，不能自外。不論任何知識、任何職業，都該奉此教義爲中心，向此教義爲歸宿。在其教義中，如孝、弟、忠、恕，如仁、義、禮、智，都是爲人條件，應爲人人所服膺而遵守。

中國的這一套傳統教育，既可代替宗教功能，但亦並不反對外來宗教之傳入。因在中國人觀念裏，我既能服膺遵守一套人生正道，在我身後若果有上帝諸神主張正道，則我亦自有上天堂進極樂國的資格。別人信奉宗教，只要其在現實社會中不爲非作歹，我以與人爲善之心，自也不必加以爭辯與反對。因此在中國文化體系中，雖不創興宗教，卻可涵容外來宗教，兼收並包，不起衝突。

二

在中國儒家教義中，有一種「人品觀」，把人生的意義與價值作評判標準，來把人分作幾種品類。即如自然物乃至人造物，亦同樣爲他們品第高下。無生物中如石與玉，一則品價高，一則品價低。有生物中，如飛禽中之鳳凰，走獸中之麒麟；水生動物中，如龍與龜；樹木中如松、柏，如梅、蘭、竹、菊；人造物中，如遠古傳下的鐘鼎彝器，以及一應精美高貴的藝術品；在中國人心目中，皆有甚高評價。物如此，人亦然。故中國人常連稱「人物」，亦稱「人品」。物有品，人亦有品。天地生物，應該是一視同仁的。但人自該有人道作標準來贊助天道，故曰：「贊天地之化育。」中國人貴能天人合德，以人來合天。不主以人蔑天，亦不主以天蔑人。在中國傳統教育中，有其「天道觀」，亦有其「人道觀」。有其「自然觀」，亦有其「人文觀」。兩者貴能相得而益彰，不貴專走一偏。

中國人的人品觀中，主要有「君子」與「小人」之別。君者，羣也。人須在大羣中做人，不專顧一己之私，並兼顧大羣之公，此等人乃曰「君子」。若其人，心胸小，眼光狹，專爲小己個人之私圖謀，不計及大羣公衆利益，此等人則曰「小人」。在班固漢書的古今人表裏，把從來歷史人物分成九等。先分上、中、下三等，又在每等中各分上、中、下，於是有上上至下下共九等。歷史上做皇帝，大富大貴，而列入下等中，乃至列入下下等的，儘不少。上上等是聖人，上中等是仁人，上下等是智人。中國古人以仁智兼盡爲聖人，故此三等實是一等。最下下等是愚人。可見中國人觀念，人品分別，乃由其智愚來。若使其知識開明，能知人道所貴，自能做成一上品人。因其知識閉塞，不知人道所貴，專爲己私，乃成一下品人。故曰：「先知覺後知，先覺覺後覺。」此則須待有教育。苟能受教育，實踐人道所貴，則「人皆可以爲堯舜」。人類的理想，乃使人人同爲上等人，人人同爲聖人。此是中國人的平等觀。

中國人言人品，又常言品性、品德。人之分品，乃從其人之「德性」分。「天命之謂性」，人性本由天賦；但要人能受教育，能知修養，能把此天賦之性實踐自得，確有之己，始謂之「德」。德只從天性來。天性相同，人人具有。人之與人，同類則皆相似，故人人皆能爲堯舜。而且堯舜尚在上古時代，那時教育不發達，堯舜能成爲第一等人；我們生在教育發達之後世，只要教育得其道，豈不使人人皆可爲堯舜。若使全世界人類，同受此等教育薰陶，人人同得爲第一等之聖人，到那時，便是中國人理想中所謂「大同太平」之境。到此則塵世即是天堂。人死後的天堂且不論，而現實的人世，也可以是天堂了。故說中國傳統教育的理想與精神，是有他一番極深厚的宗教情趣與宗教信仰的。

中國人傳統教育的理想與精神，既然注重在人之德性上，要從先天自然天賦之性，來達成其後天人道文化之德；因此中國人的思想，尤其是儒家，便特別注意到人性問題上來。孟子說：「盡其心者，知其性。知其性，則知天矣。」性由天賦，人若能知得自己的性，便可由此知得天。但人要知得自己的性，該能把自己的那一顆心，從其各方面獲得一盡量完滿的發揮，那纔能知得自己的性。人心皆知飲食男女，飲食男女亦是人之性，但人的心不該全在飲食男女上，人的性亦不只僅是飲食男女。人若專在飲食男女上留意用心，此即孟子所謂「養其小體爲小人」。

人的生命，有小體，有大體。推極而言，古今將來，全世界人類生命，乃是此生命之大全體。每一人之短暫生命，乃是此生命之最小體。但人類生命大全體，亦由每一人之生命小體會通積累而來。不應由大體抹殺了小體，亦不應由小體忽忘了大體。

儒家教義，乃從每一人與生俱來各自固有之良知良能，亦可說是其本能，此即自然先天之性；由此爲本，根據人類生命大全體之終極理想，來盡量發展此自然先天性，使達於其最高可能，此即人文後天之性。使自然先天，化成人文後天；使人文後天，完成自然先天。乃始是「盡性知天」。若把自然先天單稱「性」，則人文後天應稱「德」。性須成德，德須承性。性屬天，人人所同。德屬人，可以人人有異。甚則有大人、小人之別。有各色人品，有各類文化。

世界諸大宗教，都不免有尊天抑人之嫌。惟有中國儒家教義，主張由人合天。而在人羣中，看重每一小己個人，由每一小己個人來盡性成德，由此人道來上合於天道。沒有人道，則天道不完成；沒有每一小己個人之道，則人道亦不完成。近代人喜言個人自由，實則中國儒家教義，主張盡性成德，乃是每一人之最高最大的自由。由此每一人之最高最大的自由，來達成全人類最高最大的平等，即是人人皆爲上上第一等人，人皆可以爲堯舜。儒家教義由此理想來教導人類，此爲對人類最高最大之博愛，此即孔子之所謂「仁」。

三

中國儒家此一種教育理想與教育精神，既不全注重在知識傳授與職業訓練上，更不注重在服從法令與追隨風氣上；其所重者，乃在擔任教育工作之師道上，乃在堪任師道之人品人格上。故說：「經師易得，人師難求。」若要一人來傳授一部經書，其人易得。若要一人來指導人「爲人之道」，其人難求。因其人必先自己懂得實踐了爲人之道，乃能來指導人；必先自己能盡性成德，乃能教人盡性成德。中庸上說：「盡己之性，乃能盡人之性。」孔子稱爲「至聖先師」，因其人品人格最高，乃能勝任爲人師之道，教人亦能各自盡性成德，提高其各自之人品人格。

韓愈師說謂：「師者，所以傳道、授業、解惑。」其實此三事只是一事。人各有業，但不能離道以爲業。如爲人君，盡君道。爲人臣，盡臣道。政治家有政治家之道。中國人常說「信義通商」，商業家亦有商業家之道。社會各業，必專而分；但人生大道，則必通而合。然人事複雜，利害分歧，每一專門分業，要來共通合成一人生大道，其間必遇許多問題，使人迷惑難解；則貴有人來解其惑。所以傳道者必當授之業而解其惑。而授業解惑，亦即是傳道。

孔子門下有德行、言語、政事、文學四科。言語如今言外交，外交、政事屬政治科。文學則如今人在書本上傳授知識。但孔門所授，乃有最高的人生大道「德行」一科。子夏列文學科，孔子教之曰：「女爲君子儒，毋爲小人儒。」則治文學科者，仍必上通於德行。子路長治軍，冉有擅理財，公西華熟嫻外交禮節，各就其才性所近，可以各專一業。但冉有爲季孫氏家宰，爲之理財，使季孫氏富於周公，此已違背了政治大道。孔子告其門人曰：「冉有非吾徒，小子鳴鼓而攻之可也。」但季孫氏也只能用冉有代他理財，若要用冉有來幫他弑君，冉有也不爲。所以冉有還得算是孔門之徒，還得列於政事科。至於德行一科，尤是孔門之最高科。如顏淵，「用之則行，舍之則藏」，學了滿身本領，若使違離於道，寧肯藏而不用。可見在孔門教義中，道義遠重於職業。

宋代大教育家胡瑗，他教人分經義、治事兩齋。經義講求人生大道，治事則各就才性所近，各治一事，又兼治一事。如治民講武，堰水曆算等。從來中國學校，亦重專業教育，如天文、曆法、刑律、醫藥等。近代教育上，有「專家」與「通才」之爭。其實成才則就其性之所近，宜於專而分。中國傳統教育也不提倡通才，所提倡者，乃是通德、通識。故曰：「士先器識，而後文藝。」有了通德通識，乃爲通儒通人。人必然是一人。各業皆由人擔任。如政治、如商業，皆須由人擔任。其人則必具「通德」。此指人人共通當有的，亦稱「達德」。擔任這一業，也須懂得這一業在人生大道共同立場上的地位和意義，此謂之「通識」。通德屬於「仁」，通識屬於「智」。其人具有通德通識，乃爲上品人，稱大器，能成大業，斯爲大人。若其人不具通德通識，只是小器，營小事，爲下品人。

四

中國人辨別人品，又有「雅俗」之分。俗有兩種，一是空間之俗，一是時間之俗。限於地域，在某一區的風氣習俗之內，轉換到別一區，便不能相通；限於時代，在某一期的風氣習俗之內，轉換到另一期，又復不能相通，此謂小人俗人。大雅君子，不爲時限，不爲地限，到處相通。中國在西周初期，列國分疆，即提倡雅言雅樂，遂造成了中國民族更進一步之大統一。此後中國的文學藝術，無不力求「雅化」。應不爲地域所限，並亦不爲時代所限。文學藝術如此，其他人文大道皆然。故中庸曰：「君子之道，本諸身，徵諸庶民，考諸三王而不繆，建諸天地而不悖，質諸鬼神而無疑，百世以俟聖人而不惑。」此項大道，其實只在一個小己個人的身上，此一人便成爲君子。但君子之道，並不要異於人，乃要通於人，抑且要通於大羣一般人。故曰：「徵諸庶民」，要能在庶民身上求證。「考諸三王」，是求證於歷史。「建諸天地」，是求證於大自然。「質諸鬼神」，是求證於精神界。此項大道，惟遇聖人，可獲其首肯與心印。聖人不易遇，故將「百世以俟」。但此一君子，其實亦可謂只是一雅人。雅即通，要能旁通四海，上下通千古，乃爲大雅之極。故既是君子，則必是一雅人。既是雅人，亦必是一君子。但沒有俗的君子，亦沒有雅的小人。只中國人稱「君子」，都指其日常人生一切實務言。而中國人稱「雅人」，則每指有關文學藝術的生活方面而言。故君子小人之分，尤重於雅俗之分。

中國傳統教育，亦可謂只要教人爲君子不爲小人，教人爲雅人不爲俗人。說來平易近人，但其中寓有最高真理，非具最高信仰，則不易到達其最高境界。中國傳統教育，極富宗教精神，而復與宗教不相同，其要端即在此。

五

中國傳統教育，因寓有上述精神，故中國人重視教育，往往不重在學校與其所開設之課程，而更重在師資人選。在中國歷史上，自漢以下，歷代皆有國立太學。每一地方行政單位，亦各設有學校。鄉村亦到處有私塾小學。但一般最重視者，乃在私家講學。戰國先秦時代，諸子百家競起，此姑不論。在兩漢時代，在野有一名師，學徒不遠千里，四面湊集，各立精廬，登門求教，前後可得數千人。亦有人遍歷中國，到處訪問各地名師。下至宋、元、明三代，書院講學，更是如此。所以在中國傳統教育上，更主要者乃是一種私門教育、自由教育。其對象，則爲一種社會教育與成人教育。孔子死後，不聞有人在曲阜興建一學校繼續講學。朱子死後，不聞有人在武夷、五夫里，在建陽、考亭興建一學校繼續講學。更如王陽明，只在他隨處的衙門內講學，連書院也沒有。中國傳統教育之主要精神，尤重在人與人間之傳道。既沒有如各大宗教之有教會組織，又不憑藉固定的學校場所。只一名師平地拔起，四方雲集，不拘形式的進行其教育事業。此卻是中國傳統教育一特色。

唐代佛教中禪宗崛起，他們自建禪寺，與一般佛寺不同。可以沒有佛殿，可以不開講一部佛門經典。但有了一祖師，四方僧徒，雲集而至。一所大叢林，可以有數千行腳僧，此來彼往，質疑問難。一旦自成祖師，卻又另自開山，傳授僧徒。禪宗乃是佛教中之最爲中國化者，其傳教精神，亦復是中國化。

近代的世界，宗教勢力逐步衰退。西方現代教育，最先本亦由教會發動，此刻教會勢力亦退出了學校。教育全成爲傳播知識與訓練職業。只有中小學，還有一些教導人成爲一國公民的教育意義外，全與教導人爲人之道的這一大宗旨脫了節。整個世界，只見分裂，不見調和。各大宗教，已是一大分裂。在同一宗教下，又有宗派分裂。民族與國家，各自分裂。人的本身，亦爲職業觀念所分裂。如宗教家、哲學家、文學家、藝術家、科學家、政治家、軍事家、外交家、法律家、財政經濟家、企業資本家等，每一職業，在其知識與技能方面有傑出表現傑出成就者，均目爲一家。此外芸芸大衆，則成無產階級與雇用人員。好像不爲由人生大道而有職業，乃是爲職業而始有人生。全人生只成爲功利的、唯物的。莊子說：「道術將爲天下裂。」今天世界的道術，則全爲人人各自營生與牟利，於是職業分裂。德性一觀念，似乎極少人注意。職業爲上，德性爲下，德性亦隨職業分裂。從事教育工作者，亦被視爲一職業。爲人師者，亦以知識技能分高下。非犯法，德性在所不論。科學被視爲各項知識技能中之最高者。中庸說：「盡人之性而後可以盡物之性。」大學說「格物」，其最後目標乃爲國治而天下平。朱子說「格物窮理」，其所窮之理，乃是吾心之全體大用，與夫國治天下平之人生大道。近代科學，只窮物理，卻忽略了人道，即人生之理。原子彈、核武器，並不能治國平天下。送人上月球，也非當前治國平天下所需。科學教育只重智，不重仁。在漢書的古今人表裏，最高只當列第三等，上面還有上上、上中兩等，近代人全不理會。中國傳統教育之特殊理想與特殊精神，在現實世界之情勢下，實有再爲提倡之必要。

六

而且中國傳統教育理想，最重師道，但師道也有另一解法。孔子說：「三人行，必有吾師。」子貢亦說：「夫子焉不學，而亦何常師之有。」可見人人可以爲人師，而且亦可爲聖人師。中國人之重師道，其實同時即是重人道。孟子說：「聖人，百世之師也，伯夷、柳下惠是也。」伯夷、柳下惠並不從事教育工作，但百世之下聞其風而興起，故說爲百世師。又說：「君子之德，風。小人之德，草。草，上之風，必偃。」所以儒家教義論教育，脫略了形式化。只要是一君子，同時即是一師。社會上只要有一君子，他人即望風而起。又說：「君子之教，如時雨化之。」只要一陣雨，萬物皆以生以化。人同樣是一人，人之德性相同，人皆有向上心。只要一人向上，他人皆跟著向上。中國古人因對人性具此信仰，因此遂發展出像上述的那一套傳統的教育理想和教育精神。

不要怕違逆了時代，不要怕少數，不要怕無憑藉，不要計及權勢與力量。單憑小己個人，只要道在我身，可以默默地主宰著人類命運。否世可以轉泰，剝運可以轉復。其主要的樞紐，即在那一種無形的教育理想與教育精神上。此可以把中國全部歷史爲證。遠從周公以來三千年，遠從孔子以來兩千五百年，其間歷經不少衰世亂世，中國民族屢仆屢起，只是這一個傳統直到於今，還將賴這一個傳統復興於後。這是人類全體生命命脈之所在。中國人稱之曰「道」。「教統」即在此「道統」上，「政統」亦應在此「道統」上。全世界各時代、各民族、各大宗教、各大思想體系、各大教育組織，亦莫不合於此者盛而興，離於此者衰而亡。而其主要動機，則掌握在每一小己個人身上。明末遺民顧亭林曾說：「天下興亡，匹夫有責。」其內涵意義亦在此。

七

由於中國傳統而發展成爲東方各民族的文化體系，韓國人的歷史，至少亦該遠溯到三千年以上。即根據韓國史，我想亦可證成我上面之所述。我中、韓兩民族，尤其是知識分子，身負教育責任的，應該大家奮起，振作此傳統精神，發揚此傳統理想。從教育崗位上，來爲兩民族前途，爲全世界人類前途，盡其最高可能之貢獻。

我要特別說明，我很喜歡這「傳統」二字，因這「傳統」二字，特別重要。但要認識傳統，其事不易。好像有些時候，我們要認識別人反而易，要認識自己反而難。而且要認識我們東方人的傳統，要比認識西方人的傳統，其事難。如中國有四千年、五千年以上的傳統，韓國有三千年以上的傳統，日本有二千年以上的傳統。西方如法國、英國只有一千年傳統，美國只有兩百到四百年傳統，蘇維埃沒有一百年傳統。

教育的第一任務，便是要這一國家這一民族裏面的每一分子，都能來認識他們自己的傳統。正像教一個人都要能認識他自己。連自己都不認識，其他便都不必說了。

今天，我們東方人的教育，第一大錯誤，是在一意模倣西方，鈔襲西方。不知道每一國家每一民族的教育，必該有自己的一套。如韓國人的教育，必該教大家如何做一韓國人，來建立起韓國自己的新國家，發揚韓國自己的新文化，創造出韓國此下的新歷史。這一個莫大的新任務，便該由韓國人自己的教育來負擔。要負擔起此一任務，首先要韓國人各自認識自己，尊重自己，一切以自己爲中心，一切以自己爲歸宿。

但這不是說要我們故步自封，閉關自守。也不是要我們不懂得看重別人，不懂得學別人長處來補自己短處。但此種種應有一限度。切不可爲要學別人而遺忘了自己，更不可爲要學別人而先破滅了自己。今天，我們東方人便有這樣的趨勢，急待我們自己來改進。

（民國六十三年九月二日韓國延世大學演講，九月二十八日載臺北中央日報副刊。）

中國教育制度與教育思想

嚴格言之，可謂中國自古無宗教。佛教傳入，其事在後。故在中國文化體系中，教育所占之地位及其責任，乃特別重大。

任何一國家一民族，必有其自己一套教育，乃能使其民衆忠於邦國，而亦能樂羣相處，不相離散。中國民族緜延五千載，日以擴大繁昌，亦賴於此。

最近百年來，西化東漸，新教育興起。自小學以至大學，設科分系，其制度及其內容，莫非效法歐美。在知識技能方面，擇善多師，事無不可。但若以教育爲立國之本，爲善羣要道，則必淵源自己歷史傳統，針對自己當前需要，善自創制。非可爲邯鄲之學步。縱謂中國舊有已不切時代，亦當識其來歷，善爲變通，斟酌改進，以求愜適。萬不當於自己固有懵焉不知，謂可一刀兩斷，嶄地更新。此在凡百措施皆所不能，而教育尤然。

本文乃在三年前，爲政治大學教育研究所作連續演講，由何君福田筆錄講辭，藏之匱篋，迄未整理。茲就何君筆錄，摘要成篇，先制度，後思想。雖簡率已甚，亦聊備關心當前教育問題者作參考。

一

中國文化緜歷五千年。皇古難考，茲述中國教育制度，姑從西周開始。因西周已有詩書可考，決非無證不信。然距今亦已三千年。此三千年來，即教育制度一項，亦已遞有變革。當即就其變革，略爲分期。自西周迄孔子爲第一期。此期亦已占四五百年之久。書闕有間，僅能粗枝大葉，敍述一概要。

小戴禮王制篇有云：「天子曰辟雍，諸侯曰泮宮。」此即言當時之學校。「辟雍」者，「辟」借作「璧」字，言其爲一圓形。「雍」字當作「雝」。「邕」乃四方有水，土在其中。「广」是高屋之形。即指學校建築，四面環水，此一建築，乃在水中央。此乃當時天子所轄中央政府下之學校，猶今所謂國立大學。

詩大雅文王有聲有曰：「鎬京辟雍，自西自東，自南自北，無思不服，皇王烝哉。」白虎通德論謂：「辟雍所以行禮樂，宣教化。」此見學校在當時，爲政治一輔助機構。四方諸侯來朝中央，在此有一套禮樂施行。然亦見當時對學校之重視。三輔黃圖有曰：「周文王辟雍，在長安西北四十里。」是至漢代，文王辟雍遺址尚在。是中國之國立大學，遠當在今三千年以前。

「泮宮」者，「泮」是半圓形之水。詩魯頌泮水又稱泮宮，是爲當時諸侯有泮宮之證。此爲封建時代諸侯國中之大學，即如今之地方大學。國立大學，四面環水。地方大學，只三面環水。在形制上，表示了中央與地方尊卑之分。此後歷代，全國各省縣均有孔子廟，廟旁有明倫堂，堂前有泮水，即承古代泮宮遺制。清代秀才入學，即稱「入泮」。辟雍、泮宮兩名，在中國沿用，亦已歷三千年勿替。

古代學校，除辟雍、泮宮外，尚有「庠序」。孟子曰：「修庠序之教。庠者養也，序者射也。」古代壯丁必習射。荷矢負弓，乃男子丈夫必習之業。習射亦所以培德。射屬藝，而必有禮。習射亦兼以習禮。孔子以禮、樂、射、御、書、數六藝爲教。小戴禮射義篇：「孔子射於矍相之圃，觀者如堵牆。」此證孔子之善射。詩毛傳：「水旋邱如璧曰辟雍，以節觀者。」蓋辟雍乃古之學校，古人在此習射，斯亦學禮之一端。水環其外，所以節觀者，使不漫入也。泮宮則諸侯鄉射之宮。東西門以南通水，北則無之，以示別於天子。而古代學校以習射爲主。換言之，武事重於文事，亦由此可知。

庠者養也。古者天子有養老之禮，亦於辟雍、泮宮行之。行養老禮，必飲酒奏樂。詩大雅靈臺篇：「虡業維樅，賁鼓維鏞，於論鼓鐘，於樂辟雍。」魯頌泮水篇：「思樂泮水，薄采其茆，魯侯戾止，在泮飲酒。既飲旨酒，永錫難老。順彼長道，屈此羣醜。」解者謂諸侯在泮宮行飲酒禮，延老納言，因以謀事。則養老之禮，亦政事之一端。

古者學校又稱「瞽宗」，瞽乃盲者。盲人習樂為師，如春秋時有師曠、師襄。師襄亦孔子所從學。靈臺之詩又曰：「於論鼓鐘，於樂辟雍，鼉鼓逢逢，曚瞍奏公。」曚瞍即瞽者。奏樂必歌，所歌則以今所傳之詩經三百首為主。詩中所詠，皆與政治有甚深關係，而亦具有甚深之教育意義寓其中。

古者政治上別有其他大禮節，亦多在學校行之。魯頌泮水篇又曰：「翩彼飛鴞，集于泮水。憬彼淮夷，來獻其琛。」此乃在學校接受外夷貢獻之禮。又曰：「明明魯侯，克明其德。既作泮宮，淮夷攸服。矯矯虎臣，在泮獻馘。淑問如皋陶，在泮獻囚。」是又在學校行獻馘獻囚之禮。「馘」者，殺敵割其一耳。「囚」者戰俘。古者在學校習射，出兵則受成於學，及其返，則釋奠於學。凱旋之禮，亦於學校行之。

然則古代學校之於政事，乃密切相關。白虎通所謂「行禮樂，宣教化」，此乃政治上之莫大任務。下至漢儒，尚能懇切言之。

今當再說「學校」二字。孟子有曰：「修庠序學校之教。」此因戰國時，古代學校之制已破壞，故孟子主欲興修。以訓詁言之，學者，效也。孟子又曰：「校者，教也。夏曰校，殷曰序，周曰庠，學則三代共之，皆所以明人倫。」可見西周教育制度之規模，已遠有淵源。孟子言三代共有學，其說決非虛造。又觀左傳有「鄭人遊於鄉校，以論執政」之事。其時孔子已生，鄭國鄉間尚有學校，故鄉人集於其中以議國事。因學校乃公共建築，而傳統上學校本亦與政治密切相連。至其稱「校」，因「校」字有考校、比校之義。學中習射習歌，亦必時有考校可知。以後此校字多用在軍事上，而當時學校尤與軍事有深切關係，亦據此校字而可知。

二

以上敍述了西周乃至春秋時代之學校概況。其次要談到孔子以下及於戰國，其間約有三百年時期。此一時期，在教育上乃有一特殊情況，亦可謂乃是一有教育而無學校之時期。亦可謂教育乃自學校中解放而歸入於私家友朋集合之時期。因周室東遷，中央政府早不爲社會民衆所重視，列國間卿大夫漸漸有不悅學之現象，地方學校逐步廢了。於是學校與教育，遂逐漸歸入到平民社會中去。

孔子崛興，以一平民，而把以前相傳的貴族教育開始轉移到平民社會來，開出此下平民講學之風。後世稱孔子爲「至聖先師」。孔子在中國教育史上，實亦可稱爲開天闢地旋乾轉坤一偉人。因以前教育，都限制在政治圈中。以後教育，乃脫離政治圈轉入社會而自爲發展。然中國此下教育，仍與政治有密切關係。此乃中國歷史文化大傳統所在。治中國教育思想與教育制度者，於此一節，乃尤當注意。

孔子弟子共有七十餘人，來自四方。或自魯、或自衛、或自齊、或自宋、或自陳、或自吳，此已自北方黃河流域，跨過淮水，南及長江流域。因此孔子設教，在當時，實是國際性的，不限於一國一地。

孔子的學生，有父子同來受教的；有貴族、有平民；有的很窮、有的很闊；亦有些不是好出身、不務好行業；但經孔子教育，都變爲學成行尊，出類拔萃，顯於當時，傳於後世的一批人物。中國古代社會之大變動，不得不謂自孔子教育有以啟之。

孔子以禮、樂、射、御、書、數爲教，當時稱之曰「六藝」。凡此六藝，都是當時貴族階級日常事務中所必需歷練的幾項才幹。故貴族之疏遠層，及民間俊秀，必先習此六藝，乃能在貴族圈中服務。當時稱之謂「儒」。「儒」乃是當時社會一行業。孔子自己身通六藝，其弟子除嫻習當時例行的六藝外，或通政事，或擅理財，或長軍旅，或嫻外交。要之，均可成爲政治人物，供當時政治上之實際應用。但更重要的，孔子乃在此種種政治界實用藝能之上，發揮出一番大道理。此一番大道理，私之可以修身齊家，公則可以治國平天下。並亦永爲中國後世所信守而遵行。於是在儒的一新職業之中，加進儒的一新理想。自有孔子，而中國教育內容遂超出於政治事業之上之外，而成爲社會人生文化一切行爲主要有理想的一項目，而孔子因亦被稱爲「至聖先師」。

但孔子當時傳教，實沒有一學校。後人稱之爲開門授徒私家講學，其像樣的創始，實始於孔子。莊子漁父篇有云：「孔子遊乎緇帷之林，休坐乎杏壇之上。弟子讀書，孔子弦歌鼓琴。」唐人錢起詩：「更憐弟子宜春服，花裏尋師到杏壇。」杏壇只是一栽有杏花的高地，既非學校，亦無教室。想是孔子春日郊遊，偶而到此。實則只是在家設教而已。又孔子在宋遇難，亦與其弟子習禮大樹之下。可見孔子隨處不怠行教，幕天席地，則莫非設教之所。行遊坐息，亦莫非設教之緣。人生不忘教學，教學即是人生。孔門之教，宜即可代替世界任何一大宗教而有餘。故中國教育，實亦可謂是一種宗教事業。

孔子以下有墨子，其徒三百人，其數量已遠超孔子之上。孔子之出，一車兩馬，儉不中禮。又與其弟子餓於陳蔡之間。墨子則千里徒行，至於裂裳裹足。孔墨皆以平民講學，在當時，乃是一種非官方給養的自由職業，宜其生活貧薄有如此。但其震爍一世，影響於後代者實甚大。

再下到孟子，則已「後車數十乘，從者數百人，傳食諸侯」。生活情況較之孔墨，已甚闊綽。而闊綽過孟子的，時尚多有。即如齊之稷下先生，受齊威、宣、湣王歷代供養，皆賜上大夫之祿，開第康莊之衢，高門大屋尊寵之。既不預政事之煩，專以招攬弟子，講學著書。稱「先生」者逾七十人。朋徒羣集，數百千人。此時則教育事業已遠超在政治事業之上。但亦是得政治上崇重供養而來。即隱淪不顯如莊周，亦有弟子相隨，從容於論學著書，此亦決非僅藉於漆園之微薪。當時教育界持論多反現實政治，而同時政治界則盡量崇重此輩講學之人。此層亦當爲研究中國歷史文化傳統者所應注意。

當時私家講學，不僅成一學術集團，同時亦是一經濟集團。孔子曾說：「自行束脩以上，未嘗無誨。」束脩只是一條乾肉，用作贄見之禮。後代弟子敬師學費，仍稱束脩，或稱薪水，皆是極爲微薄之意。抑且不僅弟子於師有敬禮，師之於弟子，亦有通財相助之誼。顏淵死，其父顏路欲請孔子之車以爲之槨。此亦決非無端請乞。如孔子周遊，諸弟子相從，亦皆食於孔子，可見師弟子本常通財。孔子雖不從顏路之請，但孔門弟子終爲顏淵集資厚葬。至墨子賙養其弟子之事，更屢見不鮮。故墨子門下，不僅是一經濟集團，同時亦是一勞工集團。通力共產，後代之有幫會，其事遠從墨家集團來。至孟子時，從者數百人，皆食於其師可知。如此則私家講學，同時豈不即成爲私家養徒。一自由講學者，同時又是一自由養徒者，其勢震撼上層貴族階層，乃始有齊威、宣以來稷下之制。而如孟嘗、信陵、平原、春申四公子養士，其實亦是慕效當時講學大師之養其門徒。直至楚、漢之際，天下大亂，叔孫通投漢高祖，隨身尚帶有一輩學生。若非由叔孫通給養，何能枵腹相從。此亦是古代中國社會一特有現象。

又且當時大師講學，必兼著書，著書必用竹帛。即就經濟條件言，亦不易易。又當時著書，亦多集體爲之，又有累世爲之者。如論語一書，即由孔子弟子及其再傳弟子等集體記錄編纂，直到戰國中期後始成書。墨子書中如天志、尚同、兼愛等，各分上、中、下三篇，乃由墨家三派分別選述。又有墨經等益後出。莊子有內篇、外篇、雜篇，非出莊子一人之手，亦非莊子弟子一時所成，猶必有再傳三傳者加入，如論語、墨子之例。孟子七篇亦與其弟子萬章、公孫丑之徒討論集成。然則先秦之講學團體，同時亦即是著作團體。呂不韋在秦得意，招天下賓客，合撰呂氏春秋，此亦時代風氣。集體著作，乃當時常事，今乃絕不能盡知當時各書各篇各自撰著者之姓名。是則當時一學術團體，既不爲利，亦不爲名，乃共同宣揚一思想與理論爲主。此亦中國古代社會，爲此後歷史文化傳統開先河者一特殊現象，值得我們注意。

又當時著書，流傳極速。一家成書，各家同覩，故相互間多爭辨駁難。但此時一書籍流傳，全賴謄鈔，事亦不易。諸子中晚出如荀子，最爲博通古今羣籍，又廣自著書。其門下，如韓國公子韓非，楚國書吏李斯，亦各遠道奔湊。荀子最爲齊國稷下先生之晚輩，而在彼時，曾屢次高踞稷下先生之首座。彼亦遍遊列國，行蹤極廣，想其朋徒相隨，當亦如孔、墨、孟子之例，由彼給養。是則其經濟憑藉，決亦非薄，故能在當時，有此大氣魄之講學著書與遊行之規模。同時有鄒衍，其爲當時所寵顯尊禮，則似當更甚於荀卿。又當時諸子所著書，皆能審慎保存而久傳。秦滅六國，漢繼滅秦，兵禍連結，民生無寧日，亙百年之久，然迄於漢世，諸子百家言皆獲存全，即觀漢書藝文志諸子略所收書目可見。此又豈民間私人一手一足之烈所能然。

近人豔稱戰國，認爲百家爭鳴，可徵當時思想之自由。此乃徒拾一時口頭禪，寧能捉摸到當年之真史實。自孔子以平民私人講學，百家踵興，朋徒羣集。雖各無專設的一所學校，卻各有一私家結合的學團。本於相互共同之思想學術，激起相互共同之實行活力。我們今日不徒當探討其學說內容，更應注意其經濟實況及生活真情。惟其社會上有此種新集體之風起雲湧，纔能與當時正趨没落之貴族階級接步代起，而開創出秦漢以下士、農、工、商之四民新社會。此乃中國歷史上一絕大變動，絕大創造，皆由戰國百家掌握其轉捩之樞機。

所謂「百家」，乃如同司馬遷史記魯、衛、齊、晉之稱爲「世家」，而實是一無組織之大集團，而亦稱之曰「家」，決非一夫婦子女之家。其稱曰「諸子」，亦借用古代貴族階級分爵公、侯、伯、子、男之「子」。此輩雖係平民，乃亦約略相當於封建之貴族。貴族擁有土地，有土斯有衆。此輩則擁有學術思想，亦擁有信受此學術思想之一批門徒，而形成一種共同精神，附隨而有一種共同生活，亦約略髣髴於同時一小諸侯，惟無封土而已。故時人遂稱之曰「諸子百家」。又稱此等士曰「游士」，因其非土著不安居。但若熱心富貴，如公孫衍、張儀，則孟子鄙之曰「妾婦」。所以當時的平民自由講學，乃得與封建貴族爲代興，而亦並無貴族、平民階級鬥爭之跡象。此又豈近人以西方人眼光治中國史者之所能知。

就此當知，當時諸大師僅爲學術思想行教化，而不爲私生活私奉養作打算之精神，既已大堪佩仰。而風氣感召，全社會上下，尊師崇道，慕效恐後；此已不能與西周以下由政府規定出一套制度，建立起一些學校，來推行教育事業者相提並論。在此一時期，乃是由社會下層醞釀出一番風氣，而並無一種制度可言。然而下層社會風氣之影響力，則實遠超在上層政治制度之上。

故凡屬政治上具有一種真實性之制度，則必從社會風氣醞釀而出。否則有名無實，有此制度，無此風尚，空制度決不能與真風尚相敵。故在當時，雖無特定制度可言，而亦可謂之是一種未成制度之制度。

以上略述中國教育制度之第二期，此下當述第三期，爲秦漢時代之教育制度。秦代享國未久，當以兩漢爲主。

三

西周以下之教育，乃是一種「官立教育」，同時亦是一種「貴族教育」。從孔子以下，雖無教育制度，但有教育精神，其時乃是社會私家教育時代，亦可稱爲乃一種純粹的「社會教育」或「平民教育」。秦代統一，似乎又想把當時社會私人教育的新風氣新運動收歸政府，由政府來辦理。此乃一種微帶有復古傾向之開始。其時乃有「博士官」之設置。博士官雖受政府祿養，但不負實際政治責任，只備顧問，供參議，而同時得收納弟子，仍不失其爲一學者傳播學術之身分。

此種制度，淵源於戰國時代齊之稷下先生。齊國稷下先生七十人，秦博士官員額亦七十。此因孔子擁有七十弟子，故齊王、秦帝亦足此數爲員額。則當時政府仍爲尊重學術，尊重學者，而非如近人所謂只要鞏固其私人之政權，而始設立此制度。

博士官漢初沿襲不廢，待到漢武帝，又來了一次大改變。在秦始皇時，曾因博士官中有主張復行封建的，於是加以一番澄清，嚴禁以古非今；凡博士治古史的，幾乎全都罷黜。漢武帝則一反秦舊，把凡治戰國百家言的博士都廢了，只立五經博士。講求五經則是講求古代史實的。又秦始皇焚書禁以古非今，主「法後王」，乃荀卿所主張。漢武帝表彰五經，主「法先王」，乃孟子所主張。孟、荀皆孔門儒家，而主張各異。又孟子主「性善」，荀子主「性惡」。主性善乃中國傳統文化一特點，主性惡近似西方。故孟、荀相比，孟當較勝。後世常同稱孔孟，而荀卿則被遺棄。故秦漢之博士制，誠亦中國歷史上一大變。

秦代得天下，只二十餘年。周代縣延了八百多年。專站在政治立場上，是秦代不足法。故必上研古經籍，這是當時一般人意見。其次，武帝又建立太學，五經博士在太學中正式任教，太學生又稱「博士弟子」，如是乃恢復了西周官立教育之舊傳統。但已非貴族教育，仍是平民教育，只由政府特立學校來推行。

西漢教育制度之重要性，乃以「育才」與「選賢」雙軌並進。換言之，乃是教育制度與選舉制度之配合行使。由地方學即郡國學中送十八歲以上青年入太學，受業一年，經考試，以甲乙等分發。甲等得在宮廷充皇帝侍衛，乙等回歸本鄉作吏。爲吏有成績，重得選舉入充皇宮侍衛，再由侍衛分派到中央及地方政府擔任各職。

此一制度，形成了此下漢代政府，較之以前歷史上所有之舊政府，展現了一獨特之新面相。凡屬政府成員，皆須太學出身，或是由太學生服務地方政府爲吏之雙重資格爲出身。此等人，皆經政府之教育與選擇。每一成員，既通經術，亦長文學，又擅吏事，漢人謂之「通經致用」。縱位極丞相，亦不例外，必備此資歷。故漢代自武帝以下之政府，乃備受後世之崇重。後代政府，亦莫能自外於漢代之規模，而別創一新格。總之是受教育的始能任官職。教育地位，乃顯在政治之上了。

博士於五經，有兼通，有專精。但雖兼通，亦必以專經任教。惟一經亦可有幾派說法，經太學博士與朝廷公卿會合審查決定。所以到宣帝以後，五經共設有十四博士，即太學中共有十四個講座，此外不再添列。

所難者則在考試，須定一客觀標準。故每一太學生，必申明其自己乃依據某一講座之說法而作答。漢人謂之「家法」。五經共分十四家，每一經之章句訓詁，必遵從某一師之家法，以爲考試之答案，乃能及格。其實所謂師傳家法，皆爲便於考試；在學術上，其高下是非則仍待討論，非有定案。

但太學在此後已成爲利祿之途，來者日衆。其先博士弟子只五十人，漸增至一百人、兩百人、一千人。有人說孔子弟子三千，太學生名額遂亦增至三千人。此已在西漢之末年。下及東漢晚期，太學生乃增至三萬人。試問十四位講座，如何能教三萬名學生？太學至此，逐漸變質，失卻了開始重視教育之用意。

而且既定家法，則重墨守，陳陳相因，無發明，無創闢。私人聰明反而窒塞了。於是官學遂又不受人重視。真心求學的，重又轉歸到社會私學去。私學即是排拒在博士講座之外的；或是在博士家派之外，自有講法的；或是在博士家法之中，有所融會貫通的。既非十四家法，即爲太學所不容，於是只在民間設教，當時謂之「開門授徒」。太學博士所講，以其爲當時所通行，稱爲「今文經學」。民間所授，以其非爲當時所通行，乃稱爲「古文經學」。古文經學無家法，可兼通，可博采。此亦都在東漢之世。私學乃又代官學而崛起。

其間最值一述者有鄭玄，山東高密人，曾造太學，又自向私學從師，游學遍全國。以東方無足問者，乃西入關，因涿郡盧植介紹，投馬融門下。馬融門徒四百餘人，升堂受業者五十餘生。玄在門下，僅得高業弟子轉授。三年，不獲見融一面。某日，融會諸生考論圖緯，聞玄善算，召見於樓上。玄因得備問所疑。既畢，辭歸。融喟然曰：「鄭生去，吾道東矣。」玄不仕在鄉，弟子自遠方至者數千。曾途遇黃巾數萬人，見者皆拜，並相約不敢入縣境。孔融、袁紹亦對玄備致敬禮。

就歷史言，無數百年不敗之政治，亦無數百年不壞之制度。西周以下辟雍、泮宮等制度，今已無可詳說。秦漢兩代博士制度之演變，經學上今古文雙方之異同得失，余已有專書詳述。惟鄭玄以在野學者之身，當朝廷提倡數百年經學達於墮地將盡之際，玄之爲學，不專治一經，更不專師一家，能囊括匯通，成一大結集。此下十四博士家法師傳盡歸散失，惟鄭玄最晚出，而使經學傳統不墜重光。其功績實爲兩漢經生四百年來所未有。可見教育事業，主要在「師道」。師道所貴，主要在爲師者之「人格」與「學問」。振衰起弊，承先啟後，其能發揮絕大功能者，則多在師不在學校，又每在野不在朝，抑且在亂不在治。如鄭玄之在兩漢，即可爲一例。故其人在中國教育史上，尤爲後代所重視。

鄭玄稍前，有一郭泰亦當附說。郭泰亦當時一太學生。其時太學生數萬人麕集京都，博士倚席不講，又值朝政黑暗，激起太學清議，成爲當時政治上一難對付之力量。而郭泰是太學生中之翹楚。同時又有苻融，亦太學生，師事少府李膺。膺乃當時名公卿，但見融，必絕他賓客，聽其言論，爲之捧手嘆息。郭泰家貧，從其姊夫借五千錢，遠出從師。幷日而食，衣不蔽形。及來太學，時人莫識。融介之於膺，時膺爲河南尹，待以師友之禮。後泰歸鄉里，衣冠諸儒送至河上，車數千輛。泰惟與膺同舟而濟，衆賓望之，視若神仙。時漢政已污濁不堪，太學亦有名無實。但公卿中有賢如李膺，太學生中有英特奇偉如苻融、郭泰。其故事著之史籍，長供後人玩賞。雖無救於漢室之覆滅，但中國文化之內蘊，與夫其社會精力之充盛，可知此下尚有無窮生命，決不隨一時朝政而俱熸。

郭泰可稱爲當時一極崇高之社會教育家。黨錮事起，閉門教授，弟子以千數。經其識拔獎誘者，或值幼童，或在里肆，或事芻牧，或役郵驛，或從事屠沽，或出身卒伍，而其終皆成英彥，凡六十餘人。尚有不少故事，見於史籍。後代史家評郭泰，謂：雖墨翟、孟軻不能遠過。時有孟昭，尚在童年，謂泰曰：「經師易遇，人師難遭。願在左右，供給灑掃。」泰許之。夜中令作粥，進而呵之。三進三呵，昭不變容。泰乃與友善，卒成妙士。如此之類，不能備述。泰又自著一書，專論取士本末，惜遭亂喪亡。如郭泰，誠可謂在中國教育史上爲師道樹立一標格。今若目馬融爲經師，郭泰爲人師，而鄭玄則兩者兼備，故益爲後人所推重。

由此言之，論教育事業，注重制度，更該注重人物。制度可以壞而復修，人物則不可壞。制度可以隨時而變，人物則自有一不可變之典型。有了制度無人物，制度是空的假的；有了人物無制度，可以隨時創立制度，亦可有不成制度之制度出現。戰國與東漢晚季，皆是無制度而有人物之時代。雖則人物不同，卻有在文化傳統下同一典型之存在。近人好言戰國，忽視東漢，亦可謂終是一偏之見，應加糾正。

以上是敍述了秦漢大一統四百年之教育制度，當屬中國教育史上教育制度演變之第三期。以下當續述三國、兩晉、南北朝，中國六百年來分崩時期之教育制度。

四

教育制度建立在上，而社會風氣則鼓盪在下。西周公立教育制度破壞了，幸有戰國先秦社會風氣之在下鼓盪，因而重開出兩漢公立教育制度之興建。但東漢以下，政治解體，急切不能再統一。在此一時期之教育制度，當分兩項敍述：一曰門第教育，又一曰寺院教育。

士族大門第之興起，在東漢末年已奠其根基。此下中央政府如弈棋之更置，而門第則自有傳統，繼繩不絕。外面戰亂禍變相尋，內部則富貴安逸自如。社會重心，文化命脈，在下不在上，一皆寄托於此。逮及隋唐統一，時代開新，此輩大門第依然存在，而且有繼續向榮之勢。此決非無故而然。近人好言當時門第乃古代封建貴族之變相復興。其實一種勢力之獲得存在而維持，必有其內在一番生命力。而當時門第之內在生命力，則正在門第中之教育。

門第惟重教育，故曰家法、家範、家教、家風。一切法範風教，均以「家」爲中心。其事主持於賢父兄，賡颺於賢子弟。其時則莊老清談，已爲門第中人所競尚，以此長爲後世詬病。但莊老清淡，已實際融爲當時門第中人生活之一部分，而非支持門第一力量。不論郊遊飲宴，乃至婚姻喜慶，都成爲清談之場合。賓朋畢集，觴酌流連，便有人提出一論題，或在正面加以主張發揮，或在反面施以駁辨疑難。此亦人生哲理中之一番提撕與陶冶，由教育轉成爲遊戲，在遊戲中卻具教育意義。此亦可謂乃人生一最高「藝術化」。其實中國儒家之「儒」字，即含有藝術意義。故亦可謂人生藝術即人生道德，人生道德即人生藝術。此乃中國文化一最高大特徵。則中國士族之成爲門第，亦有其甚深涵義，所當特加討論者。

要保持門第，故對外面事變處以冷靜消極態度，此乃處亂世一權宜辦法。又當時門第於清談外，又重各種文學與各種藝術之修養，在此兩方面，亦均有優異表現。雖不足在此大時代中培養出奮鬥精神，但當時之門第，有如荒漠中一綠洲，洪流中一清淵。恬退寧靜，雖於事功無建樹，亦復小以保身，大以保家。莊老道家義，在當時可謂亦已運用得恰到好處了。

更有一層，爲後人所忽略者，乃當時門第中之「禮教」。此則承襲儒家傳統，亦是經學傳統。當時門第乃能切實遵守，並因宜發揮，主要尤在「喪服」一端。此乃古人宗法與孝道之遺傳，配合在當時門第實際情況下，斟酌恰當，發明合宜，其在此一方面之成績，乃遠非兩漢經學所能逮。雷次宗因善講喪服，當時舉以與鄭玄並尊。唐代杜佑通典，備載其時一切喪服上之研究，成爲在經學中禮學一部分最複雜難整理之一項史料。此乃當時支持門第一重要中心，而爲研討當時社會史者所必知，其作用更在莊老清談及各種文學藝術之上。若如近人眼光，只論當時門第所占之政治地位，及其經濟情形，以爲如此即可把握到當時門第存在與持續之所以然，則終不免爲淺識無當之尤。當知研究此者爲「學術」，奉行此者爲「風氣」。而所以蔚成此一代之學術與風氣者，則主要在「教育」。此則當時門第在教育上亦必有其一套不成制度之制度亦可知。

其次當及當時之寺院教育。佛教東來，非有大批僧人隨至。換言之，其來入中國者乃教義，非教徒。教義之宏闡，教法之流布，此皆屬中國僧人事。其時不斷有高僧大德絡續出現。尤著者，在北方有道安，南方有慧遠。其人雖屬方外，其教雖本佛義，然論其人物典型，則儼然一代大師，與先秦儒、墨，乃至兩漢經師，面目雖非，精神則一。道安身遭亂世，山棲木食，潛遁講學。徒衆相隨，四百餘人。播遷流離，備歷艱苦。後爲朱序所拘，乃分張徒衆，各隨所之。臨路諸長德皆被誨約，惟慧遠不蒙一言。遠跪曰：「獨無訓勗，懼非人例？」安曰：「如汝豈復相憂。」遠遂與弟子數十人，渡江行化。習鑿齒在襄陽見道安，與謝安書有曰：「來此見釋道安，師徒肅肅自相尊敬，洋洋濟濟，乃吾由來所未見。」慧遠在廬山，僧人之秀羣集，廬山見稱爲道德所居。相傳其立白蓮社，立誓入社者百二十三人，多方內名賢。此事眞僞難定。要之，遠公匡阜風教，廣被南疆，並深溉後世，則斷無可疑。而其先後僧人，播揚佛法，較之前世墨、孟、馬、鄭之往迹，衡其艱鉅，決無遜讓。苟非大德，則妙法莫宣。而非有教育之功，則高德名僧，亦無緣接迹而起。

又其時高僧，皆通方內之學。習鑿齒稱道安，「內外羣書，略皆遍覩」。慧遠講喪服經，雷次宗、宗炳等並執卷承旨。又如梁劉勰依沙門僧祐，與居處積十餘年；其爲文心雕龍，博涉羣經百家之集，亦其寺居肆力所及。當時寺院教育，亦必自有一套不成制度之制度。試讀高僧傳，籀其各人之行歷，自可鉤稽出一大概。故當時人物，不在門第，即歸寺院。其背後各有一種教育力量致其如此。而兩者間，實亦一氣相通。寺院即得門第之護持，而門第中人亦多信崇佛教，或出家爲僧。如劉彥和則非門第中人，其成學乃受寺院影響，事亦易知。

今若以其時門第與僧寺，擬之歐洲中古時期，以門第比彼之封建貴族，以僧寺比彼之耶教教會，則有兩端顯著相異：

一、在中國，雖南北分裂，亦尚各有統一政府。

二、遠自西周以下，春秋、戰國、秦、漢相承，一千幾百年來之文化傳統，書籍文物，種種皆在。

故此六百年來之學術與人物，除卻新加進一種佛教教義外，實仍一綫相承，既非中斷，亦非特起。雖有小異，無害大同。即佛門中人，亦各有以往文化傳統之血脈灌注，精神流瀆。並非專信外來宗教，與中國自己傳統敵對排拒，不相融貫。此亦大可注意之一端。

上面述說三國、兩晉、南北朝六百年中之教育，當爲中國教育制度史上演變之第四期。此下隋唐統一盛運重開，則轉入爲第五期。

五

隋唐統一盛運再興，於是漢代公立教育亦隨之復起。唐初太宗時，高麗、百濟、新羅、高昌、吐蕃，都派留學生來中國，太學生多至八千餘人。又有書、算、律各門專科，學制似較漢代更爲進步。

但漢制須先進太學，再經選舉；而唐代則教育、考試分途發展。太學出身與進士之公開競選屬於兩事，把考試來代替了漢代之選舉。學校出身其事易，公開競選其事難。社會羣情，都看重進士，不看重太學生。當時中央政府地位雖高，而國家公立教育，則未有大振作。抑且唐代還有門第教育與寺院教育之存在。就教育言，則未見有大勝於魏晉南北朝之世。

唐代考試重詩賦，其事亦未可厚非。考試本是一種智力測驗，短短一首詩，其中有學問，有抱負，有寄託，有感想；不僅智力高下，即其學問人品，亦可於此窺見。若作策問或經義，題材內容，先已有了限制，未易出奇制勝。而且陳陳相因，易於揣摩鈔襲。不如詩題，層出不窮，無可準備。而應考者卻得借題發揮，各盡其趣，於拘束中見才思。

唐代終於把進士考試來漸漸替代了門第勢力。社會孤寒之士，亦得平地拔起，廁身仕宦，使仕途不再爲門第所壟斷。而寒士應考前，則常赴寺院中讀書。乃有如王播「飯後鐘」故事。相傳播客揚州某寺，隨僧齋餐。僧加厭怠，乃齋罷擊鐘。播作詩有「慚愧闍黎飯後鐘」之句。後播顯達，出鎮揚州，訪舊游，其所題詩，已受碧紗籠之。或傳段文昌事與此相類。其他此等事，亦復屢見。

故可謂唐代僅有考試取才，而無學校養才。養才仍賴於寺院與門第。寺院所養不爲世用，門第出身比數漸不如進士之多。而進士又僅尚詩賦，不免實學漸衰，流於輕薄。唐晚季，昭宗時，鄭綮以爲「歇後詩」得相位。彼自謂縱使天下人皆不識字，相位亦不及於我。制詔既下，曰：「笑殺天下人。」又曰：「歇後鄭五作相，事可知矣。」或問綮，相國近有詩否？曰：「詩思在灞橋風雪中驢子背上，此處那得之？」此亦可謂有自知之明。然國家豈得用灞橋風雪中驢子背上人來掌理治平。其時則已若政府社會舉世無才，有才則只在寺院中作禪宗祖師去。

唐末有書院教育，此事乃門第教育之殘波餘影。門第没落，子弟向學無共學之人。乃於宅旁建書院，藏書其中，延納俊秀之來者，可爲子弟作師友。又爲避世亂，常擇名山勝地建書院，則受寺院影響。而書院之盛，則待宋代。故言中國教育史，有唐一代，實有腰虛中弱之象。此亦不可不知。

六

宋代特矯唐弊，公私教育皆特盛。其先則自社會私家教育開始。如范仲淹、胡瑗、孫復，皆先在寺廟中成學，再復從事於社會下層之私家講學事業。范仲淹繼戚同文在睢陽書院，孫復在泰山書院，而以胡瑗在蘇州、湖州書院講學為尤著。其在湖州，分設經義、治事兩齋，儼如今大學之文、理分院制度。經義齋培植通才，治事齋指導專長。一時人才紛出。朝廷詔下蘇湖取其法為太學制度，並召瑗為教授。宋代之國立太學，乃採用社會下層教育成軌。此亦難得。

當時所謂書院，亦漸由私立變為公立。宋初有四大書院，皆不由政府創建。其後乃如僧寺，亦受政府賜額。又如范仲淹在睢陽書院講學，乃由晏殊延聘。胡瑗在蘇、湖書院講學二十餘年，乃由范仲淹、滕宗諒延聘。地方有賢長官，始得延聘名師，書院乃得美譽，學者競集。一時聞風繼起，州縣皆興學。然在神宗元豐時，天下諸路、州、府學官，凡得五十三員，可謂寥落已甚。蓋書院之主要條件仍在師資人選。惟其注重師資，於是有制度亦等於無制度。因良師不常有，未可必得。若為師者非其人，則學者裹足不至。即有至者，學校風聲亦不佳。故每寧缺毋濫。空有建築，不成學校，地方教育終於時興時輟。

宋代太學，在神宗時立「三舍法」。始入學為外舍，定額七百人。升內舍，員三百。內舍升上舍，員百人。月考優等，以次升舍。略如近代學校有年級制。然太學既由政府官辦，政污則學敝，三舍制備受訴議。要之，在中國教育史上，官辦教育亦終不爲人重視。

故宋代政府，雖刻意興學，而當時教育勢力，則終以私人講學爲盛。但其時門第，僅有呂、范兩家，已在社會無勢力。理學家崛起，乃與寺院僧侶爭取教育權。其先如二程在伊洛，橫渠在關中，風氣初開，聚徒不盛。然彼等之講學故事及講學精神，則大堪與戰國諸子媲美。要之是私家自由的，不受政治影響，亦不爲門第與寺院所拘束。下及南宋，如朱子、象山，講學始盛，蔚成一時風氣。即地方長官興建書院，亦必奉祀社會先賢，亦如寺院必奉祖師佛像。而尤以濂溪、二程三人，幾於爲大多數書院所奉祀。

書院又稱「精舍」。精舍之名，其先起於東漢儒家之私門授徒。其後僧侶所居亦稱精舍。最後理學家講學又用此名。可見中國中古以來之社會教育，乃由儒、佛兩家迭興迭衰；即此精舍一名，亦可透露其中之消息。而中國教育，實際即以代宗教教育之任務，亦由此可見。

在當時，復有一事值得注意者，乃爲皇帝宮中之「經筵講官」制。王室教育，遠自秦始皇帝使趙高教少子胡亥，漢高祖使叔孫通教太子孝惠帝，即已開始注意。此下賈誼力主太子教育之當鄭重，實爲漢代崇奬儒學啟其機運。因重教育，則必重儒術。景帝、武帝皆有師，而武帝師王臧，乃儒生。武帝尊儒，乃受其幼學影響。賈誼、董仲舒皆爲王子師。而東漢明、章二帝在宮中爲太子時之尊師向學，尤傳爲歷史嘉話。但宋代則帝王亦從師，乃有「經筵講官」之設置。「經筵」一名，亦始佛門，但宋代則有侍講、侍讀諸臣，爲天子講學之稱。王荊公爲侍講，曰：「臣所講是道，帝王當尊道，不當立而講，帝王坐而聽。」神宗依之，許其坐講。及程伊川爲講官，亦爭坐講，哲宗亦許之。厥後明、清兩代皆有經筵進講。以及歷史上東宮教育太子之制度，皆值注意。

元代蒙古入主，中國文化傳統只在政治上受屈，在社會上則依然維持。而許衡爲國子師，所教蒙古族人侍御貴近子弟，後皆爲重臣，此亦可謂乃受中國傳統教育制度之影響。而書院尤徧布全國，較之南宋時代更增。雖未必各處常有名賢主講，然一時名賢，則借書院爲躲藏。中國文化命脈，實賴以傳遞。故明初開國，朝廷文風轉較漢宋遠勝，惟唐初乃差堪相擬耳。

七

明太祖未定天下，即在婺州開郡學。及即帝位，詔天下郡縣皆立學。府設教授一，訓導四。州設學正一，訓導三。縣設教諭一，訓導二。生員自二十人至四十人。據一時統計，全國府、州、衛、所，共得教官四千一百餘員。較之北宋元豐時學官，幾多近百倍。則明初注意興學不可謂不力。

地方生員升至國學，初稱「國子學」，後稱「國子監」。監生分赴諸司先習吏事，稱「歷事監生」。亦有遺外任者。在學十餘年，始得出身。洪武二十六年，曾盡擢國子生六十四人爲布政、按察兩使及其他高級官職，出身遠優於漢之太學。又必生員入學始得應舉，則學校與考試兩制度亦復融合爲一。此皆明制之優於前代者。即在此後，明代南、北監，常簡大學士、尚書、侍郎爲司成。一時名儒爲國立大學校長者，項背相望。晝則與學員會饌同堂，夜則燈火徹旦。不乏成材之士出於其間。明代國力，與漢唐相抗衡，人才輩出，亦與政府重視教育之意有關係。

然由政府辦學，學校興衰，終視政治之隆污而判。故明代之教育制度，雖可稱道，而教育功效則終有限。此孟子所謂「徒法不能以自行」也。

又明代政府中，擁有大批學人，可以不負實際行政之職位。此亦兼寓有一種教育意義在內。進士及第，一甲得入翰林，二甲、三甲得選爲庶吉士。因其未更事，俾先觀政，同時進學。此一制度，論其淵源，實頗似於秦漢時代之有博士官。翰林猶如博士，庶吉士近似博士弟子。迴翔政府，儲才養望。此制爲清代所沿襲。論其制度，有張有弛；論其作用，有顯有晦；論其意義，在政治集團之內而別有一種養賢儲才之機構與組織，此則大值重視。漢代政府之此項措施，乃受戰國諸子在野講學之影響。明代政府此項措施，則受宋元儒在野講學之影響。唐、宋兩代之政府中，亦有與漢、明大同小異相類似之措施。此見中國政治重視學術與教育之傳統精神，乃無時或已。此乃中國政治史上一大特點，所當大書特書，以供後人作參考。

惟由政府來提倡學術，培植教育，其最高意義總不免偏重於政治。此已不能滿足在野學術界之理想要求。而且中國傳統政治，學校、選舉兩途並重。學校在造賢，選舉在拔賢。而學校與選舉之兩者，均不免要以考試為標準。考試制度之在中國，遞有變遷，而終於不勝其流弊。唐代以詩賦取士，其弊已如上述。明代以經義取士，其變為八股，流弊更甚。於是民間講學，仍必與朝廷提倡相對立。

明代民間講學，雖遠承宋元，下至武宗時代王學特起而大盛。陽明政務在身，而兼亦從事講學。其所至，學徒羣集。唱為「惜陰會」，欲使學者時自集會，講論研究。及其身後，流風益甚。各地社會，自有組織。其大弟子，年有定時，分赴各地。一面藉此集會，交換心得，討論新見；一面集合羣眾，公開演講。稱為「講會」，亦稱「會講」。此與朱陸書院講學有不同。一則講會近似一學會，學者同志藉以互相切磋。一則講會以宣傳普及為務，更近一種社會教育。循而久之，以普及代替了提高與深入。故此種講會，雖曾一時風起雲湧，而亦滋流弊，終於不可久。

最後乃有東林書院出現。此一書院之規制，更近似一學會。學者常川集合，輪流主講，重在自相切磋。而所講亦涉及當時之政治。逮此一學會偏及全國，更復在京師有分會，乃引起政治大波。直至明室覆滅，黨禍始告結束。

下至清代，政府公立學校，無論在中央，在地方，其在傳統上均已名存實亡，無一定之宗旨以爲規則，以爲號召。在野學者，風氣亦變，無復宋、元、明三代講學之風。而書院制度，則仍禪續不絕。主持書院者稱「山長」。其時書院多數已在城市，不似以前多如僧寺之占有山林名勝，而山長之名，仍可推究其遺蛻之迹。書院有「窗課」，僅是學者作文送山長評閱。薄有「膏火」，如近代之有獎學金。其時書院之主要貢獻，乃在藏書與刻書。如廣州學海堂有清經解，江陰南菁書院有續經解。其從事校對者，則如今之有工讀生。

然書院在當時，仍有其影響。如朱次琦爲廣州學海堂都講，復講學禮山，康有爲曾從學。章炳麟在杭州詁經精舍從學於俞樾，吳稚暉亦是南菁書院之學生。

講中國舊教育制度，應到此爲結束。清末廢科舉，興學校，爲近代中國推行新政一大要項。前代所傳各地書院遺址，幾乎全改爲新式學校。如作者本鄉無錫之東林書院，其先改爲東林小學，後則改爲縣立第二高等小學，東林之名亦不復存。是則唐末以來一千年之書院，其最後命運，實不如一僧寺，尚多保留遺址，並迭有興修。書院本與僧寺爲代興，今則幾乎渺無蹤影可供人作憑弔。惟香港淪爲英國殖民地，除香港大學外，一切學校初均沿用書院名稱。禮失而求之野，此亦其一例矣。

八

今再綜合上述加以回顧。中國歷代政府，西周不論，兩漢以下，幾乎無不注意國家公立教育之建樹。然惟兩漢太學最爲持久，並有成績。明代國子監已不能相比。其他如唐、宋兩代，雖亦曾盡力提倡，而國立教育之被重視，實僅曇花之一現。外此率皆有名無實，未見績效。在中國教育史上，其真實具影響力者，多在社會私家講學之一途。戰國諸子乃及宋、元、明三代之理學，聲光最顯，績效亦大。即魏晉南北朝以至隋唐時代之門第與佛門寺院教育，亦不能謂無貢獻。此其一。

而且公私教育，常成對立之勢。若論中國文化淵源，先有周公，後有孔子，此兩人厥功最偉。然周公在上，先秦所謂「官學」，由其創始。孔子在下，先秦百家私學，承其軌轍。兩漢太學，以六藝爲教，此則作於周公，傳之孔子，故漢人並尊周孔。公私融會，而周公當尤在孔子之上。故論語僅列於小學，五經始得立博士，入大學。是即官尊於私之意。直至唐代猶然。自宋以下，周孔乃改稱孔孟，又以四書上駕五經。元、明、清三代取士，均先四書，後五經，是爲私家學上駕王官學一確切之明證。此其二。

中國人常稱「政統」與「道統」。尊政統則主以政治領導學術，尊道統則主以學術領導政治。自東漢之衰，以政治領導學術之信心破毀無存。下及南北朝之宋代，其時國立太學，分玄、史、文、儒四學，玄居最先，儒列最後，則周孔學已屈在莊老道家言之下。此實已見道統尊於政統之意嚮，蓋其時視莊老爲得道統之正，而周孔則似居政統之列。唐代兼崇道、佛，佛教東來，本有「沙門不拜王者」之說，唐代帝王則奉僧侶爲國師，帝王轉拜沙門。太學所講雖是儒學，然儒屬政，佛屬道，儒不如佛，已成一時公見。唐人考試，本分經義與詩賦兩項，然明經出身遠不如進士。進士考詩賦，則時人之視詩文學亦猶占儒學之上。唐人又崇老子，與漢人不同。漢人崇黃老，其著眼點在政治。魏晉以下崇莊老玄學，其著眼點不在政治，純在玄學論道，其價值乃超出儒家周孔經學崇政之上。唐人承此意而來。是則此一時期已成爲道統高出政統之時期。道、釋出世法被視爲道統所在。周孔經學，乃入世法，僅當領導政治，不能爲人生作領導。故其時僧人道士皆得稱師，而儒家轉不敢自稱師。韓愈在太學掌教，則僅是一學官。乃爲師說，挺身以師道自任，曰：「師者所以傳道、授業、解惑。」然韓愈亦僅爲一古文師。其自稱：「好古之文，乃好古之道。」斯則韓愈亦未脱當時人重視文選之意見，乃提倡古文，仍欲導人由文入道。又爲原道篇，竭論道在周孔，不在老釋。此論乃上承舊傳，下開宋元理學之先聲。要之，唐人羣認老釋始是道，文、儒則皆出其下。考試以文爲準，學校以儒爲教，此則皆在政統一邊，而政統則居道統下。故韓愈之論，實際終不得大行於世。此其三。

宋代理學家興起，乃重尊孔孟道統。老釋不言政事，政統屈居道統下，相互間事可無爭；孔孟論道亦兼論政，果將以學術領導政治，則兩者間終不免有爭。北宋曾禁洛學，南宋亦禁朱學。陽明在明代，亦屢受政府壓制。而東林則在政府間掀起大爭端。清代壓抑學人更甚，學者競逃入故紙堆中，其治經僅爲考古，不敢侵議政事。然而道統高出政統已成社會公見，清廷亦無奈之何。朱子在南宋，親受僞學之禁。而在清代，則備受朝廷崇奉。學者及以訓詁考據反朱，其意端在反朝廷科舉之功令。以歷史大趨勢言，在野講學，其勢力常超過政府所提倡，而政府亦不得不屈意以從。先秦諸子尤其著例。兩漢博士今文經學，終爲民間古文經學所替代。唐代考試重文選，韓柳古文運動亦崛起代之。清廷以理學家四書義取士，終不敵在野之漢學。此皆其犖犖大者。然則就中國文化史言，學術教育命脈，常在下，不在上。此其四。

惟中國歷史傳統，雖上下皆知重教育，乃從未有堅穩之學校基礎。大率言之，尤其在社會之下層，除卻地方鄉里小學外，可稱爲有師長，有學徒，而可無學校。學徒亦多屬成年人。主要乃在有大師之講學。有其師，則四方學徒響應霧集。主要在獲得一項爲學方針，歸而自學。師道殞落，則學亦中絕。此其五。

以上羅舉數項特徵，若問其所以然，則在此等特徵之背後，正可見中國民族性、中國文化傳統，乃及中國歷史大趨勢，具有一番精神力量，有以使然。其間自不能無長短得失。然今日從事新教育者，則於此諸項，不能不知，庶可釋回增美，使當前之新教育，不至與自己國家民族文化傳統歷史大趨勢脫節，或甚至於違背乖離。此則今日從事教育事業者，所當共同勉力以赴。

九

今再續述教育思想。全部中國思想史，亦可謂即是一部教育思想史。至少一切思想之主腦，或重心，或其出發點與歸宿點，則必然在教育。中國一切教育思想，又可一言蔽之，曰：「在教人如何做人。」即所謂做人的道理。如儒、如墨、如道，何嘗不是都講的做人道理。即從政做官，亦只是做人道理中之一枝一節。因此中國人看學術則必然在政治之上。亦絕不看重如西方般純思想之思想，而必求思想與行爲之相輔並進，與相得益彰。一切思想，必從人生實際行爲中產生，亦必從人生實際行爲中證實與發揮，最後亦必以實際人生爲歸宿。故中國傳統思想，則必帶有教育成分。中國一思想家，同時必是一教育家。中國人看重一思想家，不僅是看重其思想與著作，同時必看重其人，看重其實際人生中之一切行爲。故凡屬一大思想家，則必然同時成爲一大師。後人讀其書，必知師其人。此所謂能自得師，尚友古人。若把其思想從實際人生中抽離，即不成爲思想。

此不僅儒家爲然，即墨家、道家亦無不然。孔子在教人做一儒，墨翟在教人做一墨，莊周老明在教人做一道，更要在以身作則。其他如陳仲子、許行，莫不皆然。其人之全部生活，即其人之全部思想之真實表現與其真實發揮。故各家相異不僅在思想上，更要乃在其實際做人上。故在中國，乃素無「思想家」一名稱，僅稱爲一家派之大師。今人乃羣目孔子老子諸人爲思想家，若將思想與實際人生分離，則已失卻其爲學立說之主要精神之所在。若又稱此諸人爲「哲學家」，則相離更遠。於是中國思想上一種最重大的教育精神，乃黯晦而不彰。

故在中國思想之後面，必有一番全部的活人生在內。如欲研究中國思想，不僅當把此思想家之爲人即其真實人生加進，又必把學者自己人生加進，乃始可以有真體會，真認識。如孔子言「仁」，今人羣認爲是孔子思想之最要中心。然孔子告顏子則曰：「克己復禮爲仁。」此乃一種人生實際行爲之指導，非如今人所謂乃是哲學上一特殊名詞、特殊觀念之界說。換言之，此乃孔子教顏子如何學做一仁人，而非指導顏子在「仁」的觀念或「仁」的哲學上如何作思考與研究。顏淵請問其目，孔子告之曰：「非禮勿視，非禮勿聽，非禮勿言，非禮勿動。」此是教以行，非是教以知。有真行乃使有真知。非如一番哲學，可由邏輯辨證種種思考方法推演而得。道不遠人，爲人之道，即各在其當人之身。非禮勿視、勿聽、勿言、勿動，此道即近在顏子身上。孔子之教顏子，只教其即以己身自治其身。力行有得，境界自到。此乃孔門之所謂「道」。孔子答其他弟子問仁，亦如此例。一部論語，全要如此讀。開首即云：「學而時習之，不亦悅乎？」學而時習，即應是讀者己身之道。只要身體力行，如人飲水，冷暖自知。今乃只用孔子思想體系、哲學觀點等新名詞新目標來研讀論語，把讀者自身擱放一邊，則孔子精神豈所易得。至少是隔了一層厚膜，難於通透。要之，論語一書，竟體是一種教育思想。讀其書，當如聽孔子之耳提面命，乃爲真切。

讀墨子，便該知墨子如何教人「兼愛」。讀老子，自該知老子如何教人「慈」，教人「儉」，教人「不敢爲天下先」。當求自己如何來學此三寶。讀孟子，便該懂得如何「動心忍性」。讀莊子，便該懂得如何以「逍遙遊」的胸襟來處「人間世」。此等皆是諸家之所謂「道」，莫不有一番人生實際工夫，亦莫不有一番教育精神寄放在內。故讀者亦須把自身放入，乃可由此有得。苟有得，其自身即爲一得道之人，乃可本其所得轉以教人。師道從人道中來，師道不熄，人道亦不熄。中國傳統文化之所以能悠久廣大，日常日新，所繫在此。今人自好以新觀念衡評舊傳統，於是孔、墨、莊、老皆成爲如西方般一思想家與哲學家，而今天的我們則自有另一套教育上的新思想與新方法來領導後進。如此則中國三四千年來之文化積業，豈不將隨而消失不復持續。此是一大問題，值得我們之警惕與研討。

先秦諸子外，試舉隋唐禪宗、宋明理學爲例。相傳達摩東來，只是面壁。一日，一僧慧可去看達摩，問如何得心安。達摩說：「將心來，與汝安。」慧可言下有悟，遂開此下數百年之禪宗。西來佛教之天下，一轉而成為中國禪宗之天下。其實達摩之教，亦是即以其人之道還治其人之身。慧可反身一問己心，因而大徹大悟。此一番現前真實教訓，正與中國傳統教育精神有合。在佛門中禪宗大行，決非無故而然。此下禪宗祖師們，都只是一言半句，教人摸不到邊際，而終於使人悟得大道。縱說禪道仍是旨在出世，與儒、墨、道諸家之道有不同；但其具有同一教育精神與教育方法，則無大相異。

宋明理學家，雖是力斥禪學，但雙方之教育精神與教育方法，亦顯見有極相似處。程明道、伊川兄弟，幼年從遊於周濂溪，濂溪教以「尋孔、顏樂處」。只此五字，便下開伊洛理學門戶。明道嘗言：「自聞濂溪語，當夜吟風弄月而歸，有『吾與點也』之意。」此亦似一種禪機。人生真理，本是俯拾即是，反身便見。由此體入，自可有無限轉進。

一〇

本於上述，若我們用此一眼光來看中國全部思想史，可見其上下古今，自有一大條貫。此一條貫，即是「教育」。教育與宗教不同。宗教固亦在教人做人，但宗教先重「起信」，教育則重「開悟」。「信」在外面，「悟」在己心。教人做人，亦分內外兩面。知識技能在外，心情德性在內。做人條件，內部的心情德性，更重要過外面的知識技能。孔子以六藝設教，但所重更在教仁、教恕、教樂、教不慍。風月在外面，吟弄則須在自己心情上。外面儘有好風月，己心不能吟弄，即不歸入人生境界。大學八條目，格物、致和、誠意、正心、修身、齊家、治國、平天下，身家國天下，皆是實際人生，但皆在外面。格致誠正在內面，更實際。修齊治平，須種種知識技能；但無內面一番心情，則外面種種知識技能皆將運用不得其所。小學教灑掃應對，是外面事，但亦要從外面事情透悟到內面心情上。小學是由外以入內，大學則由內以及外。內聖外王，本末精粗，一以貫之。中國人教育思想之後面，乃有一套人生大真理存在。此處不擬深入細講。

但不妨略一粗說。教育重在教人，但尤重在教其人之能自得師。最高的教育理想，不專在教其人之所不知不能，更要乃在教其人之本所知、本所能。外面別人所教，乃是我自己內部心情德性上所本有本能。如是則教者固可貴，而受教者亦同等可貴。教者與受教者，自始即在人生同一水平上，同一境界中。此是中國教育思想上最主要綱領。此種所謂教，則只是一種「指點」，又稱「點化」。孟子曰：「如時雨化之。」一經時雨之降，那泥土中本所自有之肥料養分，便自化了。朱公掞見明道於汝州，歸謂人曰：「某在春風中坐了一月。」花草萬木，本各有生，經春風吹拂，生意便蓬勃。此番生意，則只在花草萬木之本身。在春風中坐，只是說在己心中不斷有生機生意。中國人稱教育，常曰「春風化雨」，所要講究者，亦即春風化雨中之此身。

故中庸乃特地提出一「育」字，曰：「萬物育焉。」又曰：「萬物並育而不相害，道並行而不相悖。」又提出一「化」字，曰：「小德川流，大德敦化。」一切人事皆須有外面之教，而人生之內在則必須有育。故湯曰：「果行育德。」天地功能則曰「化育」。化則由外向內，育則由內向外。育即是一種內在生命之各自成長。只在外面加以一啟發，加以一方便。故又曰：「十年樹木，百年樹人。」培育人類內在生命之成長，乃用百年長時期作一單位來計算，不如樹木之短期十年可冀。中國教育大理想在此，文化大精神亦在此。

二

由此連帶引伸，可以說中國教育特所注重，乃一種「全人教育」。所謂全人教育，乃指其人之內在全部生命言。貫徹此內在全部生命而為之中心作主宰者，乃其人之心情德性。因此中國教育，比較上常忽視了一種偏才教育。人各有才，因才成學，各有其用；但不免各有其偏，不能相通。其相通處，乃在其人本身之外，而不限在其人本身之內。自外面人事言，雖亦相通；自內部人生言，則一切知識才藝，固是各不相通。故孔門四科，德行為首，言語、政事、文學皆其次。因人生相通惟在其德行上。言語、政事、文學皆屬人事方面，則各自分別，不易相通。故孔子雖以六藝教，而曰：「志於道，據於德，依於仁，遊於藝。」其教人終以道德為重，才藝為輕，顯然可見。其告子夏，曰：「汝為君子儒，無為小人儒。」子夏長文學，終是落在一偏，故孔子勉其自務於廣大。樊遲請學稼，又欲學爲圃，孔子稱之曰「小人」。因其亦是志於一偏。凡屬知識技藝，則終必偏至。惟人之所以爲人，爲其全生命之主宰與中心，屬於心情德性方面者，則貴於得「大全」，貴於能「相通」，尤爲人類所以貴有教育之最大宗本所在。孔子此一教育宗旨，後世莫能違，成爲中國教育史上一大趨向。

孔子又說：「有教無類」。古今中外所有教育，皆可各別分類。孔子以前有貴族教育，魏晉南北朝、隋唐有門第教育與寺院教育，此皆有類可分。有類斯有囿，先自加一圈子，把範圍縮小了，不能偏及全人羣，又不能偏及人之全生命。又如各種專門性的知識技能，在漢、唐時代，亦有律法、天算、禮樂、醫藥、書畫各種專門教育，古者謂之「疇人」、「疇官」。「疇」即是類。各以專業，或父子相傳，或師弟子相授，成爲世襲，此謂「疇人之學」。皆各以其學備世用，然與各人內在生命成長之教育有不同。中國人乃向不以之與全人教育相等視。專門教育惟以教事，全人教育乃以教人。所謂疇人，乃是人各因其所學而分疇分類，則不惟道術將爲天下裂，而人自相別爲類，亦已四分而五裂。此決非人類教育最高理想所在，亦可知。

其他如宗教，雖亦是教人，非教事；然信佛，便不能信道。同教中又各分宗派，相互生活各有隔閡。惟堪出世，不堪爲人世大公之教。今日世界各宗教，豈不便是把世界人類分裂一好例。近代有國民教育，則是教人以一種狹義的國家民族觀，亦將把人類各自分歧。又稱公民教育，乃教導其各為一國家之公民而止。在共產主義下，則惟有階級教育，所教必限於無產階級。又有職業教育，此乃一種市場教育，乃生活所需，非生命所在。凡此種種，皆是「有類」之教。其教有類，乃使人各分類。此等教育，雖各應一時一地之需，然終將為全人類橫添障壁。

孔子教育理想，則是一種「人」的教育，「全人」的教育，可包括上列諸項教育在內，而必超出此諸項教育之上。孔子教育宗旨，乃為「全人類」，為全人類中每一人之全生命。一部論語，無國別，無民族別，無老無幼，無各業專家，無各宗教信徒，皆可閱讀研尋，從此能自得師而完成其生命之全體。亦使人類生命獲得融凝，相與合成一大生命。中國人奉孔子為至聖先師，此中實有一番大真理。中國文化之可貴乃在此。

今日世界棣通，文化交流，各種教育制度日新月異，紛歧雜出。中國原所自有之教育思想與教育制度，其將一切棄置，不理不問乎？其將僅為治史者鈎沉稽古，作為一套博聞之資乎？其亦可以通其意而求其變，去腐生新，以參加進現代潮流，而重獲其發揚光大之機乎？特略述梗概，以供國人之參考。

（民國五十七年四月政治大學教育研究所講演，五十九年摘要成篇，載中華文化復興月刊三卷四、五兩期。）

中國歷史上之考試制度

一

孫中山先生的五權憲法裏，特設「考試」一權，其用意在如何選拔賢能，以補選舉之不足。西方選舉制度，只在選舉人方面加以限制。在美國，曾有一博學的大學教授與一汽車夫競選，而失敗了。選舉原意，在如何獲取理想人才，俾可充分代表民意。單憑羣衆選舉，未必果能盡得賢能。故中山先生主張，被選舉人亦該有一限制，遂以考試補選舉制度之不足。他說：「一切公職候選人，都該先受國家公開考試，獲取其競選之資格。」此層用意，卻正與中國歷史傳統恰相吻合。中國歷史上之考試制度，本從選舉制度演變而來，其用意本在彌補選舉制度之不足。故唐杜佑通典，考試制度即歸「選舉」項下敘述。今天我們要講中國歷史上之考試制度，仍該從選舉制度說起。

中國史上很早便有選舉制，遠從西漢時起。那時的選舉，大概可分爲三類：

一、定期選舉。

二、不定期選舉。

三、臨時選舉。

選舉用意，即在希望全國各地人才，都能有機會參加政府。中國傳統政治理論，重責任，不重主權。在理論上，主要的不是政府主權之誰屬，而是政府究該負何種責任。既望政府負責，自該選賢與能，需要全國各地人才參加，才能切實負起理想上政府的重大職責。故漢代選舉第一項目是「賢良」，以近代話說，即是傑出人才。此項選舉，並無定期，每逢新天子接位，或遇天變，或逢大慶典，隋時由政府下詔，囑政府各部內外長官，各就所知，列名推薦。被選人不論已仕未仕，膺舉後，政府就政治大節目發問；被舉賢良，各就所問，直抒己見；是謂「賢良對策」。政府就其對策，甄拔錄用。其次舉「孝廉」，孝子廉吏，重德行，不重才能。政府用人德才並重，然賢良乃政府所需求，孝廉則寓有提倡獎勵之意。當時社會風氣，重視賢良，競願膺選。對孝廉，則頗加鄙薄。武帝時下詔切責，謂郡國長吏，在其治區，乃竟無孝子廉吏可應國家選舉，可證其職責之未盡，遂下令議不舉者罪。自後郡國遂按年察舉孝廉，成爲故事。於是賢良爲不定期選，而孝廉則成爲一種定期選舉。此外復因政府臨時需要特殊人才，如出使絕域，通習水利，能治水災等。大體西漢選舉，主要不出此三類。

漢代仕途，大體都從郎署轉出。郎署是皇宮中侍衛集團。郡國舉人，多半先進郎署，自後再轉入仕途。漢代郡國一百餘，若按年察舉一孝子，一廉吏，即每年有被選人二百以上進入郎署。那時郎署無定員，總數大約不會超出三千人；如是則不到二十年，郎署充斥，即已無餘額。政府用人既先從郎署選拔，郎署人多，即不再須外求，於是賢良及奇才異能各項不定期選與臨時選自會逐漸稀疏，只有按年定期選舉即孝廉一項，遂成爲漢代入仕唯一之途徑。此項演變，則須到東漢時始確立。

漢武帝時，又新定太學制度，設立五經博士，郡國俊才年在十八歲以上，均得送太學爲博士弟子。一年以上，即得考試。甲科爲郎，乙科仍回原郡國爲吏。吏治有成績，仍得按年有被舉希望，以孝廉名義再入郎署。故漢代仕途，首先當受國家教育；畢業後，轉入地方政府服務；憑其實際成績之表現，乃始得被選舉資格。

惟漢代選舉，與今日西方選舉制度不同者，在西方爲民選，而在漢代則爲官選。地方長官固須採酌社會輿論、鄉土物望，然選舉實權則掌握在地方長官手中，此一節爲中西選舉重要之不同點。然在中國傳統政治理論下，亦自有其立場。政府既在爲民衆負責，而實際參加政府之人員又全爲國內各地所選拔之人才，則政府與民衆早成一體，政府即由社會民衆所組成；政民一體，而非政民對立。在理論上言，不能謂一行作吏，其人便不可靠。官選民選，手續不同，其用意在獲取賢才，並無異致。中國乃一廣大之農村國，直接由民衆選舉，在當時有種種不便。授其權於各地之長官，由其參酌輿情，推薦賢才。若選舉徇私不稱職，政府自有糾劾。政府既由民衆組成，政府與民衆同屬一體，如何謂民衆決然是，政府決然非？民選則一定可靠，官選則一定不可靠？在野者便可信任，在朝的便不可信任？故就中國傳統政治理論言，漢代之官選，也自有其未可厚非處。

惟漢代郡國選舉，到東漢時究已成爲唯一入仕之正途，奔競者多，流弊自不免；於是政府乃不得不逐步加上了限制。最先是限額，每一郡國户口滿二十萬以上者得察舉孝廉一名，四十萬以上者二名，百萬以上者五名，不滿二十萬者兩年一名。稍後又有限年之制，非到規定年齡者，不得膺選。又後復加以一度之考試，以檢覈被選舉人之相當學養。如是，則「孝廉」二字，遂完全成爲當時一種獲得參政資格之名號，與原來獎勵孝子廉吏之意義不復相應。

以上是漢代選舉制度之大概，而考試制度亦相隨成立：如賢良對策、如太學生考試、如孝廉膺選後之吏部考試皆是。惟此種考試，皆僅爲選舉制度中一種附帶之項目。關於孝廉被選人應受政府考試一節，乃當時尚書左雄所創定。先後反對者甚衆。然左雄終因堅持此項新制，而見稱爲錄得真才。此制遂終於沿襲，不受反對而廢棄。

二

漢末之亂，地方與中央失卻聯繫，交通既不方便，而許多地方亦並無施政之實際權力，選舉制度遂告崩潰。政府用人，漫無標準。陳羣爲曹操吏部尚書，遂定「九品中正」制，以爲兩漢鄉舉里選制之代替。此制備受後代人責備，然就創立此制之原意言，則亦有苦心，並亦有相當之實效。所謂九品中正制，實際是一種人才之調查與評覈。先就中央政府官長中有德望者，分區任命一中正。又在大中正下分設小中正。中正之責，即在就其所知本鄉人才，登列簿册，册分九等：上上、上中、上下、中上、中中、中下、下上、下中、下下，不論已仕未仕人，都可列入，送吏部憑册任用。此制與漢代選舉不同之點：

第一，是漢代選舉，其權操於郡國之長官；九品中正則由中央官兼任。此因當時四方荒亂，人才都流亡集中於中央政府之附近，地方長官不克行使選舉職權，故暫以中央官代替。

第二，則漢代選舉，只舉未入仕者；而九品中正之名册，則不論已仕未仕，全部列入。此亦別有用心。因當時用人無標準，尤其是軍隊中，各長官都任用親私。此刻吏部只憑中正人才簿，名列下等者，就其本鄉輿論，可以按名淘汰，改授新人。曹魏因此制度，而用人漸上軌道。

惟此制本爲一種亂世變通權宜的辦法，一到西晉，全國統一，各地方政權均已恢復，而九品中正制依然推行，則流弊自所難免。

第一，是全國各地人才，多必奔湊中央，廣事交遊，博取名譽，希望得中正好評。如此則失卻漢代安心在地方政府下懇切服務之篤實精神。

第二，九品簿不論已仕未仕，一概登列；亦有未經實際政治磨練之名士，品第在上中高級，彼即存心一躍便登高位，不願再從下級實際政治上歷練，如此更易長其浮競虛華之風氣。

第三，漢代用人選舉與銓敘分別，選舉僅爲入仕之途，必待其正式入仕後，再憑實際政績，由政府銓敘升黜。九品制則全憑中正名册。此項册籍，每三年改換一次，名譽佳者升，名譽劣者降，吏部憑之遷黜。如此則人人都騖於外面虛譽，在其職位上服務成績實際甚差，而轉得美名，品題升遷。而埋首服務，實際政績雖佳，因不爲中正所知，而反成降黜。如此之類，在所不免。因此魏晉以下人，全務清談虛名，不能像漢代吏治風尚厚重篤實，此制實大有關係。至於中正而不中正，此乃人事，不關制度，可不詳論。

就上所述，可見每一制度，斷不能十全十美，可以長久推行而無弊。每一制度，亦必與其他制度相配合，始能發揮出此制度本身之功效。九品中正制之創始，用意並不差。而其時門第勢力已成，六朝以來，此制遂轉成爲門第勢力之護符。雖多經反對，終未能徹底改革。其時人才政風之不如西漢，此制實有影響。

三

隋唐統一，將此制完全廢棄。當時亦有主張恢復漢代鄉舉里選，仍將察舉權交付於各地行政首長者。然在漢代，此制已有流弊。地方長官選舉不實，權門請託，營私濫舉，因而選舉之後不得不再加以政府一番考試檢覈。則何如徑廢長官察舉一手續，完全公開，由各地人民自量智能，自由呈報，徑由政府考試錄用？此爲中國史上正式由選舉制轉入考試制之由來。我們若認漢代爲中國歷史上考試制度之先行時期，則隋唐是中國歷史上考試制度之確立時期。漢代是選舉而附帶以考試，隋唐則完全由考試來代替了選舉。

但唐代用人，亦並不全憑考試，仍有學校出身一項。然學校按年受業，年滿即無不畢業而去。考試是公開競選，亦可有永遠應考而不獲中選者。因此社會重視考試，不重視學校。人才競求於考試中露頭角，於是學校制度漸漸不爲人才所趨向。唐代考試，又分兩步：先由禮部主考，錄取後未能即登仕途，須再經吏部試，才始正式錄用。考試既在獲取人才，則自難專憑一日之短長，因此唐代考試極爲寬放。應試人到中央，往往各帶其平日詩文著作，先期晉謁中央長官中之負有學術文章大名爲當時所重者，如韓昌黎之流。此項著作，名爲「公卷」。若果才華出衆，中央長官中之學術名流先爲揄揚，則到考試發榜定可錄取。

唐代考試，主取知名之士。亦有主考人自守謙抑，認爲對此居考試，應考人平日學問文章造詣所知不詳，可以託人代爲擬榜。唐代名此爲「通榜」。最有名的，如袁尹應舉，主考人杜黃裳懇擬榜第，袁尹即自列爲第一名狀元；一時推服，傳爲嘉話。當知國家考試，本爲求取人才。服務政府之官長，如確知應考人中有傑出之士，先爲延譽，並非即是營私通關節。主考官苟自問對學術界新進人士所知不熟，託人代定榜第，亦並非即是顢頇不負責。中國傳統政治，另有一番道德精神爲之維繫主持，種種制度，全從其背後之某種精神而出發，而成立。政府因有求取人才之一段真精神，才始有選舉制度與考試制度之出現與確立。若政府根本無此精神，則何從有此制度？

西方近代民主政治之起源，正因當時政府並不注意民情，一意徵斂，民衆遂要求政府許納稅人推舉代表，審查預算，通過稅額，再覆覈其決算；如是推演而成今日彼方之所謂「政黨政治」。中國政府，則自漢以來，即注意在全國各地求取人才，共同參政。而且整個政府，即由此輩求取的人才所組織。除卻皇帝外，政府中人，自宰相以下，全由各地選舉考試而來。所以唐代有人說，禮部侍郎權重於宰相。因宰相亦必經國家公開考試錄取，然後得歷級遷升，做成宰相。而考試權則掌在禮部侍郎手裏，非經禮部侍郎之手，絕進不得仕途，做不成宰相。這豈不是禮部侍郎權重過了宰相嗎？若不明白中國這一番傳統精神，而空論其制度，則斷不能明白得此各項制度之真相真意義所在。同樣道理，我們若没有西方人那番精神，而憑空抄襲他們的制度，亦決不能同樣獲得他們那種制度之成效。

唐代考試主要偏重詩賦，此層亦有種種因緣。最先亦如漢代對策般，就現實政治上大綱大節發問。但政治問題有範圍，按年考試，應舉人可以揣摩準備，說來說去那幾句話，不易辨優劣高下。詩賦出題無盡，工拙易見，雖則風花雪月，不僅可窺其吐屬之深淺，亦可測其胸襟之高卑。朱慶餘上張水部詩：「洞房昨夜停紅燭，待曉堂前拜舅姑。妝罷低聲問夫婿，畫眉深淺入時無？」此是當時謁舉送公卷，乞人評定，附上的一首小詩。但設想何其風流，措辭何其高潔！詩賦在當時不失爲一項最好的智力測驗與心理測驗的標準。

唐代科舉最要者有兩科：一是進士科，以詩賦爲主。一是明經科，則考經義。但所考只是帖經墨義。「帖經」是把經文帖去幾字，令其填補。「墨義」是就經文上下句或注疏中語出題，令其回答。此亦是測驗之一種。但專習一經，字數有限，幾年即可成誦，亦不易辨高下，定人才。大抵唐代考進士，旨在求取真才。考明經，則旨在奬勵人讀經書。進士如漢代之賢良，明經如漢代之孝廉。唐代社會重視進士，進士科遂爲人才所趨，明經則爲人卑視。人才既羣趨進士科，自然政府也只有重用進士。因於此項制度之繼續推行，而社會好尚都集中到詩賦聲律，所謂：「文選熟，秀才足。文選爛，秀才半。」此係事勢所趨，並非政府有意用此無用之詩賦文藝來浪費人精力，埋沒人才。後人不解，自生曲說。此與當時推行此制度之原意，並不相干。

但唐代的考試制度，也不免有流弊。在漢代先經國立大學一番教育，再經地方服務之練習成績，經察舉後再加以考試；求取人才，凡分三項步驟。唐代則專憑考試一項，自不如漢人之精詳。惟唐代初期，大門第勢力方盛，子弟在大門第中養育成長，既經家庭嚴肅之禮教，如「柳氏家訓」之類，又有政治上之常識，如南朝所傳「王氏青箱」之例；由此輩青年參加考試，易於成材。考試制度僅是一種選拔人才之制度，而非培養人才之制度。自經此項制度推行日久，平民社會，窮苦子弟，棲身僧寺，十年寒窗，也可躍登上第。漸漸門第衰落，整個政府轉移到平民社會手裏。但此等平民，在先並未有家庭傳統之禮教，亦更無政治上之常識，一旦僅憑詩賦聲律崛起從政，第一是政事不諳練，第二是品德無根柢，於是「進士輕薄」遂成為當時所詬病。當知在門第教育下，附加以一種考試，故見考試之利。現在門第衰落，更無教育培養，僅憑考試選拔，則何從選拔得真才？可見僅憑某一項制度，少卻其他制度之配合聯繫，該項制度亦難有大效。

又該項制度推行日久，報名競選的愈來愈多，而錄取名額有限，授官得祿的更有限。造成應試的百倍於錄取的，錄取的又十倍於入仕的。於是奔競之風愈演愈烈，結黨分朋，各樹門戶，遂有唐代牛、李之黨爭。當時黨爭背景，便因於政治公開，引起了社會的政治熱，於是轉向人事派系上求出路。李德裕是代表門第勢力之一人，他竭力反對應舉，又主張政府該用門第子弟，不該專取輕薄無根柢的進士。在他當時此項議論，亦不能說他不針對著時弊。但考試制度，究竟是開放政權，爲羣情所嚮，門第勢力終於要經此制度之打擊而崩潰。李德裕自己是貴胄子弟，他個人雖才力出衆，在政治上確有建樹，但那能因制度之流弊，而就把此制度根本推翻呢？

唐代與考試制度相輔而行的，尚有一種官吏的考績法，此在漢代謂之「考課」，到唐代謂之「考功」，此即以後之所謂「銓敘」。唐代由門第來培養人才，由考試來選拔人才，再有考功制度來登用人才。凡經考試及格錄用的人才，均有一種客觀的考功制度來憑其功績升遷降黜。此項制度，由漢至唐，發展到極精詳，運用到極高明。這是唐代政治上一大美蹟。迨及門第衰落，人才無培養之地，而士人充斥，分朋立黨，考課亦難嚴格推行。於是單憑考試，既選拔不到真才，又不能好好安排運用；在外是軍閥割據，在內是朋黨爭權，人才是進士輕薄，擔當不了實際大責任，唐代終於在如此形勢下沒落。

四

五代十國，是中國史上最黑暗的時期。那時則幾乎只有驕兵悍卒，跋扈的將帥。連輕薄的進士，也如鳳毛麟角。天地閉，賢人隱。那時急得在和尚寺裏出家的高僧們，也回頭推崇韓昌黎，改心翻讀修身、齊家、治國、平天下的儒家經典。社會私家書院也在唐末五代時興起。宋初開國，一面是「杯酒釋兵權」，解除軍人干政惡習。一面極端獎勵考試制度，重用文臣，提倡學風。那時進士登第，即便釋褐，立得美仕。狀元及第，榮極一時。經由國家之提倡，五六十年之後，社會學術重興，才始有像胡安定、范文正一輩人出世。范文正、胡安定都是在和尚寺、道士院中苦學出身。范從事政治，胡專心教育。蘇州、湖州的講學制度，後來由政府採納，變成太學規制。范文正爲副宰相，頗想徹底改革時政。一面是提倡興建學校，從基本上培植人才；一面是嚴厲革除任廕法，好重新建立銓敘升黜之客觀標準。一到王荊公當政，遂又進一步計畫考試制度之改進。

科舉規制之日趨嚴密，其事始於宋代。公卷風氣已不復見。又有「糊名」法，杜絕請託，嚴防舞弊。于是尚法的意義勝於求賢。此亦風氣所趨，不得不然。然考試制度之主要目的，本在求賢。究竟政府該如何從考試制度中獲取真才呢？王荊公對此問題，主張改革考試內容，廢去明經，專考進士。而進士科則廢去詩賦，改考經義。在荊公之意，政治取人當重經術，不重文藝。自是正論。然當時反對派意見，亦有立場。大致謂詩賦、經義均是以言取人，賢否邪正，同難遽辨，而詩賦工拙易見，經義難判高下。況以經術應舉，反教天下以僞，欲尊經而轉卑之。王荊公又自造三經新義爲取士標準。此層更受人反對，謂其不當以一家私學掩蓋先儒。大體中國傳統意見，只能由在野的學術界來指導政治，不當由在朝的政府來支配學術。經術雖當尊，然定爲官學，反滋流弊。漢代五經博士，漸成章句利祿之途，此乃前車之鑑。南北朝、隋唐學術分裂，社會尊信的是佛學，門第傳襲的是禮教與政事。一到宋代，門第已衰，佛學亦轉微，私家講學代之而興。王荊公主張復古制，興學校，此似最爲正見。然當時依然是私學盛，官學微。學校由政府主持，總之利不勝害。王安石當政，人人言經學；司馬光當政，又人人言史學。學術可以與政治相合，卻不當與利祿相合。政府當爲學校之護法，卻不當爲學校之教主。荊公自信太深，昧於人情。至後蔡京當國，太學分舍，顯然以利祿牢籠，於是范仲淹、王安石興學精神到此終於一敗塗地。幸有私人講學，在社會下層主持正氣。然朝廷則視之爲僞學，加以抑制驅散。教育制度不能確立，則考試制度終是單槍匹馬，功效有限。何況經義取士，亦未見必較詩賦爲勝。即荊公亦自悔，謂：「本欲變學究爲秀才，不料使秀才轉成學究。」學術敗壞，人才衰竭，而北宋亦終於覆亡。

到南宋，考試制度，一仍舊貫。朱子曾慨言：「朝廷若要恢復中原，須罷科舉三十年。」然科舉乃中國自唐以來政治制度中一條主要骨幹，若無科舉，政府用人憑何標準？朱子理論終難見之實際。卻不料到元代，遂專以朱子四書義取士，此下明、清兩代相沿不改。直到清末，前後七百年，朱子四書集註遂爲中國家誦戶習人人必讀之書。其實朱子四書義，亦如王荊公三經新義，不外要重明經術。只荊公是當朝宰相，懸其學說爲取士標準，遂爲學術界所反對。朱子是一家私學，元、明以來只是崇敬先儒，此與荊公親以宰相頒其手著之三經新義情勢不同。此刻姑不論王、朱兩家經義內容，只就政治學術分合利弊而言，則荊公三經新義勢不可久，而朱子四書義則懸爲政府功令垂七百年。此亦治國史者，所當注意之一大節目。一制度之確立，亦必體察人情。以學術與利祿相合，在人情上易於有弊。荊公本人亦是一大賢，只爲不察此層，遂招當時之反對，並滋後世人之遺議。至考試內容，不當以經義爲準，此層亦到明代而大著。

五

明、清兩代考試內容，均重經義，而又以朱子一家言爲準。因詩賦只論工拙，較近客觀；經義要講是非，是非轉無標準，不得不擇定一家言以爲是非之準則。既擇定了一家言，則是者是，非者非，既是人人能講，則錄取標準又難定。於是於四書義中，演變出「八股文」。其實八股文猶如唐人之律詩。文字必有一定格律，乃可見技巧，乃可評工拙，乃可有客觀取捨之標準。此亦一種不得已。至於八股流害，晚明人早已痛切論之。顧亭林至謂：「八股之害，等於焚書，其敗壞人才有甚於咸陽之坑。」然清代仍沿襲不改。但若謂政府有意用八股文來斲喪人才，此則係屬晚清衰世如龔定庵等之過激偏言。治史貴能平心持論，深文周納，於古人無所傷，而於當世學術人心，則流弊實大。若論經義禍始，應追溯到王荊公。然荊公用意實甚正大。即此一端，可見評論一項制度之利弊得失，求能公允，其事極難。而創制立法，更須謹慎。又貴後人隨時糾補。制度既難十全十美，更不當長期泥守。此非有一翻精力，不能貫注。否則三千年前出一周公，制禮作樂，後人儘可墨守，何須再有新的政治家？

明初開國，亦頗曾注意整頓學校，然終是官學衰，私學盛。私家講學，自不免有時與政府相衝突。張居正爲相，嚴苛壓制，此乃張居正不識大體。此後東林講學，激成黨禍，人才凋落，國運亦盡。政府專仗考試取士，而與學校書院爲敵，安得不敗？然明代亦尚有較好之新制度，可與考試制度配合，即爲進士入翰林制。明、清兩代都從此制下培養出不少人才。學校培養人才，在應考之前。翰林院培養人才，則在應考及第之後。此制值得一追溯。

在中國歷史上，政府常有一派學官，（此「學官」二字，並非指如後代之教諭訓導而言。）專掌學術圖籍，不問實際行政；而政府對此項學官，亦能尊重其自由之地位，僅從旁扶植，不直接干預。此在春秋時有史官。戰國以下，私家講學大興，政府網羅在野學者，設博士官。秦代博士官，其實略如唐初之翰林院，雜流並匯，政府普加供養，並不攙入政府之態度與意見來抑此而伸彼。李斯焚書，始對博士官加以一番澄清淘汰。及漢武帝設立五經博士，政府對學術界之態度與意見更趨鮮明。

然中國政府本身與西方傳統大有不同。西方近代一面有宗教超然於政治之外，其社會意識又常抱一種不信任政府時時欲加以監督之意態，此可謂之「契約性」的政權。中國則自來並無與政治對立之宗教，社會對政府又常抱一種尊崇心理，聖君賢相，常為中國社會上一種普徧希望。因此中國政權，乃是「信託式」的，而非契約式的。與西方社會傳統意態大異。政府既接受了社會此種好意，亦必常站在自己謙抑地位，尊師重道，看重社會學術自由。政府所主持者乃制度，非學術。制度必尊重學術意見，而非學術隨制度遷轉。若政府掌握了學術是非之最高權衡，則在中國社會中，更無一項可與政府職權相抗衡之力量；此種趨勢，必滋甚大之流弊。因此政府對學術界，最好能常抱一種中立之態度，一任民間自由發展，否則必遭社會之反抗。此種反抗，實有其維繫世道最重要之作用。

漢武帝時代之五經博士，即是政府對學術表示非中立態度之措施。不久即生反動。漢儒經學有所謂「今古文之爭」。今文即是政府官學，古文則為民間私學。其實今文經學未必全不是，古文經學未必全是。然而東漢末年朝廷所設十四博士之今文經學，幾乎全部失傳；而鄭康成遂以民間私學，古文學派，成為孔子以後之第一大儒。魏晉南北朝，佛學入中國，宗教與政府相對立，政府所主持者仍是制度，學術最高權威則落入僧寺。唐人考試尚詩賦，詩賦僅論聲律工拙，在學術上依然是一種中立性的，並不表示政府對學術是非之從違。宋代王荊公改以經義取士，則顯然又要由政府來主持學術，走上中國歷史卑政尊學趨嚮之大逆流；而翕然為社會推敬者，依然是程朱私學，朱子遂成爲鄭康成以下之第一大儒。及元明以朱子四書義取士，陽明講大學根據古本，即與朱義對立。此後清代兩百六十年考據之學，無非與朝廷功令尊宋尊朱相抗。然四書義演成八股，則經術其名，時藝其實；朝廷取士標準，依然在文藝，不在義理；仍不失爲是一種中立性的。此就考試項目言。

至論學官，則魏晉南北朝、隋唐皆有。大體如文學編纂、圖籍校理之類。政府只設立閒職，對學人加以供養，恣其優游，不限以塗轍，不繩其趣詣。唐代有翰林院，最先只是藝能雜流，內廷供奉。此後遂變成專掌內命，一時有「內相」之號。宋代翰林學士掌制誥，侍從備顧問。又有經筵官，則爲帝王師傅。又有所謂「館閣清選」，亦稱「館職」。此皆在我所稱之爲學官之列。大抵集古今圖書，優其廩，不責以吏事；政府藉此儲才養望，爲培植後起政治人才打算。明代之翰林院，連史官、經筵官均併入，又有詹事府主教導太子，與翰林院侍講、侍讀同爲王室之導師。翰林責任，大體如修書視草，議禮制樂，備顧問，論薦人才；都是清職，並不有實權負實責。明代始規定進士一甲及第入翰林，二甲、三甲爲庶吉士，亦隸翰林院，須受翰林前輩之教習。學成，再正式轉入翰林院。其他亦得美擢。清代沿襲此制，用意在使進士及第者，得一迴翔蓄勢之餘地，使之接近政府，而不實際負政治責任。使之從容問學，而亦無一定之繩尺與規律。明清兩代，在此制度下出了許多名臣大儒，或爲國家重用，或偏向學術上努力。即如曾國藩，初成進士，其時殆僅通時藝。看其家書報道，可以想見其爲進士在京師時，一段如何進修成學之經過。此種環境與空氣，皆由翰林院與庶吉士制度中釀出。

漢代是先經地方政府歷練，再加以察舉。唐代是禮部試及第後，頗多就地方官辟署，必待吏部試再及第，始獲正式入仕。大抵漢唐兩代，都有實際政事歷練，與考試制度相副。宋代以下進士，在先未有政治歷練，一及第即釋褐，失卻漢唐美意。故明清兩代有此補救。若使明清兩代僅仗科舉，更無翰、詹爲養才之地，則八股時藝如何能得真才？而更須注意者，明清兩代之翰林院，仍係中立性的；並不似漢代博士，限於學術功令。考試只是遴才，翰林進士只在養才；政府職權仍在制度一邊，並未侵犯學術之內容。此層爲查考中國史上考試制度演變中一絕應注意之節目，故在此稍詳申說。

考試制度演變到清代，愈趨嚴密。自宋以來，秋試在八月，春試在二月，元明沿襲未改。萬曆時，曾有人主張，春試改三月，原因是二月重裘，易於懷挾。當時經人駁斥，終未改期。但到清代，真改春試在三月了。一說是天暖不須呵凍，但另一因，卻是人穿單裌，可無懷挾。其他如截角、登藍榜、彌封、編號、硃卷、謄錄、鎖院，出題、閱卷種種關防，全像在防姦，不像在求賢。清初幾次科場案，大批駢戮，大批充軍，更是史所未有。而到中葉以後，進士入翰林，專重小楷，更屬無聊。道光以下，提倡廢八股廢考試的呼聲，屢起不絕。此一制度絕對須變，自無疑問。然此一制度，究竟自唐以下一千年來，成爲中國政治社會一條主要骨幹。其主要意義可分三項陳述：

一、是用客觀標準，挑選人才，使之參預政治。中國因此制度，政府乃經由全國各地所選拔之賢才共同組織。此乃一種直接民權，乃一種由社會直接參加政府之權。與近代西方由政黨操政，方法不同，其爲開放政權則一。

二、是消融社會階級。因考試乃一種公開競選，公平無偏濫。考試內容單純，可不受私家經濟限制。寒苦子弟，皆得有應考之可能。又考試內容，全國統一，有助於全國各地文化之融結。按年開科，不斷新陳代謝。此一千年來，中國社會上再無固定之特殊階級出現，此制度預有大效。

三、是促進政治統一。自漢代以來直到清末，無論選舉考試，永遠採取分區定額制度，使全國各地優秀人才，永遠得平均參加政府。自宋代規定三歲一貢以來，直到清末，每歷三年，必有大批應舉人，遠從全國各地，一度集向中央；全國各地人才，都得有一次之大集合。不僅政府與社會常得聲氣相通，即全國各區域，東北至西南，西北至東南，皆得有一種相接觸相融洽之機會。不僅於政治上增添其向心力，更於文化上增添其調協力。而邊區遠陬，更易有觀摩，有刺激，促進其文化學術追隨向上之新活力。

即舉此三端犖犖大者，已可見此制度之重要性。至其實施方面，因有種種缺點，種種流弊，自該隨時變通。但清末卻一意想變法，把此制度也連根拔去。民國以來，政府用人，便全無標準。人事奔競，派系傾軋，結黨營私，偏枯偏榮，種種病象，指不勝屈。不可說不是我們把歷史看輕了，認為以前一切要不得，才聚九州鐵鑄成大錯。考試制度之廢棄，僅其一例。

六

西方人在十八世紀時，卻看重中國考試制度。但他們自有他們的歷史淵源，不可能把中國制度徹底抄襲。英國最先模仿中國考試制度，但只事務官須經考試，各部門行政首長則仍由政黨提名。照理論言，海軍應用海軍人才，外交應用外交專長，都該經政府客觀考試錄用。但西方卻只採用了中國考試制度之下半截。海軍、外交各部之事務官，須經考試；其主持海軍、外交各部行政首長，卻不須考試，仍由政黨提名。豈非在理論上像似講不通？此正為政黨政治乃西方歷史淵源中自生自長的東西，若連此廢了，勢必發生政治上大搖動。此是政治元氣，不可遏塞。任何一種外國制度，縱其法精意良，也只可在本國體制中酌量運用。西方人懂得此層，採取中國考試制度之一枝半截，成為他們今天的文官制。中國何嘗不可也採取西方制度的一枝半截，把皇帝廢了，再加上國會代表民意，而考試制度則依然保留。政府一切用人，仍該憑考試，只在內容上方法上再酌量改進。

但當時中國人意見不同，學西方便得全部學。其實如日本，又何嘗是全部學了西方？他們依然還有一個萬世一統尊嚴無上的皇帝，反而日本維新，早有富强實效。中國趕不上，回過頭來主張，不僅政治制度要全改，連文化學術也該全改，甚至連文字最好也全改。日本還未廢絶漢學，中國則主張改用羅馬拼音。一面又盛讚西方，如英國之善用習慣法，卻不許自己尊重自己習慣法。只有海關、郵政、電報各機關，因經由外國人主持，仍用考試制度，不致大擾亂。其他中國近代各機關一切用人，連像曹操、陳羣時的九品中正制也沒有。政治安得上軌道？而反肆意抨擊中國傳統政治之專制黑暗。於已往一切制度，漫不經心。政治無出路，回頭來再打擊歷史學術文化，認爲整個社會，均得從頭徹底改造始得。結果造成今日共産主義對歷史文化一筆抹殺、社會禮教一體推翻之狂妄風潮。

於此我們不得不推尊孫中山先生。只有他能高瞻遠矚，他的「五權憲法」，正也恰合於西方人採用中國制度半截的辦法，他也想在中國自己傳統制度下採用西方近代民主政治之一枝半截。但他的理論之精深博大，至今未爲國人所注意，所瞭解。此層並不專限在考試制度之一項目上。若不明瞭孫先生五權憲法之精意所在，單單再來添進一考試制度，依然是要有名無實，難生大效。

中西考試制度，在方法上，復有一至要之歧點。西方考試只重專家，只如漢代辟召奇才異能之例。至於政治人才，則貴有通識，尤勝於其專長。此等人才，西方則在國會中培養。中國傳統考試著重在通識，不在專長。中國科學不發達，考試制度亦預有關係。如在金元統治時期，異族君臨，政權不開放，考試制度鬆弛，有名無實。但中國社會其他各專門學術技能，如醫藥、天算、水利、工程、藝術、製造諸項，反而有起色。此後中國考試制度，自應在錄取專長方面，積極注意。然如何培植政治通才，此事依然重要。即如明清兩代之翰林院制度，即在此方面頗著績效。可見每一制度，其背後必有一段精神貫注，必有極深微的用心所在；那裏是隨便抄襲，即能發生作用？

這裏更有一種重要關鍵。我常說西方民主政治重選舉，是偏於「人治」精神的；一切政制均可隨大眾意見而轉移，政府須常常受民眾監督，這非人治精神而何？中國傳統政治，重考試制度，是偏於「法治」精神的；政府一切用人，全憑客觀標準公開競選，再憑客觀標準按例銓敍，中國人想把整個政府納入一種法度規範之內，如是則便可減輕人治分量。中山先生之五權憲法，及其「權」「能」分職之理論，正是無意中走上了中國政治傳統精神之老路。其實人治、法治，亦各有長短，各有得失。大抵小國宜人治，大國宜法治。即以英、美兩國言，英國制度偏多人治意味，美國則偏多法治意味。今天中國人論政制，只高喊法治空口號，又心上終覺考試是中國土貨，選舉纔是舶來新貨，因此不免過分看輕了考試，過分看重了選舉。政府雖有考試院，卻尚未能深切發揮中山先生五權憲法中重視考試一權之內在精神。此等處，決非一枝一節，單憑一項制度來討論，而不貫通到全部政制之整體精神者所能解決。

創制立法，應該通觀全局。我們今天實有對政治理論再行細加探究討論之必要。否則總是多方面採摭幾許法條規章，臨時拼湊，臨時粉飾；將永遠建不起一個規模，永遠創不成一種制度。中國的考試制度，在歷史上已繇歷了一千年，若論其最早淵源，則已有兩千年的演變。這自然應該遭受研究討論將來中國新政治制度發展趨向的人的絕大注意了。

以上敍述考試制度之用意及其成效所在。但有不盡然者，每一制度則無不皆然。考試制度特其一例而已。中國古人言：「士先器識，而後才藝。」場屋取士，才藝則較易認取，器識則甚難判定，此其一。抑且考試與教育，事業大不同。果使孔子復生於後世，主持一場考試，豈能得德行、言語、政事、文學之七十羣賢？又豈能得「惟我與爾有是夫」之「賢哉回也」其人？此皆孔子畢生教育之所成，而豈場屋考試之可獲？抑且劉先主三顧諸葛於草廬之中，以此較之場屋取士，所勝何啻千萬倍！然而劉先主亦未能於諸葛終身大用。八十三萬大軍沿江東征，諸葛默爾未敢發一辭，乃終招致白帝城託孤之悲劇。會合此三例觀之，則考試制度在政治方面之應用，宜亦可得其爲用之限度矣。

考試制度乃中國政治中重要一項目，其爲效乃如此，其他可以類推。然則爲政究何當重？曰：「爲政以德」，豈外在制度之可盡。西方政治則又惟知重視幾項外在的制度，故曰「法治」。此又與中國傳統政治大不相同。

（民國四十年冬，臺北考試院講演，載考詮月刊一期。）

中國歷史人物

一

講文化定要講歷史，歷史是文化積累最具體的事實。

歷史講人事，人事該以人爲主，事爲副。非有人生，何來人事？中國人一向看清楚這一點。西方人看法便和我們不同，似乎把事爲主，人爲副，倒過來了。因此，西方歷史多是紀事本末體。中國雖有此體，但非主要。中國史以列傳體爲主，二十四史稱爲「正史」，最難讀。一翻開，只見一個一個人，不易看見一件一件事。如讀史記，漢代開國，只見漢高祖、項王、張良、韓信、蕭何許多人，把事分在各人身上。尚書是古代的紀事本末體。此下要到宋代袁樞才有通鑑紀事本末，只便初學，進一步再讀編年史如通鑑，更進一步始讀正史列傳。今天我們一切學術教育都學西洋，因此學校講歷史都重事，不重人。如講楚、漢戰爭，漢高祖怎樣打項羽？固然要講到人，但只以事爲主。有一年，我在美國親同他們一位史學家辯論過這一問題。他說：「歷史固應以人爲主，但此人若無事表現，如何跑上歷史？」我說：「此事難說，因其牽涉到中西雙方整個文化體系上面去。我且舉一個明顯的例。在中國有很多人沒有事表現而也寫進歷史，而且這類人決不在少數。」我們今天不論大學乃至研究院，講史學雖是分門別類，注意都在事上。如講政治制度，沒有一個絕對是與好的制度。制度總是要變，並無千古不變，亦無十全十美的制度。如講社會經濟，一切有關經濟的理論思想及其事實，也都隨時而變。在壞制度下，有好人總是好些。在好制度下，有壞人總不好些。思想要有事實表現，事背後要有人主持。如果沒有了人，制度、思想、理論都是空的，靠不住的。而所謂人之好壞，此一標準，則比較有定不易變。此刻把歷史分類講，政治史、社會史、經濟史、外交史、軍事史等，一切完備；卻不注重歷史裏面的人，至少是隔一層，成爲是次要、不是主要的。制度由人來，某些人起來了，才有此制度。思想亦由人即思想家來。所以我今天特別要講歷史上的人。最大希望，要我們都能變成歷史人物。要來維持歷史，復興歷史，創造歷史，都得要有人。

講到歷史人物，當然要講歷史。世運與人物總是相隨而來的。時代不同，人物也跟著不同。中國人一向看歷史總要變，故說「世運」。歷史時時在變，世運總是不能停在一個狀態下。我們把歷史上一切時代大體分別，不外有兩種；不僅中外如此，古今如此，以後也如此；某種時代，我們稱之爲治世，太平安定，慢慢地變成了盛世。某種時代由盛而衰，由衰而亂，變成爲衰世與亂世。歷史千變萬化，不外這一個治亂盛衰。當我小孩子時，學校老師告訴我，中國歷史一治一亂，西方歷史治了不再亂。我當時雖很年幼，聽了那位先生的話，覺得這是一個大問題，如何使中國歷史也能治了不再亂。但我後來讀了歷史，漸認爲在西方，治了也會亂，盛了也還衰。我到今天短短七十多年生命，親眼看到西方社會之由盛而衰，由治而亂。歐洲自第一、第二次世界大戰以來，一切大變。特別刺激我的，如英國。當時讀世界地理，所用地圖是英國製的，只要這地方由它統治，都畫上紅色。譬如香港一個島，也畫上一條紅線。一張世界地圖，到處都有紅顏色。英國被稱爲是一個太陽不會掉下去的國家，全世界有英國國旗，太陽永遠照在他們的國旗上。可是今天呢？

我年齡慢慢大了，又聽人講，可惜我們生在這時代，是一個衰世亂世。即如對日抗戰到今天，到處奔跑流亡，可說是只在國家偏安局面內生活。若我們生在太平盛世不好嗎？但我們讀史，好像治世盛世歷史人物該是又多又好，否則怎樣會治會盛？衰世亂世，該是人物又少並壞，否則怎樣會衰會亂？而實際並不然。但也只能看中國史。西洋史專重事而忽略了人，打仗勝敗不同，國家强弱不同，只見了事，不見事背後之人。今天我們社會一般知識分子，慢慢接受西方影響，只論治亂强弱，卻把一般中心的主持人物也忽略了。若使我們把二十五史來作一統計，我能先告訴你們一結論。中國史上第一等大人物，多在亂世衰世。所謂大人物，他不僅在當世，還要在身後，對歷史有影響，有作用，這才是大人物。影響作用愈大，此一人物也就愈大。而所謂人物，起於衰世亂世的反而更多更大，起於盛世治世的反而更少更差一點。這不奇怪嗎？實亦不奇怪。若使衰世亂世沒有人物，或人物不夠偉大，此下怎會又變成治世盛世？中國歷史之所以能一盛一衰，一治一亂，正因爲在衰世亂世有人物，下邊才開創新歷史，由亂返治，由衰轉盛。若我們不注意人物，重事不重人，那麼天下衰了亂了，更沒有人了，此下便會沒辦法。希臘、羅馬之沒落便在此。此刻的英國、法國何時再復興，也是問題。今天輪到美國與蘇俄，成爲世界上兩强。然而從歷史過程論，治下仍然定會有亂，盛後定然會仍有衰。即如美國，但論人物，如華盛頓、林肯這些人，似乎到今天便不易得。

在中國最可說是亂世的，即如春秋，孔子即生在此時。堯、舜、禹、湯、文、武、周公，都是在治世，孔子卻是在衰世亂世。但孔子學生說：「夫子賢於堯舜。」此論人，不論事。乃論身後，不論生前。孔子對歷史的影響與作用，遠勝過堯、舜、禹、湯、文、武、周公，此刻是證明了。

春秋以後有戰國，更衰更亂。但我們講中國歷史人物，戰國要占第一位。我不能把戰國人物從頭講，但如孟、荀、莊、老這許多人，只講思想一方面，其影響後代中國實是大極了。漢代中國一統，當然是治世盛世，可稱爲中國歷史上的黃金時代；但漢代人物顯然不如春秋戰國。漢代之盛，還是受了春秋戰國時代的人物影響。

再把漢朝整個來講，東漢不如西漢，然而人物卻比西漢多，而且有大人物。姑舉學術上人物來講，東漢最偉大的經學家鄭玄，西漢便無其比。漢武帝表彰六經，罷黜百家，西漢一代，經學盛起，也不能說他們沒有貢獻。然在兩漢經學家中，人物最偉大，對將來最有影響、最有作用的卻是鄭玄。鄭玄死在東漢末年，黃巾之亂，董卓到洛陽，東漢快亡了。鄭玄一生正在東漢的衰世亂世中，然而卻成為一最偉大的經學家。若使我們承認儒家經學對中國文化中國歷史有大影響、大作用，那麼論其影響作用之最大的就該是鄭玄了。

說到唐朝，也是一個治世盛世。但論唐代人物，就不如後面的宋朝。宋朝縱不說是亂世，卻始終是一衰世。我說唐不如宋，不是講他們的開國時代。唐高祖、唐太宗下面這一批人，這一個集團，我們暫置不講。在唐玄宗開元之治以前的人物，實不如天寶之亂以後的人物來得多，來得大，表現得更像樣。論宋代，比較太平當然是北宋，然而最偉大的人物卻出在南宋。單從學術上講，如朱子，他在學術史上的地位還當在鄭玄之上。明朝又是盛世，可是人物更衰落。清代也算是一個盛世，最盛在乾嘉，而乾嘉時代人物卻較遜。論其經學，僅如此刻在圖書館裏一個寫博士論文的，那比得清初一些大人物。那是明代快亡，大亂已至，人物卻競興迭起。

我們試再講衰世。春秋戰國以後有三國分崩，可說是一個亂世，可是三國就出了很多人物。又如元代，蒙古人跑進中國來，而元代也出了很多各方面的人物。元代只有短短八十年，明太祖起來，他下面如劉基、宋濂一大批人跟他打天下，卻都是在元代培養起來的。唐代也一般，跟唐太宗起來打天下的，都是隋代人物，遠由南北朝時代培養而來。唐代興國，一切規模制度，都由北周至隋訂下。再往上推，由漢高祖到漢武帝，西漢初年人物，一切都從戰國時代人的腦筋裏醞釀成熟，到漢初纔表現出來。因此我們可得一結論，但這只是照中國歷史講，西方歷史似乎並不然；這一結論，便是中國文化最特別的地方，即其在衰世亂世，人物更多更偉大，勝過了治世盛世的。

二

大體上說，歷史有上層，有下層。我們當知，歷史不是一平面。像一條水，有其浮面，有其底層。浮面易見，底層不易見。如說政治上軌道，同時必是社會也上了軌道。社會不上軌道，單要政治上軌道卻不易。上面政治人物都從下面社會起來。我們可以說，底層比浮面更重要。我們講歷史人物，也可分作一部分是上層的，另一部分是下層的。跑到政治上層去的人物，是有表現的人物，如劉邦項羽都是。還有一批沉淪在下層，他們是無表現的人物，但他們在當時，以及此下歷史上，一樣有影響，有作用。可能他們的影響作用更勝過了那些有表現的。如讀左傳，那是春秋時代二百四十年一部極詳盡的歷史。但孔子在左傳裏不占地位，左傳裏講到孔子，可說是微不足道，那能和其他人物相比？孔子在論語中所稱讚的春秋人物，前面有管仲，後面有子產，都是在當時有表現的。我們讀左傳，上半部就注意到管仲，下半部就注意到子產。大國有人物，如管仲之在齊。小國也有人物，如子產之在鄭。若論人物價值，子產並不定差於管仲。大國人物有表現，小國人物一樣有表現。孔子卻像是一無表現的人物。縱說有表現，也是微不足道。但左傳裏還找得到孔子，卻找不到顏淵。顏淵雖不見於左傳，對將來中國歷史仍有他的大影響，大作用。孔子顏淵的影響作用，還勝過了管仲、子產。因此我們可以換句話說，管仲、子產是一個時代人物。歷史上不斷有時代之變，秦變漢，隋變唐。但時代變了，歷史仍不變。至少一部中國歷史是如此。所以我們講歷史，不要太着重其上層浮面的，我們還該更着重其底層下面的。我們讀左傳，不要只知道有管仲、子產，更要當心，那時還有孔子，甚至有顏淵。只是孔子、顏淵沒有在那時的浮面上層參加過大事情，所以不入歷史記載。若把整部中國歷史來看，孔子地位，遠在堯舜之上。而顏淵雖一無表現，對後來中國有影響，有作用，也並不比管仲、子產弱了。所以所謂有表現與無表現，也只就狹義來講。如果沒有表現，怎樣在歷史上直傳到今天？他表現的便是他這個「人」，而非表現在他做的「事」。此所謂事，也是狹義的，只是歷史上浮面上層的事。

再講三國，烏七八糟，可說是亂世，而且亂極了。但在中國歷史上，除了戰國，中國人最喜歡讀的應是三國史。今天任何一個中國人，都知道些三國史。也許是因為有羅貫中作了三國演義，但羅貫中爲何來作三國演義？三國演義爲何能如此流傳？正因爲三國時代人物多，而且真算得人物。即如曹操，那是歷史上的反面人物，他也有影響，有作用；只是些反影響，反作用。像近代袁世凱，也是反面人物，把他與孫中山先生一比便知。在當時，大家有表現，但孫中山先生是一個歷史人物，袁世凱只是一個時代人物，而且是一個反面人物。此刻再來講三國時代的正面人物。諸葛亮就了不得，有了一個諸葛亮，全部三國歷史就光明了，一切都變成有色彩，有意義。但中國後來人品評三國人物，卻推管寧爲第一人。管寧在那時一無表現，天下亂，他跑了，流亡到遼東。曹操也是了不起，聽說有個管寧，無論如何要他回來。管寧不得已回來了，但絕不在曹操政權下有表現。說是病了，不能出來做事。曹操派人到他家裏去察看，回來把管寧的日常生活作一報告，這一報告卻記載在歷史上。曹操說：「既這樣，我們也不必勉強他。」管寧年輕時，與一朋友華歆共學，門外有車馬聲，華歆說：「什麼人經過呀！」出門去看。回來，管寧與之割席而坐，說：「爾非我友也。」後來華歆做了魏國大官。由此可知，一個了不起的人物，不一定要有表現。有表現的，或許還不如無表現的。我們下面且慢慢講。

三

所謂表現，有表現而成功的，也有表現而失敗的。普通我們說，中國人喜歡表揚失敗英雄。

其實失敗了還有什麼值得表揚？我們當認識失敗的無可表揚，也不該表揚。國家民族要成功，歷史也要成功。可是歷史上確有失敗的人，這等人或許也有人稱他爲人物或英雄。如西方歷史上，古代有亞力山大，近代有拿破崙，都不曾成功。更如近代德國希特勒，更可怕。不只是他個人失敗，而且其遺害於國家民族，乃及四圍人羣者，亦不小。這等人何該學。所以失敗英雄不該表彰。但是，在法國首都巴黎，一切市容建設，以拿破崙作中心，環繞凱旋門八條大道四面分布，形成了巴黎市區。另一部分，以拿破崙墳墓作中心。巴黎市容所表現的，就是一個拿破崙。好像法國人認爲拿破崙還是他們的第一號人物。今天的戴高樂，就想學拿破崙，失敗顯然放在面前。今天大家希望德國人不要再學希特勒，連西德人也怕希特勒精神之復活。美國首都華盛頓一切市容建築模仿巴黎，由國會法院一條大道直往華盛頓銅像，這是整個市區的中心；白宮只是旁邊一個小建築。華盛頓是一個成功人物，但華盛頓市容究是以國會爲主，這是西方人重事業表現更重過於人物完成之一證。但美國究比法國前途有希望。只以兩國首都建設爲例，即可說明。英國倫敦又是另一樣，西敏寺代表著神權時代，白金漢宮代表著王權時代，國會代表著民權時代，三個建築並存。這是英國精神，而其重事不重人則可知。雖亦有很多名人埋葬在西敏寺裏，究已是第二等。最受大家注意的，自然是西敏寺，是皇宮與國會，是一些物質建設。

再論在中國史上的所謂失敗人物，其實是並未失敗。即如南宋岳飛，他若成功，南宋就可復興，然而岳飛失敗了。但岳飛只在當時是失敗，他在後世有成功。又如文天祥，倘使沒有一個文天祥，那將是一部中國歷史的大失敗。蒙古人跑進中國來，出來一個文天祥，他雖無助於南宋之不亡，然而文天祥可以維持中國民族精神直到今天，因此他還是未失敗。換句話說，就他的個人論，他是失敗了。從整個歷史論，他是成功了。所以我們說歷史人物中，還該有「時代人物」和「歷史人物」之分別。

今再說成功失敗關鍵何在？我可說，失敗是由於他的外在條件，而不在他本身內在的條件上。岳飛事業之失敗，不是失敗在岳飛本身之內在條件，不是他自己這個人失敗了。宋高宗、秦檜，一切外在條件，使岳飛失敗。而岳飛個人之內在條件，則使岳飛成功了。成功的乃是岳飛這個人。文天祥的外在條件根本不能講，比起岳飛來更差了，他當然要失敗。蒙古軍隊來，當時的南宋是無法抵抗的了，然而文天祥還是要抵抗；文天祥自己這個人是成功了。他的內在條件並沒有欠缺，留下他這一個人在歷史上，對將來中國貢獻大，有大影響，大作用。單只一件事，事是留不下來的。因歷史一定要變。孔子若做了魯國宰相，當了權，他的成績可能比管仲更大，或許孔子可與周公相比。然而縱是周公政績偉大，也只表現在事上。一切都得變，西周仍變了東周。倘使做了一件事，可以永遠存留，永存不變，那麼也沒有了歷史。從前人的事業都做好在那裏，我們將無可再表現，更沒有什麼事可做。但人就是要做事，沒有事可做，又要這些人何用？人到沒有用，歷史自然也斷了。所以我們並不希望每一件事可以永遠留傳，我們只希望不斷有新人，來做新事，有新的成功。歷史存在依人不依事，而人則是永可以存在的。西方人能在歷史上永遠存在的，比起中國來是太少了。耶穌釘死十字架，他是一個失敗的人，然而耶穌實是永遠存在，所謂的十字架精神也永遠存在。到今天，信耶穌教也好，不信耶穌教也好，都不能不承認耶穌之偉大和他的成功。最成功的還是他自己這個人。他說他死了要復活，他這一個人永遠流傳到今天，還是存在，不是他復活了嗎？我們也可說，岳飛的風波亭精神，岳飛是復活了。到今天，岳飛還在這世上。至少我們中國人瞭解岳飛，岳飛還在我們中國人心裏。

中國人的人生理想，有一個最高要求，就是「只許成功，不許失敗」。但成功有許多是要外在條件的。而我們有一個辦法，使一切外在條件不足以屈服我，只要我有內在條件便得。若說不要內在條件，這也無所謂成功與失敗了。上帝生人也有條件，若說不要一切條件而能成功，也就不成其爲人。做人不能無條件。我們希望的，只講內在條件，不講外在條件，而也能有成功。上帝只生我們一個可能，每個人都可能做孔子與耶穌。孔子說：「十室之邑，必有忠信如丘者焉，不如丘之好學也。」好學是他的內在條件。忠信之性，是上帝給他的，是他的外在條件。但只有這一個基本條件是外在的，而同時又是內在的。難道如曹操以至如袁世凱，就天生他是一個不忠不信的人嗎？中國人不承認這句話。生下來都一樣，這是一可能。再加上一切內在條件，其他外在的可以不妨事。今天我們都嫌外在條件不夠。我們生在衰世亂世，外在條件當然不夠。然即是生在盛世治世，外在條件還是會不夠。我們今天說要改造環境，就得充足我們的內在條件。你先得成一個人物，纔能來改造環境，來充足一些外在條件。若你沒有成一個人物，內在條件不夠，一切外在也沒有法改，縱使有了外在條件也不行。

似乎西方人是太著重外在條件的，然而我們看西方歷史，還是和中國歷史一般。耶穌時候的猶太人，在羅馬帝國統治下；我們讀耶穌的新約，他沒有講到羅馬統治，似乎外在條件不在他腦筋裏，不在他考慮之列。然而外在條件畢竟在書中也講到，譬如稅吏，是羅馬派來的，耶穌便無奈何他們。所以耶穌說：「凱撒的事讓凱撒去管。」這是當時猶太人的一項外在條件。到今天，世界只有信耶穌的人，更沒有了耶穌，而凱撒則仍可到處遇見。你若說，定要打倒了凱撒，才能完成一耶穌，也沒有這回事。我們還可以另換一句話來講，還是美國人爭取得了自由與獨立，才有一個華盛頓的呢？還是由華盛頓來爲美國爭取到自由和獨立的呢？照中國人想法，則更有進者。應該是拿去了華盛頓的事業，還有華盛頓這樣一個人，他還可能是一個了不起的人。

但這也不是中國人看輕了事業。即如我們國父孫中山先生，倘使他沒有能創造成中華民國，即就他個人來說，如他的思想和言論，還是一個孫中山先生，或許他會更偉大。因把一切事業功名放在他身上，好像他這個人就圈在他事業功名的裏面，爲他的事業功名所束縛，他所表現的好像就在這範圍內。周公不如孔子，不在別處，只在周公其人為周公的事業所限，限在這事業裏面。要是懂的人，自知周公怎樣會有他這一番事業，在他事業背後還有他這個人。如此來真瞭解周公的是孔子，孔子也希望能像周公般在這世上做一番事業，然而外在條件不夠。在政治上，在歷史上層，孔子等於無所表現。然而後來人看孔子，反少了一束縛，一範圍。而孔子之為人，轉因此而十足表現出來，比周公更清楚。今天我們來講周公，自然要講周公這一番事業。但講過他的事業就完了，在其事業背後之這個人，反而忽過了。來講孔子，孔子無事業可講，就只得講他這個人。然而「人」的影響勝過了「事」的影響，所以孔子在後來歷史上的作用，反而在周公之上。因此我來講歷史人物，特地希望我們要看重人，拿人來做榜樣，做我們一個新的教訓、新的刺激，可以感發我們，使我們大家各自來做個人。有了人物，那怕會沒有歷史？

一部二十四史，把許多人試為分類，有治世盛世人物，有衰世亂世人物，有有表現的人物，有無表現的人物，有成功人物，有失敗人物。但讀者不要認為我只講某一邊，不講另一邊。今試再來講中國的歷史人物。

四

上面分法，都從外面看，此下當從人物之內面看。我認為中國歷史上人物，大體說只有兩種，一是「聖賢」，一是「豪傑」。直到今天，中國人一路講聖賢，但究竟如何才算得一聖人與賢人，其間自有不少爭論。此刻且不講。再講第二種，中國人所謂之豪傑。我們看歷史人物。無論其在政治上層或社會下層，有表現與無表現，成功與失敗，或在太平盛世，或在衰亂世，得成爲歷史人物的，大體說來只有兩種，即聖賢與豪傑。豪傑又與英雄不同，如拿破崙與希特勒，可以說他是一英雄，但並不很合乎中國所想的豪傑人。朱子講過：「豪傑而不聖人者有之，未有聖人而不豪傑者也。」同時陸象山極稱此言以爲甚是。此刻我想把朱子此語再略修改，因我們說「聖賢」，並不像說「聖人」。單說聖人，似較嚴格；兼說聖賢，則較爲寬泛。我想說：「聖賢必然同時是一豪傑，豪傑同時亦可說是一聖賢，二者貌離而神合，名異而實同。其實聖賢豪傑也和我們平常人一般，就其和平正大能明道淑世言，則謂之聖賢。就其崇尚氣節能特立獨行言，則謂之豪傑。我們此刻來講中國歷史人物，請讀者不要太重看了「聖賢」二字，我們且先看重「豪傑」二字。我們縱不能做個聖賢，也該能做個豪傑。尤其在這衰世亂世，做人總要有點豪傑精神，不然便會站不住腳，挺不起腰。做豪傑，便是做聖賢的一條必由之路。不從豪傑路上行，絕不能到達聖賢地位。聖賢就是一個豪傑，只讓人不覺其爲一豪傑而已。我在下面將慢慢講出豪傑如何是聖賢、聖賢如何是豪傑的道理。

今試問：聖賢與豪傑，既然有此兩個稱呼，則其分別究在那裏？我想這個分別，簡單的講，只在其表現上。聖賢一定要能「明道淑世」。這個世界在他手裏，他就能把這個世界弄好，這叫「淑世」。要淑世，當然先要能明道，使此道明揚於世。如我們生在漢武帝時代，漢武帝表彰六經，罷黜百家，你要來明道淑世，做一個董仲舒，當然省力。你如在唐太宗時代，來做一個魏徵、房玄齡、杜如晦，也較省力。因外在條件配得上。這些人，縱不能說他們便是聖人，但至少也該說他們是賢人。可是在某種環境下，外在條件配合不上，種種不如意，那麼你至少要有一本領，能「特立獨行」。不論外面條件，我還是我。這樣他便是一豪傑了。孔子、孟子何嘗不從特立獨行的路上過，不然也不成其爲孔子與孟子。要能特立獨行，從外面看，便是「尚氣立節」。人總得要有一股氣。孟子所謂：「吾善養吾浩然之氣。」一個豪傑，正爲他有一股氣。這「氣」字，不能拿現代的科學生理學或物理學來講。中國人普通講話，常說這人有「志氣」，志下連帶一氣字；其實氣只是其志。要立志便不容易。有人說，我未嘗無此志，只恨外面條件不夠。如此之人，則是雖有志而沒有氣，所以志也不立，就沒有了。又如說「勇氣」，勇也要有股氣。沒有氣，怎能勇？「三軍可奪帥也，匹夫不可奪志也。」中國人講智、仁、勇三德，智與仁之外，還要有勇。孔子說吾十有五而志於學，一直到他老。孔子正爲有一股氣，所以這個志立了不倒退，到老不衰。只在聖人身上，比較不著痕迹。一個豪傑之士，則顯然看出他的一股氣來，隨時隨地隨事都見他尚氣；又比較顯露，或比較有偏，所以他是一豪傑。有志有勇，所以能立節。「節」

是有一個限度，有一個分寸。不論世界衰亂，我做人必有限度，必有分寸，那便是一豪傑。因此豪傑必講氣節，能特立獨行。到得圓滿周到處便是聖賢。聖賢便能明道淑世。但道德也定要從氣節來，氣節也必要站在道德上。若說人身生理，有血氣，有骨氣；從血氣中有勇，從骨氣中見志。人不能做一冷血動物軟骨漢，人之死生也只爭一口氣。天下不能有無血無氣無骨的道德，也不能有無血無氣無骨的聖賢。我們也可說，中國歷史是一部充滿道德性的歷史。中國的歷史精神，也可說是一種道德精神。中國的歷史人物，都是道德性的，也都是豪傑性的。

只要他是個聖賢，可不問他的功業。只要他是一個豪傑，也可不論他的成敗。中國最大聖人孔子，他的品評人物，也是雙方面的。堯、舜、禹、湯、文、武、周公是一面，另一面則是孔子講到吳泰伯。「泰伯其可謂至德也已矣，三以天下讓，民無得而稱焉。」孔子稱許吳泰伯是道德中最高的一級了，甚至社會人羣無法稱讚他。孔子共說了兩個民無得而稱的人，一是吳泰伯，另一個是堯。「惟天為大，惟堯則之，蕩蕩乎，民無能名焉。」堯的偉大，無事可舉，說不出來。舜則有好多事可舉。但堯舜同為大聖。孔子當然很看重文王周公，而孔子也看重吳泰伯。吳泰伯是文王的老伯父。吳泰伯兄弟三人，最小的就是王季歷，王季歷的兒子就是文王。吳泰伯三兄弟的父親太王，很喜歡這個小孫，說他將來大了有用。到了太王有病，吳泰伯對他的二弟仲雍說：「我們跑了吧。我們跑了，父親可把王位讓給三弟，將來可以傳給小孫，可以完成父志。」因此他們兩人就跑了。孔子對吳泰伯十分稱讚。父子各行其是，說孝卻不像孝，說讓也不見讓。道大無名，無法稱讚他。孔子就把吳泰伯來上比堯。

第二個孔子稱讚的是伯夷、叔齊。孔子說：「伯夷叔齊，古之仁人也。」孔子不輕易用「仁」字來稱讚人，但卻稱讚了管仲，又稱讚了伯夷、叔齊。他們是孤竹君之二子，父親要把王位傳給叔齊，父死了，伯夷說：「父親要你繼位，你繼位吧！我跑了。」叔齊說：「你是哥，我是弟，你不做，我也不做。」也跑了。君位讓給了中間的一個。遇到周武王伐紂，伯夷叔齊從路上大軍旁站出，扣馬而諫，說：「你不該去伐紂，你是臣，他是君，此其一。你父親剛死，該守孝，不該去打仗，此其二。」周武王手下要把兩人拿下，幸而姜尚說：「這兩人是義士，放了他們吧！」放了以後，周朝得了天下，可是這兩人說：「我們不贊成。」但大勢已定。他們不吃周粟，到山上採薇而食，終於餓死在首陽山。孔子大爲佩服，說他們是「古之仁人」。孔子也並沒有反對周文王和周武王，更是極尊崇周公，自己還要復興周道，曰：「吾其爲東周乎！」可是孔子又講那一邊，直從吳泰伯到伯夷。當知要做吳泰伯、伯夷，也得有志有勇，有氣有節，特立獨行，毫不苟且。此等人一樣在歷史上有影響，有作用。漢代太史公司馬遷崇拜孔子，把孔子作春秋的道理來寫史記。史記裏有三十世家，七十列傳。世家第一篇，不是魯、衛、齊、晉，而卻是吳泰伯。吳國要到春秋末年孔子時代才見到歷史上，而太史公乃特立之爲三十世家之第一篇。列傳第一篇則是伯夷。中國人的歷史人物觀，孔子以下，經太史公這一表揚，一面是堯、舜、禹、湯、文、武、周公，同時另一面還有吳泰伯、伯夷。其實孔子自己，正是兼此兩面，所以成為中國之大聖人。

五

上面說過，中國人重人更重於事，西方人重事更重於人。如西方人說，這人是政治家，或哲學家，或科學家，或宗教家，或藝術家；總在人的上面加上事，拿事來規定著這人。中國人則向來不這樣說。如說「聖人」，這聖人究是一政治家呢？軍事家呢？外交家呢？經濟家呢？卻沒有一個硬性規定。又如說賢人，君子，善人，都是講的赤裸裸地一個人，不帶一些條件色彩在上邊。但中國人卻又把人分等級，善人、君子、賢人、聖人，其間是有階級的。西方人用事來分等，便沒有人的等級觀念。究竟是西方人看人平等呢？還是中國人看人平等？中國人認為，人皆可以為堯舜，即是人人可做一理想標準的聖人。然而為何人做不到聖人，這責任在個人自己。但西方人做人，要外在條件，要機會，要環境。這是雙方顯然的不同。

人怎樣才叫做「聖人」呢？似乎孔子很謙虛，他的學生問他：「夫子聖矣乎？」他說：「聖則我豈敢。我只有兩個本領，學不厭，教不倦。」他的學生說：「這樣你就是聖人了。」到了孟子，又提出中國古代之三聖人。但他所提，不是堯、舜、禹、湯、文、武、周公。這三聖人，是伊尹、伯夷、柳下惠。孟子說：「聖人者，百世之師也。」一世三十年，百世就是三千年。孔子到現在也不過二千五百多年，聖人至少三千年可以做我們榜樣。孟子舉出三人，卻是性格不同，表現不同。孟子把「任」、「清」、「和」三字來形容。孟子說：「伊尹聖之任者也。」伊尹有志肯負責任，積極向前。他生的時代也是一個亂世，夏之末，商之初。孟子書裏講他「五就桀，五就湯」。夏桀那能用伊尹，伊尹為要使這個社會變成一個像樣的堯舜之世，一次去了不得意，再去。再不得意，三去、四去、五去。他從桀處回來，又到湯處去。商湯也不能知得他，他只是耕於有莘之野一農夫。五次到湯那裏，終於當一個廚師。湯極滿意他的烹調，慢慢同他接談，覺得他了不得，以後便幫助商湯平天下。湯死了，下一代太甲繼位，不行，伊尹說：「你這樣怎可做皇帝？」把他關閉起，說：「我來代替你。」太甲後來懺悔了，伊尹說：「你回來吧。」又把皇位交回他。

孟子說：「伯夷聖之清者也。」一切污濁沾染不上他。武王伐紂，他反對。到後全中國統一，他寧餓死首陽山。柳下惠是一個耿介之人，但卻很和平。伊尹有大表現，而有大成功。伯夷特立獨行，表現了一個無表現。孟子說：「柳下惠聖之和者也。」他同人家最和氣。他是魯國人，在魯國做了官，罷免了又起用，又罷免，如是者三。這和伊尹不同。儻伊尹罷免了，還要自己向上爬。也和伯夷不同。伯夷是請不到的，一些條件不合，他絕不來。柳下惠那時已是春秋時代，列國交通，有人勸他：「你在魯國不能出頭，何不到別的國家去？」但柳下惠回答道：「直道事人，焉往而不三黜？枉道而事人，何必去父母之邦？」我只要直道，同樣不合時，還是會罷免。若我能改變，枉道事人，我在魯國也可以得意。可見柳下惠外和內直。所以孟子稱讚他，說：「柳下惠不以三公易其介。」他不以三公之位來交換他的鯁直耿介，他也是能特立獨行的，只知有直道，不走枉道。但柳下惠在外表上所表現的，卻完全是一個「和」。

孟子說這三人都是聖人。伊尹建功立業，開商代七百年天下，不用講。孟子又有一條文章並不講伊尹，只講伯夷、柳下惠。他說：「聖人百世之師也，伯夷、柳下惠是也。故聞伯夷之風者，頑夫廉，懦夫有立志。聞柳下惠之風者，鄙夫寬，薄夫敦。」一個頑鈍人，沒有鋒鋩，不知痛癢，聽到伯夷之風，也能有邊有角，有界線，到盡頭處就不過去。懦夫，軟弱人，也能自己站起。三個人在一塊，兩個人反對你，你就沒勇氣。倘在一個大會場，全場兩三百人反對你，你就不能有堅強的立場。伯夷在當時，可稱是全世界都反對他。後來韓愈說，伯夷卻是千百世人都反對他。因從伯夷死了，到韓愈時，誰不說周文王、周武王是聖人，然而伯夷要反對。誰不說商紂是一個壞皇帝，然而伯夷不贊成周武王伐商。孔子也沒有反對周武王，韓愈也沒有反對周武王，然而孔子、韓愈也不得不敬仰伯夷其人這一種特立獨行的精神。我此處用「特立獨行」四字，就是引據韓愈的伯夷頌。一個頑鈍無恥的懦夫，不能自立，一聽到伯夷之風，自己也會立住腳，也會站起來。一千年也好，兩千年也好，這種故事在三千年後講，雖然其人已沒，其風還可以感動人，使人能興起，所以說他是「百世之師」。有些氣量狹窄的鄙夫，一點小事也容不下。有些人感情淺，是薄夫，一回頭把人便忘。魯國三次罰免了柳下惠，柳下惠不在乎，還不願離去父母之邦。所以聞他之風，則薄夫可以厚，鄙夫可以寬。孟子所謂頑、懦、薄、鄙，這四種人，時時有，處處有。孟子不講伯夷、柳下惠之知識學問地位事業等，他只是講那赤裸裸的兩個人。

孟子所舉的三聖人，三種不同性格。一是「任」，近似「狂者進取」。一是「清」，近似「狷者有所不爲」。此兩種性格正相反。孟子又舉一種，非狂非狷，而是一個「和」。柳下惠之和，像是一中道，而仍有其特立獨行之處。此三種性格，卻如一三角形，各踞一角尖。我們若把全世界人來分類，大概也可說只有這任、清、和三型。孟子又說：「其至，爾力也。其中，非爾力也。」他們之偉大，偉大在做人徹底，都跑在一頂端尖角上，個性極分明。人的個性，千異萬變，但不外以上所說的三大型：或是伯夷型，或是柳下惠型，或是伊尹型。此三種姿態，三種格局，做到徹底，孟子都稱之曰「聖」。有些人則不成型，有些處這樣，有些處那樣，一處也不到家，不徹底。你若是一鄙夫，薄夫，懦夫，頑夫，那也不是天生你如此，是你爲外面條件所限，不能發現你個性。孟子和中庸都說「盡性」，要盡我們自己的性，做到百分之百，這在我自己力量應該是做得到的。不用力便不算。若用一個機器來做一件東西，也得要加進人力。若果我們要做一個第一等人，要做一聖人，怎樣可以不用力？力量在那裏，只在我們自己內部，這是內在條件。但我們還得要進一步，不但要做一頂端尖角的人，更要做一圓滿周到之人。要處處中乎道，合乎理。等於射一枝箭，射到這靶上，可是沒有射到這紅心。射到靶上是你的力量，射到紅心不但要力量，還要你的技巧。伯夷、柳下惠、伊尹，這是我們做人的三大規範，是要用力量的。只有孔子，在力量之上還有技巧。孔子無可無不可，但都得到家，此即中庸之所謂「至人」。有時像伯夷，有時像柳下惠，有時像伊尹。他一箭射出去，總是中到紅心。有力量若不見其力量，有規範若不見其規範。等於伊尹射向上面，伯夷射向右下方，柳下惠射向左下方；伊尹在上面一方位是聖人，伯夷在右下一方位是聖人，柳下惠在左下一方位是聖人，但卻有偏缺不圓滿，不是一個大聖人。

孔子有時也做伊尹，有時也做伯夷，有時也可以做柳下惠，故孟子說：「孔子聖之時者也，孔子之謂集大成。」今天我們只說孔子集了堯、舜、禹、湯、文、武、周公的大成。孟子是說孔子集了伊尹、伯夷、柳下惠之大成。故不僅堯、舜、禹、湯、文、武、周公是聖人。若一定要如堯、舜、禹、湯、文、武、周公，我們不登政治高位，我們自已的責任都可交卸下。我又不做皇帝，又不做宰相，外面條件不夠，那能做聖人！幸而孟子另舉出三聖人，都是由其內在條件而成爲聖人的，使人誰也逃不了自己的責任。人類中有此三種性格，有此三種標準。而孔子則兼此三者而融化匯通爲一完全之人格。他積極向前，有時像伊尹。他一塵不染，有時像伯夷。他內介外和，有時像柳下惠。所以孟子稱孔子爲「集大成」之至聖。孟子自己說：「乃我所願，則學孔子。」若說聖人，伊尹、伯夷、柳下惠都是，可是終於限止在一格，孟子不想學。經過孟子這一番說話，中國後世只尊孔子爲聖人，又稱之爲「至聖」。而伊尹、伯夷、柳下惠，後世似乎都只稱之爲「賢」。孟子也只是一大賢，亦有稱之爲「亞聖」的。於是中國遂留下來一個聖人系統，自堯、舜、禹、湯、文、武、周公、孔子以至於孟子。這是唐代韓愈原道篇所提出的。但我們從孟子這番話來看伊尹、伯夷、柳下惠，實在也就是聖人，而同時即是一豪傑。你看伊尹把太甲關起，說：「你不行，我來代你。」這種氣魄，不十足是一豪傑典型嗎？後人說：「有伊尹之志則可，無伊尹之志則簒。」須是有「公天下」之赤忱，夾著一些私意便不成。伯夷也算得一個豪傑，餓死首陽山，那是何等堅强的節操！柳下惠如打太極拳，工夫深了，運氣內行，實際滿身是勁，也是個豪傑之士。孟子說他「不以三公易其介」，這還不是個豪傑嗎？

我們再來看孔子。他曾隨魯君與齊會夾谷。在這段故事上，他正如秦、趙澠池之會的藺相如。不過孔子是大聖人，此等事，我們講孔子的來不及講到，也就不講了。夾谷之會以後，齊國來歸侵魯之地，但又一面送了大隊女樂到魯國。魯國君相迷戀著去聽歌看舞，一連三天不上朝。

孔子告訴他學生說：「我們跑吧！」孔子生這一口氣，現在我們不懂，似乎他不像一聖人，一點涵養都没有。其實這就是孔子所以爲聖之所在。一跑跑到衞國。衞靈公聽孔子到來，他說：「魯國怎樣待孔子，衞國也照樣。」衞多賢人，有些是孔子的老朋友，孔子就躭下了。衞靈公知道孔子無所不能，有一天，問孔子打仗的陣法。孔子一聽，說：「我没學過呀。」明天又對他學生說：「我們跑吧。」孔子的氣真大，一跑跑到陳國。後來在陳、蔡之間絶糧，没有飯吃，大家餓著肚子。孔子的學生子路生氣了，說：「先生老講君子，君子亦有窮乎？也會走投無路嗎？」那時孔子卻不生氣了，好好向子路說：「君子也會窮，也會前面無路的。不過小人前面没路便亂跑，君子没有路，還是跑君子的一條路。」孔子在外十餘年，魯國人想念孔子，要請他回來，又怕孔子不肯，於是請他一個學生冉有先回。冉有是孔子學生中一個理財專家，回到魯國，在權臣季孫氏家裏做管家，然後再把孔子和一批同學接回。冉有給季孫氏家種種經濟弄得很好，孔子卻又生氣。冉有常到孔子講堂來，有一天來遲了，孔子問他：「怎麼這般遲？」冉有說：「因有些公事没完。」孔子說：「什麼公事？你所辦只是季孫家私事。你把季孫一家財富，勝過了以往周天子王室之首相。」孔子便對一輩學生說：「他不算是我學生，你們可鳴鼓攻之。你們大家可以反對他，可以打著鼓公開攻擊他。」其實孔子垂老返魯，還是這個學生的力量。在這種地方，我們要看孔子這口氣。一般人老了氣便衰，孔子那口氣愈老愈旺。人没有了「氣」，那會有道德仁義？若只從這些處看，孔子豈不也是一豪傑嗎？

再講孟子。孟子見梁惠王，梁惠王在當時是一位了不起的國君，他對孟子十分敬禮，開口便說：「老先生，不遠千里而來，亦將有以利吾國乎？」孟子卻一口衝頂過去，說：「王何必曰利？亦有仁義而已矣。」孟子也是一個能生氣的人，也是個豪傑。他學生問他，「公孫衍、張儀，豈不算得是大丈夫了吧？」孟子說：「這輩人是專做人家小老婆的，那配叫大丈夫。」諸位試讀孟子七篇，至少也可以長自己一口氣。他的全部人格，都在他的話裏，一口氣吐出了。今天我們要講追隨潮流，服從多數，孔子、孟子所講仁義道德，我們置而不講。聖賢我們不服氣，也該懂得欣賞豪傑。豪傑沒有新舊，敢說敢做，不撓不屈，這纔是一個豪傑。沒有了豪傑，那社會會變成奄奄無生氣。兩腳提不起，儘說有新的，如何般來追隨。

中國下層社會拜老頭子，似乎是從墨子開始。墨翟以下，墨家的老頭子，當時稱爲「鉅子」。上一代鉅子死了，換第二代接上。墨子死後，傳了兩三代，那時的老頭子是孟勝。楚國有一貴族陽城君，他自已親身在楚國朝廷做官，慕墨家之名，請孟勝去爲他守城。楚國大亂，陽城君被殺，楚國朝廷派人來，叫孟勝交出陽城。孟勝說：「我奉陽城君命守這城，沒有陽城君命就不交。」他學生們勸他，他說：「我不死，不能算爲一墨者，將來也再沒有人看得起我們墨家了。」他學生說：「你是墨家老頭子，不該死。」他派兩個學生去齊國，告訴他們說：「我這鉅子的位，傳給齊國的田襄子。」這兩人去了，楚國派兵來攻城，孟勝死了，他學生一百八十人相隨而死。兩人到齊國，告訴田襄子，傳了鉅子位，便要回去。田襄子說：「你們不能回去，應留在這裏。」兩人不肯，田襄子說：「現在的鉅子是我。你們該聽我話。」兩人說：「別的都可聽，這話不能聽。」回去就自殺了。這也不是墨家才如此，孔子門下也一樣。子路在衛國，衛國亂了，子路進城去討亂，被人把他帽子帶打斷。子路說：「君子當正冠而死。」站在那裏，好好把帽子帶結正，亂兵刀矢齊下，就這樣死了。諸位當知，要講道德，臨死也得講。即在生死存亡之際，仍有道德存在。但道德也非奇怪事，我們誰沒有道德？誰不該遵守道德？孔子說：「十室之邑，必有忠信如丘者焉，不如丘之好學也。」不是每一個子弟都不孝，每一部下都不忠。時窮節乃見，這種表現，卻都在最艱難的狀態下才發現。所謂「殺身成仁，捨生取義」這兩句話，孔子的學生能做到。墨子反對孔子，但墨子學生也同樣能做到。我們該從這一標準看去，才知道所謂的中國歷史人物。這一種精神，便是我們的歷史精神，也即是我們的民族精神和文化精神。但卻是一種豪傑精神，亦即是一種聖賢精神。近人不瞭解，乃說要「打倒孔家店」。沒有這番精神，空讀論語「子曰：學而時習之，不亦悅乎。」學而時習，又那見得便是聖賢、便是豪傑呢？孔子跑出衛國，一般學生餓著肚子跟著他，跑到宋國郊外一大樹之下，孔子說：「我們在此學舞學歌吧。」宋國桓魋聽了，趕快派軍隊去，要抓住殺他們。孔子聞得此消息，說：「我們走吧，天生德於予，桓魋其如予何！」這不又是一番豪傑精神嗎？

六

戰國時代的豪傑之士，真是講不完，且不講。秦漢之際，有一齊國人田橫。歷史上所謂山東豪傑羣起亡秦，田橫也是其中之一。漢高祖派韓信把齊國打垮，田橫逃在一海島上。漢高祖即了皇帝位，聽說田橫在海島上，派人向田橫說：「你來，大則王，小則侯。不來，當然要不客氣。」田橫答應了，帶了兩人同去。一路到河南，距離洛陽三十里。這時漢高祖在洛陽，這已是最後一站。田橫告訴他手下兩人說：「從前我與漢王同爲國君，現在他是天下之主，我到他那裏去拜他稱臣，就不必了。」他說：「漢王要見我一面。從此地去不過三十里，快馬一忽便到。你們把我頭拿了去，他看我還如活時一般，豈不就好了嗎？」田橫自殺了。兩人帶著他頭，到洛陽見漢高祖。漢高祖大驚說：「這那是我意呀！」於是以王者之禮葬田橫。田橫下葬了，跟着田橫來的兩人也自殺了。漢高祖更爲驚嘆說：「田橫真是一了不起人，他手下有這樣二士。我聽說在海島上還有五百人，趕快去請他們回來。」海島上這五百人知道田橫死了，也就集體自殺了。這一故事，真夠壯烈呀！

孟子說：「聖人百世師。」使百世之下還能聞風興起。我小時喜讀韓愈文，韓愈年輕時有幾篇文章，一是伯夷頌，一是祭田橫墓文。他進京赴考，過洛陽，在田橫死處，寫了一篇文章祭他。從漢初到唐代韓愈時，至少已一千年。伯夷更遠了，至少已到兩千年。當時中國後代第一大文豪，在少年時還如此般敬仰此兩人，這真所謂聖人爲百世師。豪傑就應該如此。韓愈在當時，提倡古文，這不亦是一豪傑行徑嗎？若我們只讀韓愈原道，縱使信了他所說之道，沒有他一番精神，那道也不能自行呀！若非韓愈少年時即知敬慕伯夷、田橫，那能即成爲文起八代之衰一大文豪。

再說漢代歷史人物，也是指不勝屈，且舉一個蘇武來作例。他出使匈奴，匈奴人看重他，勸他留下，蘇武不答應。匈奴人把他幽置地窖中，沒有飲食，蘇武嚙雪與旃毛並咽，幾天沒有死，匈奴人更敬重他。送他去北海，即今西伯利亞的貝加爾湖去牧羊，是公的羝羊。說：「等羝生小羊，就放你。」蘇武在那裏掘野鼠和吃草爲生，這樣他就一留十九年。手中持着漢節，始終不屈。在匈奴，有他一好友李陵。李陵是中國歷史上一個軍事奇才，以五千步兵對抗人家八萬騎兵。匈奴下令：「這人須活捉，不許殺了。」結果李陵被擒，降了。降匈奴的也不是李陵第一個，在前有衛律，也得匈奴重用。衛律、李陵都來勸蘇武降，蘇武不爲動。蘇武在匈奴，既未完成使命，回來後，當一小官，也無表現。我們今天的小學歷史教科書，似乎更都喜歡講張騫、班超，因他們有表現。但蘇武在以前受人重視，尚在張騫、班超之上。我們相傳的戲劇，多只唱蘇武，不唱張騫、班超。張騫、班超當然也了不得，但是我們向來傳統更重視蘇武。因成功須受外在條件，際遇人人不同，無可學。若如蘇武守節不屈，卻是人人可學的。堯、舜、禹、湯、文、武、周公之際遇不可學，沒有際遇的如孔子卻該人人可學。所以司馬遷史記說：「高山仰止，景行行止，雖不能至，心嚮往之。」若把此幾句來讚堯、舜、文、武，豈不是笑話。漢書蘇武傳把李陵來合寫，兩人高下自見。李陵是數一數二的軍事奇才，然而在人格上，那比得上蘇武。蘇武其實已為漢朝立了大功，使匈奴人從心中崇拜漢朝，比起打一勝仗更功大。漢書上又嫌把蘇、李合傳太明顯，因作李廣蘇建列傳，從李廣寫到李陵，從蘇建寫到蘇武。隱藏著作史者之用心，卻使讀史者感動更深。這些是中國相傳之「史法」。

我們再講下去，不一定要講不成功的人，也不一定要講無法表現的人，總之要講幾個具備豪傑性氣的人。具備豪傑性氣，即是具備了作聖作賢之條件。蘇武不能不說他是一個賢人，若要說他是一個聖人，他也得和伊尹、伯夷、柳下惠為等儔。他已在一點一角上是聖人，十九年守節不屈，做得徹底，做到了家。雖不能同孔子大聖相比，寧能說他不得比伊尹、伯夷、柳下惠？此刻且不必爭，也不必叫他是聖人，他總是一賢人，總是一豪傑。

下到東漢，我不想再舉剛才說過鄭玄那樣的人，我且舉一個軍人馬援。只要我們到廣西、越南西南一帶邊疆上去，還始終流傳着馬援故事。馬援是光武中興時代一位將軍。光武的中興集團，大多都是他的太學同學，馬援卻是西北一個畜牧的人，牧牛羊爲生。馬援有幾句話一向流傳。他說：「大丈夫窮當益堅，老當益壯。」而馬援也真能做到此八字。他從事畜牧，正是他窮時。但他有了馬牛羊幾千頭，種田積穀幾萬斛，在邊疆上成了一個大財主。他又說：「我要這許多財產什麼用呀！我該能賙濟貧窮，否則不過是一個守錢虜而已。」看守一筆錢財，自己等如那一筆錢財之奴隸，此「守財奴」或「守錢虜」三字，也是馬援說的。後來漢光武見到了他，大爲器重，可是馬援封侯還是在後來。他平越南封了侯，年齡也老了，漢朝又要派軍去討五溪蠻。馬援要去，漢廷說他老了，怎麼能再去邊疆？論當時的交通，那邊的氣候，一切一切，派一個少壯軍人去，當然更適宜，但馬援說：「我並沒有老。」他又說：「男兒要當死於邊野，以馬革裹屍還葬耳。何能死於床上，在兒女子手中耶？」「馬革裹屍還」這五字，直傳到今天，也是他說的。馬援是個大豪傑，聞其風，一樣百世可以興起。不要錢，不享老福，情願馬革裹屍還葬，還不算是一豪傑嗎？惟其他能具有這套豪傑之氣，才能表現出一個最高人格來。

但我們講中國歷史上人物，不能說如伊尹、伯夷、柳下惠乃至田橫、蘇武、馬援，便是頂尖出色人物了。上面還有孔子、顏淵、孟子許多人在那裏。這些人都從一大源頭上來，從中國古人的最高理論，中國的最高文化理想上來。

下面講到南北朝，我且舉一人，那是一出家和尚。中國沒有大和尚，佛教怎會在中國發揚？

相傳佛家有三寶。一是「佛」，沒有釋迦牟尼，就沒有佛教。一是「法」，那就是釋迦牟尼所講的一套道理。然而要信仰這套道理，肯照他做，便得還有一寶，就是「僧」。沒有僧人，佛也好，法也好，一堆空東西，什麼也沒有。今天我們要復興中國文化，孔子是一佛，論語是一套法，但沒有孔家和尚的話，三寶缺其一，這兩寶也有若無。只有把此兩寶權放在那裏，將來總會有大和尚出來。我不信佛教，但我很崇拜中國一些大和尚高僧們。我只拿一個普通的人格標準來看和尚高僧，來看他們的表現。但中國高僧們，很少寫進二十四史。中國歷史人物實在太多，二十四史寫不盡。中國另外有高僧傳。高僧傳一續、二續、三續一路記下，我今天只講一個竺道生。和尚出家沒有姓，因佛教從印度來，印度那時翻作天竺，所以他姓一個竺字，叫竺道生。也有和尚只姓一個釋迦牟尼的釋字，到今天我們和尚都姓釋。那時中國人尊崇和尚，不把他名上下二字一並叫，故竺道生又稱生公。只有到了「五四運動」以後，孔子不叫孔子，也不叫孔仲尼，叫孔仲尼已經太客氣，必該叫「孔老二」。倘使你仍稱孔子，便是落伍。儒家思想，也該改稱「孔家店」。那是我們近代的事。生公當時，小品泥洹經初翻譯到中國。泥洹經有大本、小本，小本的叫小品，只有八卷。大本的是全部，有三十四卷。小本中有一句話：「一闡提不得成佛。」「一闡提」是毀謗佛法的人。竺道生卻說：「一闡提也得成佛。」當時北方和尚大家起來反對說：「經上明明講一闡提不得成佛，你怎能講一闡提亦得成佛。」召開大會，把他驅逐。竺道生當然只得接受大家決議。但他說：「若使我話講錯，我死後應進拔舌地獄。倘我話没有錯，我死後還得坐獅子座，宣揚正法。」佛寺中大佛像，有坐獅子、坐象、坐蓮花的，竺道生在此中間特別欣賞獅子。諸位當知，出家當和尚，也得具備豪傑性氣，否則和尚也不成爲一寶。幸而當時中國分南北，他渡過長江，跑到南朝來。結果大品涅槃經翻出來了，下面講到一闡提亦得成佛，竺道生的說法終於得到證明。

七

唐、宋兩代，一路有人物，惜於時間，且略去不講。我舉一個元代人作例。宋朝亡了，元朝起來，中國有一人鄭思肖所南，他没有什麼可傳。據說他常作畫，只畫蘭花，卻根不着土。別人問他，他說：「没有土呀。」他住宅門上題四個大字，「本穴世界」，拼上湊下，實是一個「大宋世界」。他著一本書，稱大無工十空經，實也還是「大宋」兩字。他還有一部心史，用鐵函封了，沉在蘇州一寺中井底，在明崇禎時出現了。他也是一豪傑之士，應該歸入孟子三聖人中伯夷的一路。

明代人物也很多，即如王陽明先生，諸位讀陽明年譜，就知他也是一個豪傑。再講一人海瑞，他是瓊州海南島人，一生正直，自號剛峰。今天的大陸，大家心裏想反毛，有話也没得講，把海瑞故事來重編劇本。海瑞當時，市棺訣妻上疏。上海老伶周信芳，唱出海瑞罵皇帝。北平共產信徒吳晗，寫了一本海瑞罷官，就是影射著來罵毛澤東。你若不說海瑞是聖賢，他該是一豪傑。他還能在死後數百年派來做反共工作。

清初，我想舉一人李二曲，他是陝西一種田漢。他講陽明哲學，名大了，清代皇帝定要籠絡他，派地方官送他到北京應博學鴻詞科。他說生病，不肯去。朝廷下命，生病便好好用床抬著去。路上防備甚嚴，無寸鐵可以自殺。他只有餓死一法，不吃東西。地方官也受感動，說他實有病不能來，把他送回去。他說：「我實爲名所誤」。從此一生絕交，地下掘一土室，不見任何人。只顧亭林到陝西，可下土室見他。一談一半天，不知談了些什麼。清末時，大家起來革命。讀者莫要認爲這都是法國、美國革命來領導我們，其實明末遺老如李二曲等故事，也發生了極大作用。今天我們要復興文化，大家又來談西洋文藝復興，其實也該在中國歷史上多舉幾個可資效法的先例來號召。

再講到最近代人。我到臺灣來就發現了兩人。一是鄭成功，一是吳鳳。有此兩人，我們來到臺灣也不寂寞。我去美國，又知道一人。在他們南北戰爭時，有一位將軍退休了，家住紐約。這位將軍脾氣不大好，一生獨居，所用傭僕，一不開心就罵就打，工人來一個跑一個。有一中國山東人，名叫丁龍，來到將軍家。這位將軍照樣打罵，丁龍生氣也跑了。隔不幾時，那將軍家裏起火，房子燒了一部分。丁龍又來了。那將軍詫異說：「你怎麼又來了？」丁龍說：「聽說你房子被火燒了，正要人幫忙。我們中國人相傳講孔子忠恕之道，我想我應該來。」這位將軍更驚異說：「孔子是中國幾千年前大聖人，我不知道你還能讀中國古書，懂你們中國聖人之道。」丁龍說：「我不識字，不讀書，是我父親講給我聽的。」那位將軍就說：「你雖不讀書，你父親卻是一學者。」丁龍說：「不是，我父親也不識字，不讀書，是我祖父講給他聽的。連我祖父也不識字，不讀書，是我曾祖父講給他聽的。再上面，我也不清楚，總之我家都是不讀書的種田漢出身。」那將軍甚感驚異，留了丁龍，從此主僕變成了朋友，那位將軍卻受了感化。兩人這樣一輩子。等到丁龍要病死了，向那主人說：「我在你家一輩子，吃是你的，住是你的，還給我薪水。我也沒有家，沒有親戚朋友，這些錢都留下。現在我死了，把這些錢送還你，本來也是你的錢。」這位將軍更驚異了，想：「怎樣中國社會會出這樣的人？」於是他就把丁龍這一小筆留下的薪金，又捐上自己一大筆，一起送哥倫比亞大學，要在那裏特別設立一講座，專研究中國文化。這講座就叫「丁龍講座」。在全美國大學第一個設立專講中國文化的講座，就是哥倫比亞。現在美國到處研究中國文化，我想主要還該研究如何在中國社會能出像丁龍這樣的人。其實這故事並不簡單，非深入中國文化內裏去，不易有解答。我若說丁龍是一個聖人，該是孟子三聖人中柳下惠一路。若說吳鳳也是一聖人，該是孟子三聖人中伊尹一路。此也未嘗不可說，至少他們都是一賢人。換句話說，都是一豪傑之士。明代人說，「滿街都是聖人」，端茶童子也是聖人。中國社會上聖人多得是。聖人外流，跑到海外去，一個跑到臺灣，就是吳鳳，一個跑到美國，就是丁龍。在祖國，山東武訓，不也是個聖賢嗎？至少也是個豪傑之士。他討飯，碰到人跪下，請你幫助，要去辦學校。

八

這種故事太多了，不勝講。諸位若把這標準來看中國二十四史，除了政治家、軍事家、財政家、藝術家、學問家、宗教家等等，歷史上還有很多人物，只是赤裸裸地一個人，沒有什麼附帶的，也不要外在條件，只靠自己堂堂地做一人。現在我們大家要外在條件，覺得我們百不如人。若從歷史上講，時代不夠外在條件、人物不夠外在條件的也多得很。但孔子也是沒有外在條件，碰到魯哀公，衛靈公，碰來碰去總是不得意，然而孔子成爲一大聖人。把我們今天的社會，和孔孟時代相比，或許還好一點。比南宋亡國蒙古人跑進來，明朝亡國滿洲人跑進來，那更要好得多。比吳鳳從福建來臺灣，比丁龍從山東去美國，我們也要好得多。我們且莫太講究外在條件，應該注意到我們內在的條件。這樣始叫我們每個人都可做一個歷史的主人翁。每一人也有每一人的一段歷史，縱說是一段小歷史，如吳鳳、如丁龍，把這些小歷史合攏來，便成爲一部中華民族的大歷史。我們的歷史理想，其實即是我們的人生理想。若把我們的歷史理想、人生理想都放在外面去，則權不在我，也不由我作主，試問那還有何理想可言？

可是我們今天的社會風氣，卻愈轉愈離譜。我在香港新亞書院時，有一學生從大陸逃來，他飽受共黨欺害，上我課，聽到「君子無入而不自得」一句話，他覺得這真是人生最大要求所在。他問我這個道理，我說：「你且慢慢聽，慢慢學。」他見我散步，也要學散步。他說：「我讀書程度淺，來不及，散步總該能。看你怎樣散，我也怎樣散，我散步庶亦可以自得其樂。」那學生極誠懇，極有志，可是別的同學有些會笑他，罵他。後來他覺得中國社會到處跑不進，轉進教會，外國人卻懂得欣賞他。現在他做了牧師傳教，見了我，要來向我傳教。他說：「先生，我得你好處不少，我該同你講講耶穌吧。」唉！今天的中國社會，偏偏中國道理不能講，要講就給人家笑罵，要逼得你特立獨行，只有學伯夷；那怎了得！所以今天我們至少要大家負起一些責任，隱惡而揚善，來轉移風氣。至少要使年輕人有條路走，不要弄得像今天樣，除了去外國，好像前面無路。「文武之道，未墜於地，在人。」我們到鄉村老百姓圈子裏，在無知識人身上，或許還有一點中國文化影子。我們受這時代潮流的衝激太大了，我們都要變成一現代人，而我今天卻特別提出「歷史人物」這題目來講。當然我不過隨便舉幾個例，希望我們將來學校小學中學乃至大學的教科書，多講一些人物，講一些中國歷史傳統所看重的，即如何做人。要講一些無條件的，赤裸裸的，單憑自己便能做到的「君子無入而不自得」的這一套。

（民國五十七年十二月臺北國防研究院「思想與文化」課講演，五十八年八月東西文化月刊第二十六期刊載。）

中國歷史上之名將

中國文化傳統上有一特殊之點，即對「文」「武」觀念向不作嚴格之區分。歷史上名將大帥，帶兵打仗，赫赫當時，垂譽無窮的，極多數是文人學士，儒雅風流，而非行伍出身的專門人物。明太祖時，百司請立武學，明祖曰：「文武不分途。」明祖崛起草莽，文武均非堪當，但他卻說準了中國歷史上的文武關係。本文正要從中國歷史來證明明祖這句話。

在上古封建時代，貴族階級內執政柄，外總兵戎，文武綰於一身。而且亦惟貴族，才有當兵資格。所以男子生則懸弧門外，成爲古人之習俗。春秋時，晉、楚戰於城濮，晉文公將出師，謀元帥，趙衰曰：「郤縠可，說禮樂而敦詩書。」舉此一例，可概其餘。

下逮戰國，有孫子兵法，其書著者尚不詳，然至今備受歐美各國崇重，定爲他們最高武學校的教本。此書並不專講軍事，亦可謂所講乃兼及最高的人生哲學與政治哲學。軍事本是人生中一事，而附屬於政治。不懂得人生，不懂得政治，那懂得軍事。故最高軍事哲學，必從最高人生哲學、政治哲學中發揮而來。孔子曰：「吾道一以貫之。」莊子曰：「技而進乎道。」只有在中國傳統文化內，始有此成就。西方則各尚專門，乃有所謂軍事專家。與中國觀念自宜大不相同。

燕國有樂毅，後人以與春秋齊管仲合稱管樂。其生平武功姑不論，其報燕惠王書，乃戰國時數一數二享高名受傳誦的大文章。不單因其文章好，乃因在其文章中所透露的君臣知遇，出處去就，功名恩怨，他個人所抱持的高風亮節，大義凜然，為千古莫能及的人格表現。因此，一大軍事家，同時可即是一大政治家，亦是一聖賢儔伍中之大哲人。

下到漢代，出於胯下的韓信，蕭何稱之為「國士無雙」。他能誦兵法，能毆市人而戰，而且能多多而益善。他又懂得要師事敗將李左車。而且他擁重兵，獨王一方，卻誓不背漢王。據這些事，他真是一名將，一大將，而且亦可稱是一儒將風範。

在西漢將才中，如周亞夫抗拒吳、楚七國，如嚴助浮海救東甌，如趙充國西羌屯田，細讀他們的史傳，自知他們都不僅是一武人。尤其如趙充國的文章，條理明備，幹練通達，儼似一近代式的專家。

東漢光武中興，一時部伍，如王霸、吳漢、耿弇、寇洵、邳彤、馮異、岑彭、鄧禹、馬援那一夥人，何嘗有一個是經受軍事訓練出身的軍事專才。只為通人事，亦自通政事，兼通軍事，因緣時會，勳績彪炳。也可說，中國歷史上多出軍事天才，正為中國人一向懂得尊重人事，講究人事，所以成為一「通情達理」之人，遂亦能當一理想的軍人。班超以一低級下吏，出使西域三十六國，揚名國外。只因他歷練了吏事，吏事亦是人事。雖屬文事，卻可由此兼通了兵事和武事。

三國時，如曹操、諸葛亮，莫非胸羅羣書，文采斐然，爲一輩文人所弗及。他們的軍事傑出，今不論。關羽治春秋，也是人人皆知。此外難更僕數。而使後人低徊嚮往的，有如魏羊祜與吳陸抗之對壘，使命常通。抗遺祜酒，祜飲之不疑。抗求藥於祜，祜與之，即服，曰：「豈有酖人羊叔子。」以此較之諸葛亮、司馬懿陣前交際，閒情雅量，更不知要勝幾許倍。若我們讀春秋左氏傳，便知此一風範，也是其來有自。此之謂「文化傳統」。但在衰亂世的軍事對抗中有此嘉話，邈在雲天，高不可攀，真使人想望而無已。

杜預平吳，他的春秋左氏傳注，被列入五經正義乃及十三經注疏中，至今不替。史傳稱其「身不跨馬，射不中的，而用兵制勝，諸將莫及」。那更可當得一學者型的將才了。

陶侃爲東晉征西大將軍，在軍中，嘗語人曰：「大禹聖人，乃惜寸陰。至於衆人，當惜分陰。」此語流傳千古，至今人人稱道。其運甓故事，亦人人皆知。嘗治船，竹頭木屑皆令人籍記典掌，到後隨處有用。時人稱其「機神明鑒似魏武，忠順勤勞似孔明」，陸抗諸人不能及。陶侃正是在處理人事上能居第一等，移之處理軍事，自然綽有餘裕。

桓溫亦是一文人，兼是一能將。但以「大丈夫不能留芳百世，亦當遺臭萬年」，一念之錯，身敗名裂。所以在後代，陶侃可比諸葛亮，桓溫只能比曹操。可見軍人還如其他一切人，兵事、政事、人事、幹濟、學問、修養之外，最高還要有一「人品」在。此乃中國文化傳統中，至高無上的特點。

唐太宗李世民，神武英明，古今莫匹。但他本只是當時太原留守李淵的一個官家子。隨父參加軍事，尚在青年。有一次，他在軍中，不食二日，不解甲三日。軍中有一羊，與將士分而食之。此若小節，然堪當大將之任者即在此。今另舉一端言之，他在軍中即有大批僚屬，房玄齡、杜如晦皆在。房善謀，杜善斷，是他們在軍府中之表現，並不是以後掌國柄後始知。太宗有十八學士，皆在軍府中。凡中國歷史上大將之才，必能善知人，善用人。所知所用，不僅是前線武人，更要是幕中文人。若使自不通文，何能知人善用。楚霸王叱咤風雲，震壓一世，但有一范增而不能用。漢高祖臨陣遠不敵楚王，但能用韓信、張良、蕭何，一任前敵大統帥，一任總參謀，一任後勤。近代西方，始知軍事上當有此三大任務之分類，但漢高祖用人早與暗合。漢光武軍中幕僚，即是其開國元勳。魏武帝幕府人才之盛，文士謀臣之分途廣而爲數多，則尤在漢光武之上。唐太宗更然。而如近代曾國藩之幕府賓僚，更爲一時艷稱。軍府乃一大集團，匯合各色人才之羣策羣力，以濟一時之用，則軍府即是一小政府，而豈匹夫之勇之所能勝任！

又如安史亂時，顏真卿、顏杲卿，皆以文人牽進軍事，而皆卓然有表現。更如張巡守雍丘，雷萬春爲將，於城上與寇將令狐潮相聞。弩射其面，中六矢，不動，疑其乃木人。嗣知其非，乃大驚。潮語巡曰：「向見雷將軍，知君軍令矣。然如天道何！」巡告之曰：「君未識人倫，焉知天道。」後轉睢陽，與許遠同守，以一孤城屏障江淮，保留此下唐代元氣，關係以後一千幾百年來之中國歷史者甚深且鉅。張巡、許遠與雷萬春、南霽雲之徒，雖同以身殉，而廟食江南；迄於余之幼年，猶親祭拜焉。惟新文化運動乃斥之曰「禮教吃人」。是亦「未識人倫，焉知天道」也。而明祖文武非兩途之道，亦由此益證其不誤。

又如吳元濟蔡州之亂，李愬平之。史稱其「儉於奉己，豐於待士，知賢不疑，見可能斷」，所以成功。凡中國歷史上稱道一武將成功，決不專重在其臨陣打仗上。而韓愈平淮西碑，乃多敘裴度事。愬不平，訴碑辭不實。詔磨之，由段文昌重撰。此事極滋後人之譏議。李商隱有讀韓碑詩曰：「公之斯文不示後，曷與三王相攀追。」蘇軾詩：「淮西功業冠吾唐，吏部文章日月光。千載斷碑人膾炙，不知世有段文昌。」其實東晉淝水之戰，領兵當前線者乃謝玄、謝石，而當時及後世，羣推謝安。安與玄山墅圍棋，永爲歷史上美談。玄是安之兄子，石乃安弟。安特舉此兩人。有人說：「安違衆舉親朋也。玄必不負舉，才也。」已而果然。中國人意見，文事必先於武力，安內必先於攘外，故政治必先於軍事。漢高祖亦有功臣、功狗之喻。裴度與謝安同是文人，而史臣亦以韓碑意讚裴度。但卻不能說此乃中國人之重文輕武。而如張巡之與雷萬春，尤更顯然。此亦所謂人倫之一端。人倫即天道，何謂文武高下，而又豈昧者之所識乎！又如柳公綽亦文人，亦在蔡州役中有貢獻。此等事全部二十五史到處可覓，姑舉於此，以當一例。

宋代如寇準勸真宗渡河親征，論其情勢功績，亦當上媲謝安、裴度矣。其下如韓琦、范仲淹，皆以文人主邊防。邊人爲之謠曰：「軍中有一韓，西賊聞之心膽寒。軍中有一范，西賊聞之驚破膽。」及南宋，如韓世忠之梁夫人，黃天蕩親操桴鼓，又爲中國歷史上女子從軍之一例。而岳飛則與關羽同尊爲武聖。史稱：「飛覽經史，雅戲投壺，恂恂如諸生。」其所填滿江紅詞，到今傳誦。其所書諸葛出師表，可睹其筆法之精。而曰：「文臣不愛錢，武臣不怕死，則天下太平矣。」即此一言，便足不朽，更何論於立德立功！則其人又豈得專以一武人目之？

吳玠兄弟在蜀，只以文人領軍事。玠善讀史，往事可師者，錄置座右。積久，牆牖皆格言。虞允文采石之捷，劉琦執其手曰：「朝廷養兵三十年，大功乃出一儒生。」宋祖鑒於五代之弊，重用儒臣，一時若有文武分途之觀念；然儒臣報國，不下於武臣；而武臣修養，亦無遜於文臣。中國文化傳統之精義，賴以重光。至文天祥，亦以文人綰軍符。其正氣歌，尤足以感天地而泣鬼神。國社雖覆，而民族精神則不墜益張。

明代如于謙之對付也先，王守仁之平宸濠，俞大猷、戚繼光之禦倭寇，皆文人，而功在邦國，輝赫史乘。戚繼光之紀效新書、練兵紀實，尤爲談兵者所遵用。下逮晚清，曾國藩平洪楊，亦取法焉。而尤如袁崇煥之經略關外，盧象昇之勦僇流寇，可歌可泣，沁人肺腑。而至於史可法揚州殉難，在中國近代史上，堪與岳飛、文天祥齊稱爲民族精神之三良。而烏有所謂文武之分途乎？惟敗於政事，不敗於疆場，尤更使讀史者感慨悼念於無已。

中國人尤有一名言，曰：「將在外，君命有所不受。」此又與上述廊廟重於疆場之意適相反。非深曉於中國人傳統觀念中，有關於軍事觀念、政治觀念以及人生哲學之大義深旨者，不能曉。非其人，亦不當妄援此語以自恣。曾國藩在晚清，亦以文人參戎務。其討平洪楊，先定一通盤之作戰計畫，治水師，造戰船，自武漢而九江而安慶，沿江東下，卒克金陵。然皆出於其職分與命令之外。清廷遇急需，每月調遣，國藩無不宛轉逃卸，而終不轉變其逐步推進之大方針，攬大江上下遊之權重於一身，而終克有成。若一依君命，則事功成敗，渺不可必。然國藩固非好擅權，好違命。迄其成功，而其身所訓練之湘軍，相率解甲歸田。此下繼勦捻匪，已早爲籌劃安排了淮軍之新起，以終其大任。以一在外疆吏，而統謀全局，中央命令，置之不顧。論其志慮所存，則一切爲公不爲私。論其部署所定，則一切惟私自專，君命不以厝懷。此之謂「文武才德」。如國藩，可謂其通文武、兼才德而有之矣。此又豈臨陣決勝負之一將之勇之所能望其項背乎！

即如最近美國名將麥克阿塞，於南、北韓交兵時趑趄不前，終以老兵資格召還，而南、北韓亦於漢城近郊板門店議和。迄今不僅美國、南韓受其害，世界其他非共國家之同受其害者，又何可勝數。果使麥克阿塞亦能明及中國傳統此一名言，則當前之全世界，豈不當爲之改色？此亦誠一至堪惋惜之事矣。附識於此，亦是中國傳統文化之未可妄恣輕薄之一端。

以上拉雜陳述中國歷史上之名將風範，智、仁、勇三德兼備，軍務、政事乃至於人生大道之融通一氣；此之謂「明體達用」，乃中國文化傳統中之理想人格，大聖大賢之規模，而豈以搏鬥格殺爲能事，以暴虎憑河爲果決之所堪同日並語。故中國文化傳統中之將才武德，非熟讀歷史上之名將事蹟，則不足知之。而如孫子兵法之宏深哲理，苟非具此知識，亦不能真切瞭解。如趙括之徒讀兵書，則僅足供人以嗤笑與鑒戒。

今日國人，率認中國文化重文輕武，又謂中國傳統積弱不振。誠使其然，又烏能有此緜歷數千年，廣土衆民，一舉世無倫之大國家之屹然常在。中國人又曰：「止戈爲武。」此即孫子兵法所謂「以不戰屈人之兵」也。非此文德，又烏足以言武事？今日國人，亦率知中國民族愛好和平；然非能止戈屈人，又烏有和平之可期？當今大難當前，吾負責護國衛民之三軍將士，其共研此義。而亦待全國上下，共曉此義，乃能相與以有成。苟使武人而不通文，文人而不習武，亦惟有媿對吾民族先人而已。吾故總統蔣公復興文化之號召，亦此物此旨也。敬撰此文，以應青年戰士報二十有五週年紀念大典之慶祝。

中華民國六十六年之十月。

（民國六十六年十月臺北青年戰士報載）

國家圖書館出版品預行編目資料

國史新論／錢穆 著—臺北市：素書樓文教基金會出版：華逵文教科技公司總經銷，民 90

336 面；　　公分－（中國史學小叢書）

ISBN　957-0422-26-2 (平裝)

1.中國—歷史—論文，講詞等

617　　　　90000314

中國史學小叢書

國史新論

作　者：錢　穆
出　版：素書樓文教基金會
　　　　蘭臺網路出版商務股份有限公司
發行人：周　明
總經銷：華逵文教科技公司
地　址：台北市中正區開封街一段 20 號 4 樓
電　話：(02)2381-1102　分機 513
傳　真：(02)2381-6672
劃撥戶名：華逵文教科技股份有限公司
劃撥帳號：19479823
電子信箱：lt5w.lu@msa.hinet.net
出版日期：中華民國 90 年 02 月(一版一刷)
　　　　　中華民國 94 年 06 月(二刷)
定　　價：新臺幣 240 元

ISBN : 957-0422-26-2